王陽明

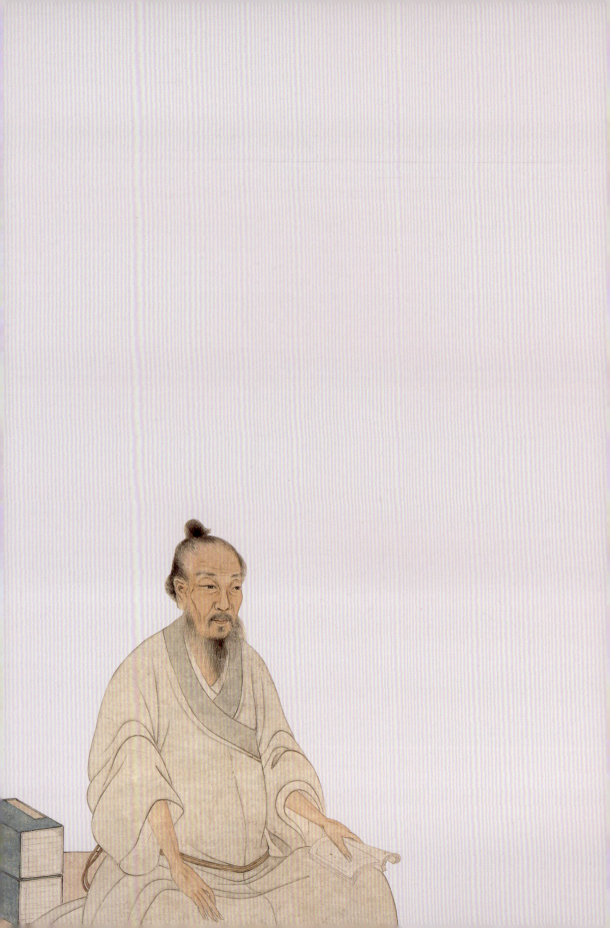

十王阳明讲

崔继来 著

河南文艺出版社
·郑州·

图书在版编目(CIP)数据

王阳明十讲 / 崔继来著. -- 郑州:河南文艺出版社,
2024.10. -- ISBN 978-7-5559-1479-2

Ⅰ. B248.25

中国国家版本馆 CIP 数据核字第 2024C3G259 号

策　　划　　梁素娟
责任编辑　　梁素娟
责任校对　　樊亚星
装帧设计　　吴　月
赠画设计　　张鹏程(良知创物)

出版发行　　河南文艺出版社
社　　址　　郑州市郑东新区祥盛街 27 号 C 座 5 楼
承印单位　　河南瑞之光印刷股份有限公司
经销单位　　新华书店
开　　本　　735 毫米 × 1040 毫米　1/16
印　　张　　17.5
字　　数　　264 000
版　　次　　2024 年 10 月第 1 版
印　　次　　2024 年 10 月第 1 次印刷
定　　价　　48.00 元

印厂地址　　河南省武陟县产业集聚区东区(詹店镇)泰安路
邮政编码　　454950　　电话　0371-63956290

序

　　王阳明作为一位伟大的历史人物,在明代历史乃至中国历史和世界历史上,都具有极其重要的地位。对王阳明的相关研究,早在明代就开始了,此后500余年持续不断。进入21世纪,王阳明更火了,关于王阳明的研讨会多了,学术组织多了,史料整理多了,出版论著多了。以论文言之,笔者通过中国知网以"王阳明"为主题词简单搜索,1980年仅有8篇;其后,1990年52篇,2000年101篇,2010年433篇,2015年639篇,2019年高达960篇。普通读者对王阳明的关注也超乎想象。近年,笔者在国家图书馆和几所高校做明史讲座时,王阳明是读者必问的话题。更让笔者吃惊的是,一次面向企业界、文艺界人士的讲座上,许多人能大段大段地背诵王阳明的原话,对阳明四句教"无善无恶心之体,有善有恶意之动,知善知恶是良知,为善去恶是格物"评论起来,头头是道。近年的王阳明热,颇有穿越之感,仿佛让人一下又回到了晚明时代。

　　确实,阳明心学在晚明风靡一时,他的著作是士子必读之书。王阳明及其学说不仅影响了明朝百余年,而且作为程朱理学的继承与发展,在中国儒学发展史和中华传统文化发展史上,都处于重要的地位。阳明学既是那个时代的思想产物,又是那个时代的文化标志。王阳明开创了一个崭新的时代,且持续散发出耀眼的光辉。

　　首先,王阳明准确地把握了时代的脉搏。

　　王阳明生活的成化、弘治、正德和嘉靖时期，官僚政治腐败，社会矛盾激化，边防形势紧张，民族关系复杂，农民起义此起彼伏，国家统治秩序出现了严重的问题。作为一名有良知和责任心的官员，无论是在刑部、兵部任职，还是谪居龙场边陲之地，王阳明都是一身正气：在其位，谋其政，忧国忧民。他系统地提出了"心即理""知行合一"和"致良知"的理论体系，成为认识、分析和解决时代问题的指导思想和行动指南。

　　王阳明的思想是对程朱理学的继承，他也倡导天理和人欲。但朱熹所谓的天理是一种超现实的客观存在，要人们绝对服从抽象的"天理"，不符合社会实际。王阳明则认为"人心"是主体，心是万物的主宰，充分肯定人的主体性。他强调知行合一，人心本良知，格物而致知，强调人存在的意义。王阳明主张"致良知"，认为只有疗救人心，才能拯救社会，只有每一个人去掉内心世界的"恶欲"和"私欲"，才能解决现实问题。王阳明肯定了每一个人的感性认识，更贴近生活，远比朱熹的冷冰冰的教条更有人情味。他在从政时非常善于洞察人的内心世界，走进每一个人的真实生活，所以能成功地化解许多复杂的社会矛盾，创造了令人仰慕的政绩。

　　在王阳明这里，"人欲"战胜了"天理"，这是明代中期以后商品和社会经济发展的必然要求，是社会的需要，也是时代的呼唤。因此，王阳明"心学"一经提出，便迅速成为当时社会的主流思想，或学子蚁聚，或异议蜂起，风气大开，正如《明史·儒林传》中所言，"门徒遍天下，流传逾百年，其教大行，其弊滋甚。嘉、隆而后，笃信程、朱，不迁异说者，无复几人矣"。

　　其次，阳明心学是解读明中后期社会的一把钥匙。

　　阳明心学兴起后，明清学者们对理学的陈庸空疏之风予以抨击，大力提倡实学，办实事，经世之风大盛。"经世"主张做学问要能够治国安邦，有利于国计民生，"实文、实行、实体、实用，卒为天地造实绩，而民以安，物以阜"（《颜元集·存学编卷一·上太仓陆桴亭先生书》）。王阳明在《传习录》中也要求人们"日用事为间，体究践履，实地用功"（《传习录中·答顾东桥书》），做到"讲之以身心，行著习察，实有诸己"（《传习录中·答罗整庵少宰书》）。面对复杂的社会问题，社会上掀起实学潮流,海瑞、戚继光、张居正等关心民瘼,针对时弊,在政治、军事、经济领域进行过诸多改革。

阳明心学也影响到文学艺术和社会风气。一个时代有一个时代的文学艺术形式,文艺作品源于生活,反映的是时代精神风貌。明前期文学艺术主要体现的是程朱理学思想,"台阁体"文风是那个时代的主旋律。英宗正统之后,"台阁体"走向衰落。此后,阳明心学在文学艺术领域发挥了巨大影响。"士为风俗先",随着心学的传播,士人群体的价值观和生活发生了深刻的变化,从而带动整个社会风尚的变化。市民生活方式转变的同时,也促进了社会风气的变化;商品经济的活跃,刺激了物质和文化消费的增长;社会财富的增加,让人们对物质享受的要求越来越高,民风由简入奢,雅俗互现。这一时期,在物欲的洗礼和人性解放的大前提下,社会各阶层的生活呈现前所未有的大变革,心学的影响无处不在。

再次,阳明心学开启晚明启蒙思想的大门。

阳明心学倡导的是自我的体验,潜藏的语意就是个人的想法与欲望亦可成为天理。这一反传统的精神在客观上起到冲破思想禁锢的作用,还以其极大的随意性,为后世学者偷换天理和良知的内涵,宣传自己离经叛道的"异端"思想创造了条件。王阳明之后,心学遂分途两端,一种是走向对人本性的超现实探索,另一种是走向经世务实之路。故明清之际的思想家黄宗羲评价说:"阳明先生之学,有泰州、龙溪而风行天下,亦因泰州、龙溪而渐失其传"(《明儒学案·泰州学案一》)。所谓"风行天下",是指阳明后学在晚明社会广泛的影响力,自王艮发端,后学门人,发皇张大,一代胜似一代,颜、何一派流入"狂禅",再至李贽,遂成万众瞩目的"异端"。

李贽继承了泰州学派"百姓日用之学"的观念,认为真正之"道",是穿衣吃饭,是人伦物理,强调物质生活对人的重要性,不可脱离人的衣食住用谈伦理道理。他的学说在当时产生了极大的影响,他在麻城讲学时,"儒释从之者几千万人"(沈瓒:《近事丛残·李卓吾》),顾炎武在《日知录》中讲,当时整个湖北士人趋之若鹜,"一境如狂"(《日知录集释·李贽》)。此后,李贽却被视为明朝"第一思想犯",他的思想被一些人认为走向阳明心学"破心中贼"的反面,故可谓"渐失其传"。但李贽的批判精神鼓励后来者以各种方式对传统思想进行反思和批判,明清之际著名的思想家黄宗羲、顾炎武和王夫之等人就深受其影响。

可以说,在中国思想发展史上,王阳明的"心学"无疑是一颗璀璨的明珠。他开创的一代学术新风不仅浸润了明代近百年的儒学,在明清之际掀起了一股近代的启蒙思潮,对清初理学的转型,以及乾嘉考据之学也有学术理路上的影响。因此,读懂了王阳明,读懂了阳明心学及其传播和影响,也就读懂了明代中期以降的历史变迁和晚明社会的近代性。

王阳明及其学说太重要了,还可以有丰富多样的作品去阐述,近年持续火热的王阳明研究也就说明了这一点。那么,崔继来博士的《王阳明十讲》这本新著,又有什么特点呢?

第一,本书创新了阳明人物传记的写法。

该书以讲座的形式,以十讲的篇幅把王阳明的家世、学术成就、学术传承、功过评价和阳明学说等分别撰述,整体结构完整,既遵循传记的写法,把家世、生平交代清楚,又能突出重点,将其仕宦业绩、学术贡献等,尤其是"三不朽"(立德、立功、立言)清晰地呈现出来。本书在最后一讲,特别介绍了阳明学说在后世(海内外)的流传、影响和现实功用,论证了阳明之学是增强中国人文化自信的切入点,为阳明文化赋予了新的时代意义。可以说,这本书是一部成功的王阳明传记。

第二,本书是扎扎实实的历史学研究性著作。

诚如作者在书中所说,"如果不加考证,会得出错误的结论。考证虽很枯燥,确是历史研究的必须之法,也是历史迷人之处所在"。对其写作风格,作为他的博士生导师,我是非常熟悉的。他喜欢考证,甚至有点小考据癖。凡事他一定要找出分歧与不同,探讨一下事实与真相。我时常提醒他考证不要过于烦琐,他仍然乐此不疲。本书中有一些考证已做了删节,但我相信考证本身反映的是作者严谨认真的态度,他努力呈现给读者的,是尽可能接近历史的真实。本书保留下来的许多考证是非常有必要的,比如王阳明的籍贯、王阳明的后人是否降清、"庐陵诗六首"写作时间与地点、王阳明在大礼议中的态度等。这样的考证,需要充分掌握前人的研究,熟悉前人的观点,再加上多重的证据,特别是运用新的材料或方法,这都需要很扎实的功夫。作者还在书中分享了自己的研究心得,如在《王阳明全集》《王阳明佚文辑考编年》等已有文献基础上继续搜集整理王阳明的诗文著作,详考其系年、系地。读者通过正文论述和注释分析,就可以看到作者审慎的态度,也可以获得许多有价值的知识和线索。

第三,本书是一本可读性很强的通俗读物。

通俗读物,又是以讲座的形式撰写,就需要用通俗而准确的语言交代清楚人物、故事以及事件,就要交代它们的来龙去脉,特别是前因后果、关联背景。本书在这方面做得很好,用轻松的语言讲了许多有代表性、有趣的故事。王阳明生活在明代中期,这个时代具有承前启后的特点。为了讲清楚王阳明及其时代,作者既有对此前制度、背景和知识的追溯,又有后续结果的介绍和分析,有助于读者完整地掌握人物、故事。比如在讲宁王朱宸濠叛乱时,就先介绍了明代的分封制,这很有必要。在讲嘉靖初年王阳明的命运时,分析了大礼议的背景,交代了明代的嫡长子继承制,这一时期刚好又是王阳明心学传播的重要时期,三个知识点都清楚地呈现出来了,既真实也恰当。

本书的通俗性还体现在作者较多利用了王阳明的诗文以及相关的文学作品、田野考察等材料。比如,在分析王阳明“遭贬贵州龙场驿”的岁月时,就引用了多首诗歌,表达了身处逆境中王阳明的心情,既增强了可读性,也增加了说服力。作者还充分利用在江西赣州工作的机会,置身于当年王阳明生活的“历史空间”当中,对发生在江西的事件,比如巡抚南赣、平定宁王朱宸濠叛乱等做了详细的揭示,这也是本书的一个特点。

本书是河南文艺出版社策划出版的“大明历史讲堂”丛书之一种。河南是我的家乡,河南文艺出版社此前曾与我院退休教授陈梧桐先生多有合作,他的《朱元璋传》获得“中国好书”的年度提名奖。当河南文艺出版社和陈梧桐先生与我商量共同策划“大明历史讲堂”丛书时,我推荐了多位明史领域科研水平高、写作能力突出的作者,以及创新性较高的选题,其中之一便是崔继来博士的《王阳明十讲》。继来是我的博士研究生，我熟悉他的知识水平、兴趣爱好和写作能力，他的博士论文获评为校级优秀论文，与我合作的《四镇三关志校注》获得国家古籍整理一等奖，是青年中的佼佼者。他毕业后，到赣南师范大学王阳明研究中心工作，这里有研究王阳明得天独厚的条件。如今，第一时间拿到他的书稿，我很满意，在此特向广大读者推荐。

当代著名历史学家、哲学家和教育家，曾任河南大学、郑州大学校长的嵇文甫先生曾说："晚明时代，是一个动荡时代，是一个斑驳陆离的过渡时代。照耀着这时代的，不是一轮赫然当空的太阳，而是许多道光彩纷披的明霞。你尽可以说它'杂'，却决不能说它'庸'；尽可以说它'嚣张'，却决不能说它'死板'；尽可以说它是'乱世之音'，却决不能说它是'衰世之音'。它把一个旧时代送终，却又使新时代开始。它在超现实主义的云雾中，透露出现实主义的曙光。"（嵇文甫：《晚明思想史论》）明后期所呈现的传统与现代交织、腐朽与神奇互现的特点，其魅力在很大程度上来源于王阳明的影响。希望大家从这本《王阳明十讲》里，能读出王阳明伟大的品格、明朝历史的精彩，以及中华传统文化的魅力。

彭勇

2021 年 8 月 18 日

目　录

第七讲 王学的形成与发展（上）
王阳明百死千难始悟得

第八讲 王学的形成与发展（下）
阳明弟子与王学的分化

引 言

王阳明,名守仁,原名云,字伯安,明代浙江绍兴府余姚县(今浙江省宁波市余姚市)人,生于明宪宗成化八年(1472)九月三十日,明世宗嘉靖七年(1528)十一月二十九日辰时卒于江西南安府大庾县青龙铺,年五十七岁。按学界一般的观点,王阳明曾在会稽县东南二十里会稽山筑阳明洞,因以"阳明"自号,学者称之为"阳明先生"。他还有其他称呼:因军功获封新建伯,故可称"王新建";隆庆元年(1567)四月,明穆宗下诏追赠王阳明为新建侯,谥文成,因之有"王文成"之谓。但"阳明"这一称呼名气太大,渐渐盖过本名"守仁",因此,本书除引用史料原文外统以王阳明称之,以方便行文。

据其弟子钱德洪等人所撰《王阳明年谱》记载,王阳明自幼便有效仿圣贤乃至成为圣贤之心。十二岁的王阳明在北京的一个私塾中,问教书先生"何为第一等事",教书先生回答说:"唯读书登第耳。"王阳明很疑惑地再问道:"登第恐未第一等事,或读书学圣贤耳。"其父王华笑了笑说:"汝欲做圣贤耶?"其中或有弟子对老师夸饰的成分,但也不排除十二岁的王阳明已有自己的疑惑和思考。王阳明在并不长的一生中真正实现了"立德""立功""立言"三不朽,也因此获得很高的赞誉,如明末清初魏禧较早提出"姚江王文成公以道学立事功,为三百年一人",清初王士禛评价说:"王文成公为明第一流人物,立德、立功、立言皆踞绝顶。"

　　我们常说的"三立"出自《左传·襄公二十四年》:"大上有立德,其次有立功,其次有立言,虽久不废,此之谓不朽。"唐代孔颖达将之阐释为:"立德,谓创制垂法,博施济众,圣德立于上代,惠泽被于无穷,故服(服虔,东汉经学家)以伏羲、神农,杜(杜预,西晋文学家、学者)以黄帝、尧、舜当之,言如此之类,乃是立德也……立功,谓拯厄除难,功济于时,故服、杜以禹、稷当之,言如此之类,乃是立功也……立言,谓言得其要,理足可传……使后世学习,皆是立言者也。"

　　王阳明有三大事功:一、平定困扰明朝多年的江西、湖广、福建、广东交界地区的流民动乱,维持了较长时间的相对稳定局面;二、平定宁王朱宸濠叛乱,有效地维护了王朝统一;三、平定西南地区思、田土司叛乱,稳定了边疆,为以后的改土归流和民族融合创造了条件。因为这些功劳,王阳明被封为新建伯,官至南京兵部尚书。就明朝现实情况来说,除明太祖创业时期的从龙之士及明成祖"靖难之役"中有功之士外,被封公、侯者少之又少,文臣封爵者更少。《明史》予以王阳明很高的评价:"终明之世,文臣用兵制胜,未有如守仁者也。"

　　王阳明开创自己的心学理论体系:龙场悟道揭示了"心即理"——另外一种解释和运用儒家经典的方法、另外一种与圣贤沟通的方法,赋予自己解释儒家经典即与圣贤沟通的权利,是在定立何为圣人的标准,是要在解释孔子之道、先儒之道的基础上创立自己之道。王学三大要"致良知""亲民""知行合一"皆由"心即理"而出。虽饱受争议,万历十二年(1584)十一月十八日,明神宗诏准王阳明、陈献章、胡居仁三人从祀孔庙,王阳明也因此被称为"先儒王子"。整个明代,只有薛瑄、王阳明、陈献章、胡居仁四人从祀孔庙,这是儒家思想体系中的至高荣誉,也意味着官方承认了王阳明的学说。阳明学说自创立以来,就不只是中国文化的无尽宝藏,已流传到日本、朝鲜等国并产生了深远的影响。

　　王阳明终归是历史上的人物,他虽实现了"三立",但相关贬斥之论从未止息。如万历元年(1573)三月,兵科给事中赵思诚斥之曰:"[王]守仁党众立异非圣,毁朱有权谋之智,功备奸贪之丑状,使不焚其书,禁其徒,又从而祀之,恐圣学生一奸窦,其为世道人心之害不小,因列守仁异言叛道者八款。"入清后,不少学者将明朝灭亡归咎于"王学"末流,康熙年间的尊朱派学者陆陇其毫不客气地斥责道:"王氏之学遍天下,几以为圣人复起,而古先圣贤下学上达之遗法灭裂无疑,学术坏而风俗随之,其弊也……故愚以为,明之天下不亡于盗寇,不亡于朋党,而亡于学术,学术之坏,所以酿成寇盗朋党之祸也。"王阳明是历史人物,在当下却有三个维度,分别是历史维度、社会应用维度、文化消费维度。以历史维度的王阳明言之,一切关于他的讨论必须以扎实的史料为依据,有一分材料说一分话,剔除那些"为尊者讳"和神秘色彩的书写,尽量还原一个真实客观的王阳明,这不是一种史料能够达成的,非数种乃至十数种史料拼接、互证不可。如果不加考证,会得出错误的结论。考证虽很枯燥,确是历史研究的必需之法,也是历史迷人之处所在。在此基础上,才有社会应用维度和文化消费维度的王阳明。但把王阳明当作文化快餐,把王阳明抬上神坛,以之为万能之人的做法,是万万不可取的。

本书是笔者第一部独立完成的专著,自会全力为之,为推进王阳明相关问题研究,为普及阳明文化略尽绵薄。参引前辈时贤论著时直呼其名,并非不敬,指出其论述中的缺失也是本着对史料的解读而来,属学术范围内的讨论,绝非无妄之指摘。我供职的赣南师范大学很重视王阳明研究:2014年组建学校首批学科协同创新团队——"王阳明与地域文化研究创新团队";2015年成立校级科研机构——王阳明与地域文化研究中心,在专门史二级学科硕士学位点下设"王阳明与地域社会"研究方向,并招收硕士研究生;2017年增设中国史一级学科硕士学位点并保留该研究方向;2019年3月获批成立江西省哲学社会科学重点研究基地——王阳明研究中心。近10年来,在各位同事、研究生的共同努力下已取得良好的科研业绩。本书是笔者作为研究中心成员之一做出的一点贡献,部分内容是笔者为"王阳明与地域社会"方向硕士研究生讲授"王阳明与地域社会研究"课程,以及为本科生讲授"走进王阳明"课程时所发现问题的延伸。当然,错讹之处、偏颇之见终不可免,我很愿意接受社会各界师友亲朋的批评,这将是我不断进步的动力。

　　浙江余姚历史悠久，文化发达，科名鼎盛，享有"东南最名邑""山水中开文献邦"等美誉，与同省之慈溪县、鄞县并称为"科举金三县"。王阳明与东汉隐士严光，明清之际思想家朱舜水、黄宗羲并称为"余姚四贤"。王阳明先祖为西晋光禄大夫王览，乃山东琅琊王氏。晋室南渡，王览之孙王旷随晋元帝司马睿南迁，王旷之子王羲之徙居山阴。两宋之际，王羲之二十三世孙、迪功郎王寿自上虞达溪徙居余姚，从此在余姚繁衍开来。王华、王阳明父子二人是余姚王氏家族举足轻重的人物，父子进士（王华为状元，王阳明为第二甲第六名进士），这一现象，终明一代，笔者只检得六例。

附錄一　年譜一

先生諱守仁字伯安姓王氏其先出晉光祿

大夫覽之裔本瑯琊人至曾孫右軍將軍羲

之徙居山陰又二十三世逮功郎壽自達溪

徙餘姚今遂為餘姚人壽五世孫綱善鑑人

有文武才

國初誠意伯劉伯溫薦為兵部郎中擢廣東恭

議死苗難子彦達綴羊革裹尸歸是為先生

余姚王家的来历与王阳明的先祖

王阳明的出生地余姚历史悠久,名人辈出。境内有母系氏族繁荣时期的文化遗址代表——河姆渡遗址。余姚县建置悠久,置县有秦、汉两说:如万历《余姚县志》谓"秦始皇二十六年始置,故越地,属会稽郡"①,唐人李吉甫《元和郡县图志》谓余姚县"本汉旧县。舜后支庶所封之地,舜姚姓,故曰余姚"②。其上级机构会稽郡有明确的设置时间,是在秦王政二十五年(公元前222年)。③ 秦代以降,余姚涌现出许多彪炳史册的历史文化名人,如东汉严光、明清之际思想家朱舜水、明末清初著名学者黄宗羲等,严光、王阳明、黄宗羲、朱舜水并称为"余姚四贤"。余姚的科举成绩也非常突出,有明一代,余姚县考中进士369人④,只嘉靖十四年(1535)乙未科一科,余姚人士便有14人考中进士,状元韩应龙、榜眼孙升同为余姚人。⑤

凭借当地人的文化成就,余姚享有"东南最名邑"(宋人范仲淹语)、"山水中开文献邦"(清余姚人邵晋涵语)等美誉。梁启超评余姚文化地位之语更为精彩:"余姚以区区一邑,而自明中叶迄清中叶二百年间,硕儒辈出,学风沾被全国及海东。阳明千古大师,无论矣;朱舜水以孤忠羁客,开日本德川氏三百年太平之局;而黄氏自忠端(黄道周)以风节历世,梨洲(黄宗羲)、晦木(黄宗炎)、主一(黄百家)兄弟父子为明清学术承先启后之重心;邵氏自鲁公、念鲁公以迄二云(邵晋涵),间世崛起,

① 万历《余姚县志》卷一《舆地志一·沿革》,万历二十九年刻本,中国数字方志库·影像版,叶 2a。下文所引地方志系刻本采自"中国数字方志库·影像版"者不再重复注明。

② [唐]李吉甫撰,贺次君点校:《元和郡县图志》卷二六《江南道二》,中华书局 1983 年版,第 619 页。

③ [汉]司马迁:《史记》卷六《秦始皇本纪》,中华书局 1959 年版,第 234 页。

④ 孙国华:《明代"科举金三县"区域文化现象评述》,《科举学论丛》2017 年第 1 期。

⑤ 《嘉靖十四年进士登科录》,龚延明主编、邱进春点校:《天一阁藏明代科举录选刊·登科录》(点校本)。

绵绪不绝。诗曰‘高山仰止，景行行止’，又曰‘昔吾有先正，其言明且清’。生斯邦者，闻其风，汲其流。得其一绪则足以卓然自树立。”①

王阳明的先祖是西晋光禄大夫王览，乃琅琊王氏。王览，字玄通，历司徒西曹掾、清河太守、太中大夫、光禄大夫，获封即丘子爵位。卒于晋武帝咸宁四年（278），寿七十三，谥曰“贞”。王览有六个儿子：王裁、王基、王会、王正、王彦、王琛。王正子王旷，淮南太守，随晋元帝司马睿渡江南迁，王旷之子王羲之徙居山阴。王导（王裁子、王羲之叔父）也随晋元帝渡江，“拜右将军、扬州刺史、监江南诸军事，迁骠骑将军，加散骑常侍都督中外诸军、领中书监、录尚书事、假节，刺史如故”。总之，魏晋时期的王家是望族，甚至完全掌握东晋政局，时有“王与马，共天下”之叹。两宋之际，王羲之二十三世孙、迪功郎王寿自上虞达溪徙居余姚②，此后便在余姚生息繁衍。

王羲之有子数人：玄之、凝之、徽之、献之。王羲之至王寿的谱系暂难勾稽，王寿的事迹亦难检得。王寿五世孙王纲是元末明初人，王阳明的六世祖。王纲，字性常，与弟弟王秉常、王敬常“以文学知名”。他被赋予某种神秘色彩。元末，王纲背着老母亲到五洩山中避兵灾。有一个道士前来投宿，王纲非常有礼貌地接待了这位道士，并说：“君必有道者，愿闻姓字。”道士说：“吾终南隐士赵缘督也。”两人彻夜长谈，赵道士教给王纲占卜之术，并给他算了一卦，说：“公后当有名世者矣，然公不克终牖下，今能从吾出游乎？”王纲因家中有老母，面露难色。赵道士笑了笑说：“公俗缘未断，吾顾知之。”然后就离开了。洪武四年（1371），已经七十岁的王纲以文学征至南京，诚意伯刘基举荐他为兵部郎中。恰逢广东潮州地区民众动乱，朝廷擢王纲为广东左参议，督理军饷，这是洪武九年（1376）的事了。王纲对自己说：“吾命尽

---

① 梁启超著，周岚、常弘编选：《饮冰室书话》第五编《学与术·复余姚评论社论邵二云学术》。

② ［明］王守仁撰，吴光、钱明、董平、姚延福编校：《王阳明全集》卷三三《年谱一》，上海古籍出版社2011年版，第1345页（书中所引《王阳明全集》皆此版本，下文简称《全集》，不再标注作者、编校者、版本）；［唐］房玄龄：《晋书》卷三三《王祥传附王览传》、卷六五《王导传》、卷八〇《王羲之传》、卷九八《王敦传》，中华书局1974年版，第990、991、1745—1754、2039—2103、2553—2566页。

兹行乎?"于是与家人诀别,带着儿子王彦达赴任去了。到了潮州,只身一人前往劝谕乱民,民众无不心悦诚服,表示归顺。但谁也想不到,回程至增城,遇海盗曹真等人。曹真一开始对王纲礼遇有加,希望王纲当他们的元帅。王纲晓以祸福,但曹真等人哪能听进去。曹真等人让王纲居高台上,每天一拜请,但王纲坚决不从,大骂不止,遂被杀害。其子王彦达求死,群贼也想杀了他,但贼首说:"父忠而子孝,杀之不祥。"给了王彦达食物,让他用羊皮裹着王纲的尸身,葬在禾山。王纲去世时,王彦达才十六岁。

洪武二十四年(1391),御史郭纯以此事上奏,朱元璋遂下诏在王纲去世的地方立庙祭祀,并授王彦达官职。但王彦达认为父亲是为国尽忠,没有接受朝廷给的官职,从此粗衣恶食,终身不仕。[①] 去世后与父同祀"忠孝祠",同列《明史·忠义传》。"忠孝祠"在广东增城县南门外。嘉靖七年(1528)十月,王阳明曾在广东增城拜谒忠孝祠,并有《谒祠诗》:"海上孤忠岁月深,旧茔荒落杳难寻。风声再树逢贤令,庙貌重新见古心。香火千年伤旅寄,烝尝两地隔商参。邻祠父老皆仁厚,从此增城是故林。"九世孙王业浩《谒祠诗》:"增江崇祀主恩深,忠孝根源尚可寻。仗钺百蛮彰旧德,驱车五岭独盟心。重忻庙貌新轮奂。莫叹烝尝隔卯参。四壁更饶珠玉璨,谱将弦管舞桑林。"[②]

王彦达辞官不就,归乡后将心血倾注到儿子王与准身上。王彦达把祖祖辈辈传下来的书籍托付给王与准,并和他说:"但毋废先业而已,不以仕进望尔也。"王与准遵从父亲教诲,闭门苦读,学业不断精进。拜师求学者越来越多,但王与准都拒绝了,他说:"吾无师承,不足相授。"其后,王与准去浙江四明山中从赵先生学习

---

① 《全集》卷三八《世德纪·王性常先生传(张壹民)》,第 1525、1526 页;[清]张廷玉:《明史》卷二八九《忠义传一·王纲传附王彦达传》,中华书局 1974 年版,第 7414 页(下文《明史》不标作者的皆为此版本,少量引用[清]万斯同 416 卷本则逐一标注作者信息);雍正《广东通志》卷二七《职官志二》,雍正九年刻本,叶 22a。

② 康熙《增城县志》卷二《政治志·坛庙》,康熙二十五年刻本,叶 11a;乾隆《增城县志》卷八《祠祀》,乾隆十九年刻本,叶 10a-12b;嘉庆《增城县志》卷一〇《职官》、卷八《祠祀》,嘉庆二十五年刻本,叶 21b、18a-20b。

《易》。赵先生很看重他的志节,想把族妹嫁给他并劝他入仕。王与准说:"昨闻先生'遁世无闷'之诲,与准请终身事斯语矣。"赵先生非常惭愧。王与准果真践行了他的誓言,隐居不出,并自号"遁世翁"。但遁世避扰的他并未放下学问,潜心研读《礼记》《易经》,著有《易微》。王与准给自己算得一处居住地秘图湖,在余姚县治北秘图山下。秘图山本名方丈山,唐玄宗天宝六载(747)改名秘图山,据说是大禹藏秘图的地方。一日,王与准占卜得《大有》卦中的《震》卦,便对儿子王杰说:"吾先世盛极而衰,今衰极当复矣。然必吾后世再而始兴乎?兴必盛且久。"王与准去世十年后,也就是宣宗宣德年间,其子王杰成为贡生,在南京国子监学习。祭酒陈敬宗很赏识他,不让他当学生,命国子监率性堂、诚心堂、崇志堂、修道堂、正义堂、广业堂六堂的老师、学生向他学习。胡俨与王杰同舍,从王杰那学到很多知识。①

王杰子王伦,字天叙,即王阳明的曾祖父。王伦遵循其父王杰的教诲,勤于读书,弱冠时浙江世家大族纷纷延请他当老师,经他指导的学生,品性、学业都有可观之处。王伦特别喜欢《仪礼》《春秋左氏传》《史记》,著有《竹轩稿》和《江湖杂稿》。② 王伦有子六人:王荣、王华、王衮、王冕、王黼、王黻。③ 王华是王阳明的父亲,王阳明的叔父王衮艺学积行,六次参加乡试落第,早卒,私谥"易直先生"④,王阳明的其他几位叔伯,暂未检得相关记载。

王阳明是中国历史上响当当的名人,名人效应引来人们"考证"起他的祖籍地,出现的争议主要是有人认为王阳明祖籍在上虞。如据2007年3月25日的《光明日

---

① 《全集》卷三八《世德纪·遯石先生传(胡俨)》《槐里先生传(戚澜)》,第1526—1529页;光绪《余姚县志》卷二《山川》,光绪二十五年刻本,叶1a;《成化十七年进士登科录》王华家状,龚延明主编、方芳点校:《天一阁藏明代科举录选刊·登科录》点校本·上,第530页。《遯石先生传》作者胡俨待考。明朝有南昌人胡俨,永乐二年任南京国子监祭酒,宣宗即位后召为礼部右侍郎,辞归,正统八年卒(《明史》卷一四七《胡俨传》,第4128页),不可能"忝与同舍,受世杰教益为最多,而相知为最深,因得备闻翁(王与准)之隐德,乃私为志之若此"。

② 《全集》卷三八《世德纪·竹轩先生传(魏瀚)》,第1530、1531页。

③ 《成化十七年进士登科录》王华家状,《天一阁藏明代科举录选刊·登科录》点校本·上,第530页。

④ 光绪《余姚县志》卷二三《列传八》,光绪二十五年刻本,叶4ab。

报》报道,浙江上虞市陈溪乡七十多岁的退休历史教师王岳峰发现了《虞南达溪王氏宗谱》《达溪王氏宗谱》两套族谱。《达溪王氏宗谱》谓"泽元公谓上虞达溪王氏始祖""暨阳教授,迁居姚江,阳明其十一世孙也。千四公十世生华,华生守仁,道学经济,超绝古今"。2017年3月16日的《浙江日报》也以《上虞发现王阳明家谱》为题做了报道。该报道一出便遭到不少学者的质疑。夏国初先生说,且不说《达溪王氏宗谱》所记载的内容准确与否,即使照此谱所言,从千四公王寿始居余姚以来,传至王阳明已历十代,那么王氏也至少在余姚生活了二百多年。而所谓"祖籍",不管是在古代还是现在一般都不会超出父、祖之籍贯。因此,说王阳明祖籍上虞至少是用词不当,说他"根"在上虞,倒还说得过去。①

乡试录、会试录、进士登科录等科举录中提供的信息是讨论历史人物祖籍绕不开的重要史料。进士登科录、会试录有严格的编纂办法,如进士登科录,"国朝故事,进士释褐之后,礼部录读卷官、执事之臣氏名与诸进士家状并及第三人之对策,刻之为《登科录》。既进御,乃颁在朝群臣及诸进士,以布天下"②,有明一代,进士登科录不仅是进士身份的官方证明,也是查核进士自身和家庭状况的档案依据。会试录是会试后所编名录,也需进呈御览。由于会试中式者一般会参加殿试并成为进士,所以,会试录是进士登科录的重要补充,其价值不应被轻视。③ 笔者所见王华、王阳明父子的科举录有五份。

具体来看这五份科举录中的记载:一、《成化十六年浙江乡试录》:"王华,余姚

① 夏国初:《由王阳明祖籍上虞说谈家谱》,《余姚论坛》2007年4月15日。

② [明]何乔新:《椒邱文集》卷一八《题跋·书进呈登科录后》,《景印文渊阁四库全书》,台湾商务印书馆1986年版,第1249册,第304页。下文,《景印文渊阁四库全书》简称《四库》,《续修四库全书》简称《续修》,《四库全书存目丛书》简称《存目》,《四库禁毁书丛刊》简称《禁毁》,《四库未收书辑刊》简称《未收》。

③ 王红春:《明代进士家状研究》,上海书店出版社2017年版,第22—27页。

县儒士。"①二、《成化十七年会试录》："王华,浙江余姚县儒士。"②三、《成化十七年进士登科录》："王华,贯浙江绍兴府余姚县,民籍。儒士。治《礼记》。字德辉,行二,年三十六,九月二十九日生。曾祖与准。祖杰,国子生。父天叙。母岑氏。具庆下。兄荣。弟衮、冕、黼、黻。娶郑氏。浙江乡试第二名,会试第三十三名。"③四、《弘治十二年会试录》："王守仁,浙江余姚县人。"④五、《弘治十二年进士登科录》:"王守仁,贯浙江绍兴府余姚县民籍。国子生。治《礼记》。字伯安,行一,年二十八,九月三十日生。曾祖杰(国子生),祖天叙(赠右春坊右谕德),父华(右春坊右谕德)。母郑氏(赠宜人),继母赵氏(封宜人)。具庆下。弟守义、守礼、守智、守信、守恭、守谦。娶诸氏。浙江乡试第七十名,会试第二名。"⑤由此,王阳明是余姚人毋庸置疑。

状元郎:科场得意官场并不如意的王华

在王阳明成为心学宗师前,余姚王家已有不小的名气,其父王华高中状元。王华生于明英宗正统十一年(1446)九月二十九日。出生前,祖母孟氏梦到自己的婆婆送给她一个穿红衣系玉带的童子,并且说"新妇平日事吾孝,今孙妇事汝亦孝。吾与若祖丐于上帝,以此孙畀汝,子孙世世荣华无替","荣华"二字便成了王阳明父

① 《成化十六年浙江乡试录》,《天一阁藏明代科举录选刊·乡试录》,宁波出版社 2016 年版,第 6061 页。

② 《成化十七年会试录》,《天一阁藏明代科举录选刊·会试录》上,宁波出版社 2016 年版,第 449 页。

③ 《成化十七年进士登科录》,《天一阁藏明代科举录选刊·登科录》点校本·上,第 530、531 页。

④ 《弘治十二年会试录》,《天一阁藏明代科举录选刊·会试录》上,第 572 页。

⑤ 《弘治十二年进士登科录》,转引自束景南《王阳明年谱长编》,上海古籍出版社 2017 年版,第 145 页。

辈之名,伯父名荣,父亲名华。王华出生时非常聪明,能开口说话时,其父王伦教他诗歌,听一遍便能背诵。年纪稍长,读书过目不忘。十一岁时,王华跟随里师钱希宠学习,从对句学起,一个月后便能学诗,两个月后已能学文。再往后,各位老师都比不上他。天顺六年(1462),十七岁的王华用《仪礼》《周礼》《礼记》作文参加县试,知县王玠看到他的文章非常惊奇,几天后特意复试他。题目一出,王华挥笔立就。王玠不太相信,认为是碰巧了,于是连续出三道题,王华全部回答了出来。王玠坐不住了,喜爱之情溢于言表,赞叹说:"吾子异日必大魁天下。"①

之后,王华遇到了他的另一位伯乐张悦。张悦,字时敏,南直隶松江府华亭人,天顺四年(1460)进士,历刑部主事、员外郎。成化六年(1470)十二月,时任江西按察司佥事的张悦被调到浙江提调学校。张悦为人很有个性,"力拒请托,校士不糊名,曰'我取自信而已'"。② 他在任上亲试余姚学子,认为王华和谢迁的文章不相上下,二人都是状元之才。得到知县和提学的赏识,王华名气大增,远近之人纷纷延请他到家中当老师。经张悦推荐,二十岁的王华到浙江布政使宁良家中任教,宁良亲自将王华接回家中,让他当自己儿子宁玻的老师,一时风光无限。

但王华不止一次参加乡试,均落第,直至成化十六年(1480),三十五岁时才考中浙江乡试第二名举人。需要注意的是,王华考中举人时的身份是"儒士"。③ "儒士"是指既未入学成为生员,又未入官府服役成为吏员,更未入仕成为官员且以"通经"有文为特征的良民。④ 儒士身份需经官府的认定才能够获得,"儒童未入学者,自度文已优通,报名于督学道考试,拔其尤者,准应乡试,谓之儒士观场"。⑤ 由于学

---

① 《全集》卷三八《世德纪·海日先生行状(陆深)》,第1544—1546页。按乾隆《余姚志》卷一五《职官志》和光绪《余姚县志》卷一八《职官表》,灵璧人张禧天顺三年任余姚知县,巴县人王玠天顺五年任余姚知县,上海人张杰天顺八年任余姚知县,王华遇到的知县是王玠。

② 《明宪宗实录》卷八六,成化六年十二月己未条,第1665页;乾隆《华亭县志》卷一二《人物志上·名宦·张悦》,乾隆五十六年刻本,叶8ab。

③ 《成化十六年浙江乡试录》,《天一阁藏明代科举录选刊·乡试录》,第6061页。

④ 郭培贵:《中国科举制度通史·明代卷》,第93页。

⑤ [清]王夫之:《识小录》,《船山全书》,岳麓书社1988年版,第12册,第615页。

校教育的发展,成化以后儒士应试逐渐衰落,数量和质量都在不断下降,在科举考试中还出现了压抑儒士应试的倾向。① 王华本是成化十六年浙江乡试解元,因"儒士"身份被压到第二名,"成化庚子浙江乡试填榜,第一卷得余姚王冢宰华,时宪长杨公承芳以华儒士,抑寘第二,而以仁和李亚卿旻为榜首"。②

成化十七年(1481),王华联捷进士,而且高中状元,于本年三月授翰林院修撰。③ 这在明朝政治体制下是了不得的事情。翰林院修撰从六品、编修正七品、检讨从七品,品秩确实不高。三者皆为史官,其职责是"掌修国史。凡天文、地理、宗潢、礼乐、兵刑诸大政,及诏敕、书檄,批答王言,皆籍而记之,以备实录。国家有纂修著作之书,则分掌考辑撰述之事。经筵充展卷官,乡试充考试官,会试充同考官,殿试充收卷官。凡记注起居,编纂六曹章奏,膳黄册封等咸充之"④,但修撰、编修、检讨渐渐固定由庶吉士充任,"状元授修撰,榜眼、探花授编修,二、三甲考选庶吉士者,皆为翰林官"。⑤ 这是极为尊贵、极受重视的身份,"自天顺二年,李贤奏定纂修专选进士。由是,非进士不入翰林,非翰林不入内阁,南、北礼部尚书、侍郎及吏部右侍郎,非翰林不任。而庶吉士始进之时,已群目为储相"。⑥

但王华的仕途不是太顺利,在翰林院当了九年修撰,曾参修《明宪宗实录》,弘治四年书成还获赏"白金十两、文绮二表里"。⑦ 弘治二年(1489),王华九年秩满当升,但该年其父王伦去世,次年正月下旬讣至⑧,他要回老家守制。明制,"以闻丧日为始,不计闰,二十七个月为满",服满后到吏部办理复职手续,还规定服满后的到

---

① 郭培贵:《中国科举制度通史·明代卷》,第 95 页。

② [明]徐咸:《西园杂记》卷下,中华书局 1985 年版,第 150 页。

③ 《明史》卷一九五《王守仁传》,第 5159 页。

④ 《明史》卷七三《职官志二》,第 1786 页。

⑤ 《明史》卷七〇《选举志二》,第 1695 页。

⑥ 《明史》卷七〇《选举志二》,第 1701、1702 页。

⑦ 《明孝宗实录》卷五四,弘治四年八月丁卯条,第 1064 页。

⑧ 《全集》卷三八《世德纪·海日先生行状(陆深)》,第 1548 页。

京期限,浙江是八个月,迟违两个月就要问罪。① 服满后,弘治六年(1493)闰五月,王华升右春坊右谕德,"以九年秩满也"②,这是太子东宫属官,有辅导太子之责。

弘治九年(1496)四月,充日讲官。③ 经筵讲官是皇帝的老师,王华讲课声音洪亮,每每切中要害,孝宗多纳其言。弘治十一年(1498),时任右春坊右谕德的王华和左春坊左中允杨廷和充顺天府乡试考试官。弘治十五年(1502)二月,擢正五品翰林院学士,食从四品俸,负责教育庶吉士。充《大明会典》纂修官,书成后晋正四品詹事府少詹事,仍兼翰林院学士。弘治十六年(1503)五月,时任詹事府少詹事兼翰林院学士的王华和礼部尚书吴宽等负责纂修《资治通鉴纂要》,以备御览。该年六月,王华升任正三品礼部右侍郎,仍为经筵讲官。王华任讲官久且有名,正所谓"华有器度,在讲幄最久,孝宗甚眷之"④。如果正常发展下去,也许能晋升礼部尚书或者转任他部,继续熬资历,谁又敢保证没有入阁拜相的那一天。但谁也想不到的是,正德二年(1507)闰正月,他受儿子王阳明牵连,以明升暗降的形式到南京任吏部尚书⑤,仕途急转直下。当然,王阳明所为并非"坑爹",而是为了救直言敢谏之臣。

这事得从明武宗朝的朝政说起。武宗是明朝唯一以嫡长子继承皇位的皇帝,其父孝宗与母孝康皇后张氏是不多见的一夫一妻制帝后夫妻。孝宗另有幼子蔚悼王朱厚炜,生于弘治七年十二月,薨于弘治九年二月。⑥ 因此,武宗这棵独苗自小就备受孝宗夫妇喜爱。弘治十一年(1498)二月,孝宗为八岁的武宗配备了超豪华的教师阵容,如太常寺卿兼翰林院侍讲学士程敏政、司经局洗马梁储、侍读学士兼左

---

① [明]李默、黄养蒙等删定:《吏部职掌·稽勋清吏司·服满起复》,《存目》史部第258册,第249页。

② 《明孝宗实录》卷七六,弘治六年闰五月丙午条,第1467页。

③ 《明孝宗实录》卷一一二,弘治九年四月甲午条,第2041页。

④ 《全集》卷三八《世德纪·海日先生墓志铭(杨一清)》,第1534、1535页并辅以《明实录》确定任职月份;《明史》卷一九五《王守仁传》,第5159页。

⑤ 《明史》卷一九五《王守仁传》,第5159页。

⑥ 《明史》卷一一九《诸王传五》,第3643页;《明孝宗实录》卷九五,弘治七年十二月庚申条,第1739页;《明孝宗实录》卷一〇九,弘治九年二月癸酉条,第2004、2005页。

谕德王鏊、左中允杨廷和、左赞善费宏等。① 但令人想不到的是,"性聪颖"②的武宗却被太子宫中的近侍宦官刘瑾、谷大用等人带偏了。刘瑾本姓谈,陕西兴平人,景泰年间自宫,入宫成为乾清宫的一名答应。③ 因投在刘姓太监名下,便改姓刘。孝宗时"坐法当死,得免",这是《明史》的记载,史料阙如,具体犯了什么罪已难考其详,被赦罪后得以服侍太子朱厚照。但《明史纪事本末》没有记载刘瑾所犯何事,却说他在弘治初年时任明宪宗茂陵的司香,然后得以服侍太子朱厚照。刘瑾等八人(又称"八虎")服侍武宗后,用鹰犬、歌舞、角氐等娱乐活动博得其欢心。

按《明史纪事本末》的记载,武宗即位后,刘瑾尚在管理钟鼓司,这是内侍中非常卑微的职位。但正德元年(1506)正月十五日,刘瑾以神机营中军二司内官监太监身份管理五千营,六月初三,又为神机营把总,同提督十二营操练,职权实重。六月十三日,雷震郊坛禁门、太庙脊兽、奉天殿鸱吻。顾命大臣大学士刘健、谢迁、李东阳听说武宗被刘瑾等人引诱着沉迷于游戏,遂连疏请诛杀刘瑾等人,拉开外臣与内监斗争的大幕。借灾异劝谏是大臣制约皇帝的常用手段,但疏上而"不报",没起到作用,"八虎"仍在,武宗继续玩。④

群臣弹劾刘瑾的高潮是在正德元年(1506)十月至十二月。十月,户部尚书韩文退朝后在属下面前涕泪俱下,户部郎中李梦阳建议联合阁臣一起弹劾刘瑾等人。得到阁臣默许后,韩文便联合九卿诸大臣一起上疏。这个九卿可了不得,指的吏、户、礼、兵、刑、工六部尚书及都察院都御史、大理寺卿、通政使。韩文上疏也引起了连锁反应,请求锄奸的奏疏一道一道递上来,刘瑾等人实感窘迫,哭哭啼啼。恰逢奏疏又到,武宗派司礼监的八个人到内阁商讨对策,一日之内便去三回,阁臣刘健等人与其相持不下。这时,一个太监几乎扭转了局面,他是司礼监太监王岳。身为

① 《明孝宗实录》卷一三四,弘治十一年二月甲午条、丙申条,第2363—2365页。

② 《明史》卷一六《武宗本纪》,第199页。

③ [明]邓士龙辑,许大龄、王天有主点校:《国朝典故》卷一〇八《谢蕡·后鉴录》中,北京大学出版社1993年版,第2199页。

④ 《明史纪事本末》卷四三《刘瑾用事》,第629页;《明武宗实录》卷九,正德元年正月乙未条,第277页;《明武宗实录》卷一四,正德元年六月辛亥条,第417页。

东宫旧臣的王岳是一个正直之人，厌恶刘瑾等人所为，认为阁臣的建议和做法是对的。第二天，有旨召见群臣，到了左顺门，太监李荣传旨说："诸大臣爱君忧国，言良是。第奴侪侍上久，不忍即置之法，幸少宽之，上自处之。"换成武宗直接说，这些话便是："众爱卿，你们的忠君爱国之心朕是知道的，你们的奏疏所说也是对的。但刘瑾等人服侍朕这么久，朕也不忍心一下子把他们全部贬谪或杀掉呀，众爱卿也就别不依不饶了，宽限宽限，朕自会处置他们。"听完李荣的话，吏部侍郎王鏊毫不客气地反问道："脱不处，奈何？"李荣回答说："是在荣，荣颈裹铁邪，敢误国！"刘瑾等人的处境更加艰难，都开始请求将自己安置到南京了，但被阁臣驳回。王岳又联合司礼监太监范亨、徐智等加了一把火，武宗在内外群臣的攻势下，只得同意刘健、王岳等人的建议，已经决定第二天逮刘瑾等人下狱。[①]

此时刘瑾等人尚蒙在鼓里，但没有骨气的吏部尚书焦芳向刘瑾泄密了。刘瑾等人也不是吃素的，访查到王岳等人在帮助外臣。于是，刘瑾等八人连夜赶到武宗面前，跪在地上嚎啕大哭，磕头如捣蒜，说："微上恩，瑾等磔馂狗矣！"武宗被哭得动了恻隐之心，善于察言观色的刘瑾又赶紧搭上话茬："害瑾者，岳也。"武宗问其原因，刘瑾说："王岳是东厂的，他对谏官说你们有话尽管说，内阁会议时王岳又支持内阁意见。他们之间有什么交情呢？王岳向您贡献狗马鹰兔吗？为什么要怪罪刘瑾？"武宗怒了，呵斥道："我要把王岳抓起来。"刘瑾进一步添一把火："狗马鹰兔，才能损失几个钱？今天文官们敢肆无忌惮地喧哗，还不是因为司礼监没人吗？如果司礼监有人，那么皇上就可以为所欲为，谁还敢喧哗！"盛怒之下的武宗命刘瑾掌司礼监兼提督团营，丘聚提督东厂，谷大用提督西厂，张永等人仍掌握团营事务，占据要地。得了赦、掌了权的刘瑾连夜下令将太监王岳、范亨、徐智等人撵到南京去。第二天，刘健等人知道事情已不可为，上疏请求致仕。刘瑾假传圣旨，让刘健、谢迁致仕，只留下李东阳，因为内阁会议时刘健曾嚎啕大哭，谢迁大骂不休，只有李东阳

---

① 《明史纪事本末》卷四三《刘瑾用事》，第 630、631 页。

话少。①

矫诏罢免刘健、谢迁后,南京六科给事中戴铣、监察御史薄彦徽等上疏请求"斥权阉,正国法,留保辅,托大臣,以安社稷",刘瑾矫诏派人将他们逮下锦衣卫狱。时任兵部尚书的王阳明上疏,大意是戴铣等人是科道官,上疏谏言是他们的职责所在,他们上疏斥责刘瑾的罪行是正确的,希望皇帝收回之前的圣旨,让戴铣等人官复原职。这下又惹怒了刘瑾,刘瑾矫诏,王阳明被廷杖五十,差点毙命,醒来后,贬贵州龙场驿②,这是正德元年十二月间的事情了。③ 王华的仕途,也因此多了诸多波折。

清修《明史》谓王华"以守仁忤刘瑾,出为南京吏部尚书,坐事罢。旋以《会典》小误,降右侍郎"④,认为王华出为南京吏部尚书与王阳明忤逆刘瑾有关,按《明武宗实录》的记载,正德二年(1507)闰正月二十九日,"升"礼部左侍郎为南京吏部尚书。⑤ 杨一清《海日先生墓志铭》谓:"明年改元。丙寅,瑾贼窃柄,士夫侧足立,争奔走其门,求免祸。公独不往。瑾衔之。时伯安(王阳明)为兵部主事,疏瑾罪恶。瑾矫诏执之,几毙廷杖,窜南荒以去。瑾复移怒于公。寻知为微时所闻名士,意稍解,冀公一见,且将柄用焉。公竟不往,瑾益怒。丁卯,迁南京吏部尚书,犹以旧故慰言,冀必往谢,公复不行。遂推寻礼部旧事与公本不相涉者,勒令致仕。"⑥这段史料的核心是正德二年,迁王华为南京吏部尚书,与王阳明上疏忤逆刘瑾以及王华自己的态度都有关系,陆深《海日先生行状》核心记载同。⑦

由此可知,王华在正德二年时为南京吏部尚书是可信的,《明史纪事本末》在正德元年(1506)十二月项下记载王阳明谪为贵州龙场驿丞时,刘瑾曾派人追杀,"已

---

① 《明史纪事本末》卷四三《刘瑾用事》,第631页。
② 《明史纪事本末》卷四三《刘瑾用事》,第633、634页。
③ 《明武宗实录》卷二〇,正德元年十二月乙丑条,第582页。
④ 《明史》卷一九五《王守仁传》,第5159页。
⑤ 《明武宗实录》卷二二,正德二年闰正月癸酉条,第628页。
⑥ 《全集》卷三八《海日先生墓志铭(杨一清)》,第1535页。
⑦ 《全集》卷三八《海日先生行状(陆深)》,第1549页。

而虑及其父华,卒赴驿。华时为南京吏部尚书,刘瑾勒令致仕"①,是说正德元年时王华已为南京吏部尚书,不准确。但这次"升"为南京吏部尚书却明升暗降。明代实行两京制,成祖朱棣迁都北京后,南京变为陪都,保留六部、都察院各衙署,南京吏部负责考察南京官员,北京吏部不能干预,南京兵部尚书参赞机务,同内外守备官员负责"操练军马,抚恤人民,禁戢盗贼,振举庶务,故其职视五部为特重云"②,尚是实权衙门。但南京官往往被视为闲职,没有实质的政治地位和实际权力,就职南京的官员不仅有受政治排挤失意者,也有希望避开北京权力斗争中心而求有闲者。③

除将戴铣、薄彦徽、王阳明进谏之臣等人下狱、贬谪外,刘瑾与其党羽"流毒"之事不绝于史,如正德二年(1507)二月,刘瑾矫诏,遣科道官盘查天下军民府库,将赋税存留全部解京,"郡县积储,为之空匮"。因上疏劝谏,忤逆刘瑾而被贬、被杀的官员难以计数。

正德五年(1510)四月,都御史杨一清和太监张永借平定宁夏安化王朱寘鐇叛乱献俘之机,由张永将朱寘鐇反叛时历数刘瑾的檄文交给武宗,向武宗奏陈刘瑾十七款罪行,其他太监谷大用等也从旁助力,武宗最终下令抓捕刘瑾,刘瑾最后被逮入内狱。次日降刘瑾为奉御,发到南京闲住,同时让廷臣议其罪,抄其家。抄家之人从刘瑾家中抄出黄金、白银、珠玉无数,如"元宝五百万锭,又一百五十八万三千六百两",要命的是,搜出军械如盔甲三千副、弓弩五百副,还有一把饰以貂皮的团扇,扇中置刀二把,武宗彻底被激怒了,大呼"瑾果反"。武宗可以容许刘瑾贪赃枉法,但绝对容不下他谋反,武宗的这句话就决定了这个流毒朝廷五年权监的命运。刘瑾被凌迟处死,被害之人都争先恐后来买他的一片肉吃。④

正德五年(1510)九月,王华官复原职南京吏部尚书,因为去年《会典》一事系刘

---

① 《明史纪事本末》卷四三《刘瑾用事》,第 634、635 页。
② 《明史》卷七五《职官志四》,第 1833 页。
③ 张英聘:《明代南京七卿年表简述》,《明清论丛》,紫禁城出版社 2005 年版,第 28—83 页。
④ 《明史纪事本末》卷四三《刘瑾用事》,第 652—655 页。

瑾所为。① 王华居家十余年,卒于嘉靖元年(1522)二月二十五日,浙江布政司官员为其奏乞恤典,明世宗诏"给祭葬如例"。后因其子王阳明以功封新建伯,王华亦得赠新建伯。②

王阳明:出生到中举

王阳明的母亲郑氏怀孕十四个月仍未分娩,祖母岑氏梦到穿着红色衣服的仙人在云霄中吹奏,把一个孩子送到自己怀里,岑氏一个激灵惊醒了,初生儿的啼哭声也随之传来,王阳明出生了③,祖父王伦名之曰"云"。王阳明五岁时还不会开口说话。一日,王阳明正与小伙伴们玩耍,一个神僧经过说"好个孩儿,可惜道破"④,云是简体字,有"说"之意,繁体字是"雲",被"雨"压住了,哪里还能说话?王伦恍然大悟,取《论语·卫灵公》"知及之,仁不能守之;虽得之,必失之"⑤之语,为孙儿名守仁,其后又取字曰伯安。

王阳明的开蒙老师是祖父王伦与父亲王华,"守仁与德声叔父共学于家君龙山先生"⑥。成化十五年(1479),王阳明八岁,祖父王伦"授以《曲礼》"⑦,《曲礼》是《礼记》的一篇。看来,王阳明很小就接受《礼记》教育,这该是他所习本经是《礼

① 《明武宗实录》卷六七,正德五年九月壬戌条,第 1477 页。

② 《明世宗实录》卷一五,嘉靖元年六月己卯条,第 491 页。

③ 《全集》卷三三《年谱一》,第 1346 页。

④ 《全集》卷三三《年谱一》,第 1346 页。

⑤ 程树德撰,程俊英、蒋见元点校:《论语集解》卷三二《卫灵公下》,中华书局 1990 年版,第 1120 页。

⑥ 《全集》卷二〇《外集二·送德声叔父归姚并序》,第 829 页。

⑦ [明]王宗沐作序:《王阳明先生图谱》,《北京图书馆藏珍本年谱丛刊》第 43 册,第 6 页。

记》的原因①。成化十七年（1481）王华中进士，次年，十一岁的王阳明跟随祖父、父亲来到京师，这该是王阳明第一次离开家乡。此行中，王阳明第一次展现了他的才华。王伦等人到了镇江金山寺，与人喝酒至酣畅时，想要写诗却没能写出来，王阳明在旁边吟出一首诗："金山一点大如拳，打破维扬水底天。醉倚妙高台上月，玉箫吹彻洞龙眠。"客人听了非常惊讶，让王阳明作一首《蔽月山房》诗，王阳明随口吟出："山近月远觉月小，便道此山大于月。若人有眼大如天，还见山小月更阔。"②

到京师后，成化十九年（1483），王华让十二岁的王阳明到私塾读书，但王阳明豪迈不羁，王华深感忧虑，只有祖父王伦了解他。在京师私塾读书期间，王阳明曾问塾师："何为第一等事？"塾师回答说："唯读书登第耳。"王阳明心生疑惑，说："登第恐未为第一等事，或读书学圣贤耳。"王华听后笑了笑说："汝欲做圣贤耶？"③王阳明或许有自己的疑惑和思考，也可视之为一个十几岁孩童的狂妄之语，就像自己小时候老师问班里同学长大以后的梦想是什么，很多人回答想成为科学家一样。在京师期间，王阳明还做了一件比较惊世骇俗的事情——畅游居庸、紫荆、倒马三关。自明成祖弃大宁，明宣宗徙开平卫于独石口后，三关外多为蒙古驻牧之地，游历其地不免遭遇蒙古骑兵，但王阳明游历三关"经月始返"，且"询诸夷种落，悉闻备御策；逐胡儿骑射，胡人不敢犯"，实有胆略。当时，北直隶地区则有石英、王勇为首的盗贼，关中一带有石和尚、刘千斤等作乱，王阳明想向朝廷上疏，被王华呵斥了一顿，方才作罢。④

与其父王华不同的是，王阳明参加乡试时的身份是余姚县学增广生员。⑤ 有明

---

① 明代科举考试中，乡试和会试第一场的"经义"都是测试考生对儒家经典的掌握程度。按照规定，考生在《易》《书》《诗》《礼记》《春秋》五经中各择一经作为本经修习之，参加科举考试时考试各经，其文称"经义"文。（吴宣德、王红春：《明代会试试经考略》，《教育学报》2011 年第 2 期）

② 《全集》卷三三《年谱一》，第 1346 页。

③ 《全集》卷三三《年谱一》，第 1346、1347 页。

④ 《全集》卷三三《年谱一》，第 1347 页。

⑤ ［明］陈汝元：《皇明浙士登科考》卷五《弘治五年壬子科·浙江中式》，万历三十一年刻本，中国国家数字图书馆·中华古籍资源库（以后简称"中华古籍资源库"），叶 8a。

一代,生员分三类:廪膳生员、增广生员、附学生员。明代府州县学最初只有廪膳生员,即全部享受国家免费伙食的生员;增广生员始设于洪武二十年(1387),不拘定额,与廪膳生员一样享受"复其家",即免除赋役的权利。宣德三年(1428)定增广生员名额,"在京府学六十名,在外府学四十名,州学三十名,县学二十名",与廪膳生员数额相同,强调"必选聪敏俊秀、能通文理者充数"。永乐三年(1405)以后,增广生获得应试资格并中乡试乃至会试、殿试已成常态。参加由府、州、县官和提学官主持的入学考试中式者方能成为生员。① 王阳明成为余姚县学增广生员的时间暂未见明载,但可以结合浙江提学副使吴伯通的事迹推定。天顺八年(1464)进士、四川广安人吴伯通于弘治三年(1490)为浙江提学副使,弘治九年(1496)升云南按察使,离开浙江。他在任上"严立科条以督诸士,诸士亦严事之",参与弘治五年壬子科和弘治八年乙卯科浙江乡试,潜心为国取士,如在壬子科《浙江乡试录序》中说:"诸臣工有事场屋者,自监临暨提调、监试,下逮吾辈百执事,夙夜勤励,罔敢懈弛,期得真才,以上副国家求贤之意。"且善于识人,胡世宁、孙燧、秦文三人就是他识拔的②,王阳明的好友、同科举人、淳安人程文楷也深受吴伯通的赏识,"督学吴伯通奇其文,擢冠两浙"。③ 弘治二年(1489)十二月,王阳明偕夫人诸氏回到余姚。王阳明又有《奉石谷吴先生书》,其中说,"生自壬子岁拜违函丈,即羁縻太学……生近者授职刑部云南司"④,书信中的"壬子岁"只能是弘治五年(1492),"函丈"是对老师的敬称,"近者授职刑部云南司"指的是观政结束后,弘治十三年(1500)二月,王阳明被授官正六品刑部云南清吏司主事。⑤ 由此可推断,王阳明是在弘治二年十二月归乡后入余姚县学,该年,王阳明十八岁。

① 郭培贵:《中国科举制度通史·明代卷》,第97—99、287页。

② 万历《杭州府志》卷六二《名宦二·吴伯通》,万历间刻本,中华古籍资源库,叶57a—58b;《明孝宗实录》卷一一二,弘治九年四月壬寅条,第2045页;(明)吴伯通:《石谷达意稿》卷一六《序四·浙江乡试录后序壬子》,正德十一年刻本,中华古籍资源库,叶14b。

③ 嘉庆《浙江通志》卷一八二《人物志二·文苑五》,光绪二十五年刻本,叶7b。

④ 束景南:《阳明佚文辑考编年·奉石谷吴先生书》,上海古籍出版社2012年版,第99页。

⑤ 《全集》卷三三《年谱一》,第1350页。

弘治五年(1492),二十一岁的王阳明离开余姚,到省城杭州参加壬子科乡试并中举。同科举人中,有余姚人孙燧、仁和人胡世宁等人。成化十二年(1476),十七岁的孙燧成为县学廪膳生员,弘治五年中举,连捷弘治六年(1493)癸丑科进士,观政礼部,弘治十年(1497)实授刑部贵州司主事,其后一路擢升,正德十年(1515)由从二品河南右布政使擢正三品都察院右副都御史,巡抚江西①,从官品讲是降了,但巡抚江西是封疆大吏,从主事到封疆大吏只用了二十年时间。胡世宁,字永清,弘治六年进士,历德安府推官、广西太平知府、湖广宝庆知府等,累至江西按察副使。②王阳明的仕途不如孙燧、胡世宁,但三人在日后却有一段不同寻常的共同经历——遭逢宁王朱宸濠叛变,江西巡抚孙燧、按察副使胡世宁皆被杀害,而最终平定叛乱的是南赣巡抚王阳明。

王阳明有妻诸氏、继室张氏。弘治元年(1488)七月,十七岁的王阳明迎娶时任江西布政司参议诸养和之女。③诸养和,名让,浙江余姚人,成化四年(1468)浙江乡试第三十四名举人,成化十一年(1475)二甲第六十五名进士,历吏部主事、吏部郎中、江西布政使司左参议、山东布政使司左参政等职。④诸让家族也是余姚比较有名气的家族,诸让的曾祖父诸和仲、祖父诸胜宗、父诸浩虽未入仕,兄诸正,字养蒙,浙江乡试第二十五名举人,天顺四年(1460)二甲第二十名进士,成化元年(1465)时任广东按察司佥事⑤,兄诸谏,成化十年(1474)浙江乡试第三十七名举人,官光山县

① [明]陈有年辑著,王孙荣点校:《孙燧年谱》,第322—326页。《弘治六年进士登科录》,《天一阁藏明代科举录选刊·登科录》点校本·中,第88、89页。

② 《明史》卷一九九《胡世宁传》,第5258—5263页。

③ 《全集》卷三三《年谱一》,第1347页。

④ 《成化十一年进士登科录》,《天一阁藏明代科举录选刊·登科录》点校本·上,第430页;《全集》卷三二《补录·旧本未刊语录诗文汇集·祭外舅介庵先生文》,第1336页;康熙《江西通志》卷一三《职官上》,康熙二十二年刻本,叶42a;嘉靖《江西通志》卷二《藩省》,《存目》史部第182册,第61页。

⑤ 《成化十一年进士登科录》、《天顺四年进士登科录》,《天一阁藏明代科举录选刊·登科录》点校本·上,第430、251页;道光《广东通志》卷二〇《职官表二十一》,道光二年刻本,叶5a。

教谕。兄诸谠是贡生,官至南昌知县,弟诸谧是弘治十八年(1505)贡生。① 据载,诸让任职吏部主考京师时,来看望王华,看到王阳明后满是欣赏之情,遂对王华说"尔子,我女妻之"②,后来王阳明果娶诸氏。诸氏卒于嘉靖四年(1525)正月,没有生育。王阳明继娶张氏,嘉靖五年(1526)十一月生一子王正亿。③ 但这位继室张氏的身份、背景暂不可知。

---

① 《成化十一年进士登科录》,《天一阁藏明代科举录选刊·登科录》点校本·上,第 430 页;《成化十年浙江乡试录》,《天一阁藏明代科举录选刊·乡试录》七,第 6003 页;光绪《余姚县志》卷一九《选举表一》,叶 43a、51a。

② 《全集》卷三二《补录·旧本未刊语录诗文汇集·祭外舅介庵先生文》,第 1336 页。

③ 《全集》卷三五《年谱三》、卷三八《世德纪·阳明先生行状(黄绾)》,第 1427、1438、1580 页。

进士登科后

初政有声，辱谪龙场

弘治五年（1492），二十一岁的王阳明参加浙江乡试，考中第七十名举人，但弘治六年癸丑科、弘治九年丙辰科会试均落第。第三次会试弘治十二年（1499）己未科会试，王阳明取得第二名的好成绩，殿试二甲第六名也就是全国第九名。亲民思想是阳明良知学体系的重要组成部分，是王阳明政治思想的核心，也是他一生的施政纲领，是他在刑部云南司主事任上、在贵州龙场驿、在南赣、在江西与民众的广泛接触中产生出来的情感和终极认识。

總義官總理事務　經筵講官兼禮部尚書掌詹事府事掌國子祭酒事經筵講官兼太子太保和殿大學士薦禮部龍居部尚書其架級張廷玉本

敕修

王守仁 冀、元亨

王守仁字伯安餘姚人父華字德輝成化十七年進士
第一授修撰弘治中累官學士少詹事華有器度在講
幄最久孝宗甚眷之李廣貴幸華講大學衍義至唐李
輔國與張后表裏用事指陳甚切帝命中官賜食勞焉
正德初進禮部左侍郎以守仁忤劉瑾出為南京吏部
尚書坐事罷旋以會典小誤降右侍郎瑾敗乃復故無

两下南宫第，终折月桂归

弘治五年（1492），二十一岁的余姚县学增广生员王阳明参加浙江乡试，考中第七十名举人。① 次年会试落第，了解他的官员士绅都来劝慰他，时任太常寺少卿兼翰林院侍讲学士的李东阳在欣赏中略带调侃地对他说："你今年未中，下科必定是状元，你试着写下一科的状元赋我看看。"王阳明挥笔立就。诸老都很惊讶，赞叹说："天才！天才！"但也有嫉妒的人心里犯嘀咕："此人如果取中很高的名次，眼里还会有我们吗？"确实，弘治九年（1496）丙辰科会试，王阳明又落第了。《年谱》说他"及丙辰会试，果为忌者所抑"②，并无真凭实据。唐武则天创立糊名法③，明代承袭宋元以来的试卷誊录制度并日趋严密，由朝廷派专人抄录试卷。④ 弥封和誊录制度最大限度地避免舞弊，保证公平，读卷官一般是不知道阅的是谁的试卷，王阳明落第的原因也许是文风、观点不符合读卷官的标准。

据《弘治十二年会试录》提供的信息，"第二名。王守仁，浙江余姚县人，监生。《礼记》"，可知某次会试落第的王阳明到国子监学习去了，而人们对王阳明的这一经历知晓度并不高。弘治十年（1497）、十一年（1498）时王阳明在京师⑤，由此推知，王阳明当是弘治八年入国子监读书，这符合王阳明《程守夫墓碑》中"又同卒业于北雍，密迩居者四年有余"⑥给出的时间范围，北雍指北京国子监，弘治八年至十

---

① 《弘治五年浙江乡试录》，转引自詹康《从王守仁作〈山东乡试录〉谈明代乡会试录的作者问题》，《古籍整理研究学刊》2013 年第 5 期。

② 《全集》卷三八《年谱一》，第 1348、1349 页。

③ ［唐］刘𫗧撰，程毅中点校：《隋唐嘉话》卷下，中华书局 1979 年版，第 35 页。

④ 牛明铎：《明代科举弥封与誊录制度考论》，《甘肃社会科学》2017 年第 1 期。

⑤ 《全集》卷三八《年谱一》，第 1349、1350 页。

⑥ 《全集》卷二五《外集七·程守夫墓碑》，第 1039 页。

二年,恰恰四年有余。

明代举人入国子监学习始于成祖永乐年间,"举人入监,始于永乐中。会试下第,辄令翰林院录其优者,俾入学以俟后科,给以教谕之俸"。教谕是县儒学教职,县级儒学设教谕一员、训导二员,并无品级①,洪武十三年(1380)时规定县学教谕月米二石、府州县学训导月米二石。② 会试落第的举人入国子监读书是一个不错的选择,举人入监候按制经过肄业、历事就可获得选官资格,"或授小京职,或授府佐及州、县正官,获授教职"③。如果能够拜得名师,不仅有裨于学业,而且能为下一科的考试积累深厚的人脉。

王阳明在国子监学习期间遇到数位好友。如浙江淳安人程文楷,字守夫,二人同在弘治五年浙江乡试中中第,又一起在国子监学习了四年。其后程文楷未中进士,便在京师讲学,从学者甚众,与王阳明等人唱和,为当时缙绅士大夫所重。王阳明也很尊敬程文楷,他有诗数首写给程文楷,其一在诗题中以"年兄程守夫"称之。④程文楷的父亲程愈,字节之,号味道,历工部都水司主事、礼部主客司员外郎、郎中,卒于山东参议任上,是王华的同年进士。⑤ 还有王寅之、刘景素二人,且王阳明受王寅之的影响很大,"仆每叹服,以为如寅之者,真可为豪杰之士。使寅之易此心以求道,亦何圣贤之不可及! 然而寅之能于彼不能于此也"。此语出自《答储柴墟》,作于正德七年(1512),经过龙场悟道,对心学已有体悟的王阳明回忆起与王寅之一起在北京国子监学习的经历,对王寅之的学问既佩服又有些惋惜,认为王寅之治学求道的方法出了问题。⑥ 但王寅之和刘景素的具体情况,暂不得知。

---

① 《明史》卷六九《选举志一》、卷七五《职官志四》,第 1679、1851 页。

② 《明太祖实录》卷一三〇,洪武十三年三月壬子条,第 2074 页。

③ 郭培贵:《中国科举制度通史·明代卷》,第 413 页。

④ 《全集》卷二五《外集七·程守夫墓碑》,第 1039 页;嘉靖《淳安县志》卷一二《人物志二·文苑》,嘉靖三年刻本,叶 9a;光绪《淳安县志》卷一五《艺文志四·诗》,光绪十年刻本,叶 24b—25a。

⑤ 嘉靖《淳安县志》卷一一《人物志一·宦迹》,叶 39ab。

⑥ 《全集》卷二一《外集三·答储柴墟》,第 896、897 页。该文作于壬申年,结合王阳明生卒年是正德七年。

还有一位日后声名显赫的同学福建闽县人林庭㭎，二人都是弘治十二年的进士。林庭㭎于弘治八年（1495）中福建乡试第二十四名举人①，《弘治十二年会试录》所载林庭㭎的身份是监生②，由此推断，他极可能最早是弘治九年（1496）会试落第后入国子监读书的。他是王阳明在国子监学习期间的祭酒林瀚次子，累至工部尚书，赠少保，谥康懿。林瀚，字亨大，成化二年（1466）二甲第三名进士，选庶吉士，弘治三年（1490）时为国子监祭酒，弘治九年（1496）升礼部右侍郎，仍掌国子监事，弘治十二年（1499）八月改吏部右侍郎。③

不得不提的是，王阳明在国子监学习期间学习了兵法。弘治十年（1497），二十六岁的王阳明看到边事紧急，朝廷推举的将才都惶恐无状，他深感国家设立武举仅仅培养骑射之术，但很难培养统兵韬略之法，便开始潜心于兵法。这为他后来平南赣盗、平定宁王朱宸濠叛乱、抚定广西思田之乱奠定了基础，也是他出任兵部职方司主事的原因之一。就这样过了两年，弘治十二年（1499）己未科会试，王阳明考取第二名，在接下来的殿试中考中二甲第六名，全国第九名④，相当优异的成绩——是可以选庶吉士，进翰林院学习的优异成绩，美好的前途似乎在向他招手了。

弘治十二年己未科会试，王阳明本来是第一名也就是会元的，但"徐穆争之，落第二，然益有声"⑤，时为翰林院编修的徐穆是这一科的同考试官之一，同考试官是在主考官统领下负责评阅某经试卷的考官，因为按经分房阅卷，又称房考官，简称"同考官"或"同考""房考"⑥，该科的会元是伦文叙。"徐穆争之"的原因，笔者推断是士子所习本经问题，徐穆和伦文叙所习本经都是《易经》，伦文叙的《易经》答卷得到徐穆的高度赞赏，王阳明的《礼记》答卷得到同考试官刘春、考试官大学士李东

① 《弘治八年福建乡试录》，《天一阁藏明代科举录选刊·乡试录》，第 6648 页。

② 《弘治十二年会试录》，《天一阁藏明代科举录选刊·会试录》上，第 572 页。

③ 《明史》卷一六三《林瀚传附林庭㭎传》；《成化二年进士登科录》，《天一阁藏明代科举录选刊·登科录》点校本；《明孝宗实录》卷四六，卷一五三。

④ 《弘治十二年进士登科录》，转引自束景南《王阳明年谱长编》，第 145 页。

⑤ 《全集》卷三八《世德纪·阳明先生墓志铭（湛若水）》，第 1539 页。

⑥ 郭培贵：《中国科举制度通史·明代卷》，第 319 页。

阳等人好评①,刘春所习本经是《礼记》。②

该科涉及一场子虚乌有的科场案,是继洪武时期南北榜科场案之后影响极大的一次。涉案者有主考官程敏政,举人唐寅、徐经,给事中华昶。程敏政,字克勤,南直隶休宁人,成化二年(1466)进士,弘治十二年,时任礼部右侍郎兼翰林院掌院学士的程敏政为副主考官,与礼部尚书兼文渊阁大学士李东阳主持会试。③ 徐经,字直夫,南直隶江阴人,弘治八年(1495)举人。④ 唐寅,字伯虎,苏州人,弘治十一年(1498)南直隶乡试解元。

清修《明史·唐寅传》说唐寅中举时考官梁储"奇其文",带回京让程敏政看,"亦奇之",徐经曾贿赂程敏政家童,获取试题。程敏政本传说"举人唐寅、徐经预作文,与试题合"。给事中华昶弹劾程敏政卖考题。当时未发榜,孝宗让程敏政停止阅卷,拟录取的试卷由李东阳会同考官核校,但唐寅、徐经的试卷不在录取之列,李东阳以此上报,但仍有人讨论不停。最终,程敏政、华昶、唐寅、徐经四人俱下狱,"坐经尝赍见敏政,寅尝从敏政乞文",说的是徐经曾给程敏政送礼,唐寅曾向程敏政要过文章,将唐寅、徐经革去功名,贬为吏,程敏政出狱后忧愤而死,华昶以言不符调南京太仆寺主簿。程敏政本传中说此次科场案,是傅瀚想与程敏政争位,令华昶上奏,但"事秘,莫能明也"。⑤ 唐寅本传所谓"寅尝从敏政乞文",指的是《赠太子洗马兼翰林侍讲梁公使安南诗序》,"梁公"是唐寅的老师梁储,"姑苏唐寅合同榜赋诗以赠公,属予序。予与公同事,相得其文学之昌,才识之卓,操履之懿"⑥。

承前思路,傅瀚是天顺八年(1464)进士,选庶吉士。⑦ 弘治八年(1495),时为礼部右侍郎傅瀚在推荐入阁人员之列,最终入阁者是礼部左侍郎兼翰林院侍读学

---

① 《弘治十二年会试录》,《天一阁藏明代科举录选刊·会试录》点校本。

② 《成化二十三年进士登科录》,《天一阁藏明代科举录选刊·登科录》点校本。

③ 《弘治十二年会试录》,《天一阁藏明代科举录选刊·会试录》点校本·上,第566页。

④ 道光《江阴县志》卷一三《选举一·乡举·徐经》,道光二十年刻本,叶44a。

⑤ 《明史》卷二八六《唐寅传》、《程敏政传》,第7352—7353、7343—7344页。

⑥ [明]程敏政:《篁墩文集》卷三五《序》,《四库》第1252册,第621、622页。

⑦ 《明史》卷一八四《傅瀚传》,第4882页。

士李东阳。① 而晚一科中进士的程敏政弘治十一年（1498）三月二十七日由詹事府詹事兼翰林院学士升礼部右侍郎②，次年二月充会试副主考官，能掌握考生的去取权，是天下瞩目的荣耀，是收纳门生和发展人脉关系的绝佳机会，而傅瀚只是知贡举官，总揽会试事务，虽列名主考官之前，却无权阅卷暨决定考生的去留。③

结合《明孝宗实录》《玉堂丛语》等记载，傅瀚曾想谋内阁之位，便唆使同乡、监生江瑢弹劾内阁大学士刘健、李东阳"杜绝言路，掩蔽聪明，妒贤嫉能，排抑胜己，急宜斥退"，但害怕此事泄露，便说江瑢和程敏政的关系很好，江瑢写不出这样的奏疏，奏疏中"排抑胜己"一语恰恰是程敏政每日里的心事，以此激怒当政者，程敏政之狱因起。④《实录》谓"敏政既死，瀚果自礼部改詹事，代其位"⑤，即指弘治十二年（1499）六月，以礼部左侍郎傅瀚兼翰林院学士，掌詹事府事。⑥ 李东阳是《孝宗实录》纂修者，一个"果"字或体现出李东阳的心态。傅瀚早程敏政一科中进士，早于程敏政为正三品礼部左侍郎，却没有机会充会试主考官。他不敢攀比已是礼部尚书兼文渊阁大学士的正主考官李东阳，但礼部左、右侍郎皆有入阁者，如前一段提到的李东阳。弘治十一年（1498）七月，大学士徐溥致仕，直至弘治十六年（1503）底，内阁只刘健、李东阳、谢迁三人。⑦ 结合清修《明史》等记载，傅瀚想打击程敏政是合理的。但此案确属政争引起的诬告，唐寅作为梁储的学生，梁储又与程敏政交好，唐寅向程敏政索序，本是很正常的事情。一场子虚乌有的科场案，让两位天才举子唐寅、徐经走上了另外的人生道路。对王阳明的仕途而言，也留下了"硬伤"。

① 《明孝宗实录》卷九七，弘治八年二月乙丑条，第1779、1780页。

② 《明孝宗实录》卷一三五，弘治十一年三月癸亥条，第2373页。

③ 《弘治十二年会试录》，《天一阁藏明代科举录选刊·会试录》点校本·上，第566页；郭培贵：《中国科举制度通史·明代卷》，第293、294、304、319、336—345页。

④ ［明］焦竑：《玉堂丛语》卷八《器量》，中华书局1981年版，第178页。

⑤ 《明孝宗实录》卷一八四，弘治十五年二月癸亥条，第3397—3399页。

⑥ 《明孝宗实录》卷一五一，弘治十二年六月戊戌条，第2667页。

⑦ 《明史》卷一〇九《宰辅年表一》，第3342—3344页。

观政工部，挺膺担当

高中第九名进士的王阳明没有被选为庶吉士进入翰林院学习，也未实授其他官职，而是"观政工部"。① 当然，王阳明没有被选庶吉士并非针对他一个人，而是弘治十二年（1499）己未科未考选庶吉士。该科殿试后不久，授第一甲进士伦文叙为翰林院修撰，丰熙、刘龙为编修，二甲、三甲进士"分拨各衙门办事"。② 这可能与该科科场案有关。

明代进士观政制度是进士中式后不立即实授官职，而是分派中央各衙门观政，之后方实授官职。这是自科举制度产生后最完备的官员职前实习制度，解决或缓和了新科进士们由于平时只读儒家经典到骤然转变为当官行政所产生的矛盾，缩短了由读书、考试到做官行政的差距，增加了法律素养，提高了做官行政的实际能力，具有一定的积极作用。观政时间并无明确规定，最短应为半年，还有多至五六年的。③

王阳明观政期间主要做了两件大事：一是钦差督造威宁伯王越之墓，二是应朝廷灾变求言之诏疏陈边务。

王越，字世昌，北直隶大名府濬县人，景泰二年（1451）进士，天顺七年（1463）擢右副都御史巡抚大同，累至少保兼太子太保、兵部尚书。成化十六年（1480），以出境杀贼寇功封威宁伯，赐诰券，食禄一千二百石，本身免死两次，子孙世袭，追封三代。弘治十一年（1498）十二月初一日，王越卒于甘州。讣至朝廷，孝宗辍朝一日，

---

① 《全集》卷三三《年谱一》，第 1350 页。

② 《明孝宗实录》卷一四八，弘治十二年三月乙酉条，第 2613、2614 页。

③ 章宏伟：《明代观政进士制度》，《吉林大学社会科学学报》2008 年第 5 期；郭培贵：《中国科举制度通史·明代卷》，第 494—504 页。

赠太傅,谥襄敏,给驿归,谕祭九坛。王阳明被派去督造坟茔①,这是一段冥冥之中的缘分。据嘉庆《濬县志》记载,王越墓在濬县城东南二里大伾山西。② 接到差遣的王阳明没有乘轿,而是骑马前去。不意所乘马匹过山路时受惊,王阳明坠地吐血,但他仍坚持骑马,没有坐轿。王阳明未中进士时,曾梦到"威宁伯王越解所佩宝剑为赠",醒后大喜,立下宏愿,"吾当效威宁以斧钺之任,垂功名于竹帛,吾志遂矣"。见到王越的家人后,王阳明向他们请教王越用兵之法,用兵法布置造坟之众,用力少,见功多,高效完成了造坟工作。王越家人酬以金帛,但被王阳明拒绝了。王越家人又以王越佩剑相赠,王阳明吃了一惊,这不和自己的梦完全相符吗? 就收下了。③

该年,王阳明还应诏上《陈言边务疏》。明廷虽然没有规定观政进士具有上疏言事的任务,但出于对国家政事的责任感,观政进士仍有不少积极上疏言事者。④时逢星变,孝宗反省自查,加之虏寇猖獗,遂下诏求言。他在奏疏中主要提到八件重要的事情:"一曰储材以备急,二曰舍短以用长,三曰简师以省费,四曰屯田以足食,五曰行法以振威,六曰敷恩以激怒,七曰捐小以全大,八曰严守以乘弊。""储材以备急"说的是储备将才,如将公侯之子聚在一起,选文武兼济之才教育他们,兵部侍郎每年都要巡边,选择科道部属中灵活之人作为随从,让他们掌握边疆道里远近、敌我形势等情况;"舍短以用长"是要重新起用那些因为小错就摒弃不用的勇悍之人;"简师以省费"说的是从现有防边军士中精选能征善战之士留以戍边,并给予他们与京军一样的待遇,激励他们为国戍边;"屯田以足食"是让京军在边地开屯,以足兵食;"行法以振威"与"敷恩以激怒"则是赏罚并用,既要严法御兵,又要褒奖战死军士家属,激励家属和其他军士奋勇杀敌;"捐小以全大"说的是给边将便宜行

---

① [明]王越:《黎阳王襄敏公集》附《太傅王襄敏公年谱》,沈乃文主编:《明别集丛刊》第1辑第46册,黄山书社2016年版,第431—441页。

② 嘉庆《濬县志》卷一二《古迹考·墓·王越墓》,嘉庆七年刻本,叶45a。

③ 《全集》卷三三《年谱一》,第1350页;[明]冯梦龙:《皇明大儒王阳明先生出身靖乱录》卷上,中华古籍资源库,叶11a。

④ 郭培贵:《中国科举制度通史·明代卷》,第498、499页。

事之权,不因一时一事一地之得失论功罪;"严守以乘弊"说的是发挥自身善守的优势,从兵源、粮草各方面入手,做好防守准备。①

　　我们需要结合明王朝的边防形势来看王阳明的这道奏疏。"南倭北虏"是长期困扰明王朝的两大边防问题,直至嘉靖四十三年(1564),戚继光、俞大猷等在漳浦、潮州等地大败倭寇,从洪武二年(1369)侵略苏州、崇明算起,持续近两百年的"倭患始息"。②"北虏"问题在成化、弘治时期又有加重,早在英宗天顺六年(1462)正月,毛里孩部入据河套地区,明蒙双方长期拉锯战,成化九年(1473)九月,在王越等人的打击下,满鲁都等部"渡河北去,患少弭"。弘治年间,朝贡贸易中断,制约了蒙古部的生存与发展,双方关系越来越紧张,弘治六年(1493)年又有蒙古部入据河套,"北虏"长期住牧河套,成为明王朝的心腹大患和长城防御的重点。③ 王阳明的这道奏疏确是针砭时弊,又切合实际,但事关经略边疆之策的奏疏不止王阳明的这一道,一部《明经世文编》便是明朝大臣经世之才智的总结。能否被朝廷采纳也是另外一回事,但还是未采纳的多,因为就在王阳明上奏疏的次年十二月,火筛部入河套。④ 明蒙关系一直这样僵持下去,甚至酿成嘉靖二十九年(1550)蒙古军队攻至北京城下的惨剧。直至隆庆五年(1571)三月,穆宗封俺答汗为顺义王,其部将亦封都督同知、指挥同知等职,归附明王朝,并详细约定朝贡的贡期、贡额与贡道,重开互市,史称"俺答封贡",明蒙双方实现了友好和平往来。⑤

---

　　① 《全集》卷九《奏疏一·陈言边务疏》,第316—322页。

　　② 《明史纪事本末》卷五五《沿海倭乱》,第839—869页。

　　③ 《明史纪事本末》卷五八《议复河套》,第887—890页;彭勇:《明史》,中华书局2019年版,第158—160页。

　　④ 《明史纪事本末》卷五八《议复河套》,第890页。

　　⑤ 《明史纪事本末》卷五九《庚戌之变》,第899—910页;彭勇:《明史》,第164页。

两任六品主事：转任刑部、兵部之间

观政结束后，弘治十三年（1500）二月，王阳明授官正六品刑部云南清吏司主事①，这是他第一次真正为官。明代六部中，吏部、礼部、兵部、工部各设四个清吏司，刑部和户部各设十三个清吏司，以十三个省命名，对应明王朝的十三个省份，刑部"十三司各掌其分省及兼领所分京府、直隶之刑名"，户部"十三司各掌其分省之事，兼领所分两京、直隶贡赋，及诸司、卫所俸禄，边镇粮饷，并各仓场、钞关"。② 王阳明在刑部云南清吏司主事任上时间不长，主要做了三件事：整治刑部大牢"猪吃人"问题，赴南直隶地区审录囚犯，主考山东乡试。

治理"猪吃人"事件体现着王阳明的"明德亲民"理念。明代刑部设提牢厅，置狱吏若干名，负责管理囚犯，每月更换主政总揽其事。自死刑以下系狱的每日给以口粮，失职者罪之。《大明律》明确规定："凡狱囚应请给衣粮、医药而不请给，患病应脱去枷、锁、杻而不脱去，应保管出外而不保管，应听家人入视而不听，司狱官典、狱卒，笞五十。因而致死者，若囚该死罪，杖六十；流罪，杖八十；徒罪，杖一百，杖罪以下，徒一年。提牢官知而不举者与同罪。若已申禀上司，不即施行者，一日笞一十，每一日加一等，罪止笞四十。因而致死者，若囚犯该死罪，杖六十；流罪，杖八十；徒罪，杖一百；杖罪以下，杖六十，徒一年。"③但提牢厅的这帮狱吏却在天子脚下无法无天，把朝廷给予犯人的口粮用来喂猪，猪养大了，他们杀了分食。在王阳明之前，刑部堂官或许是不知道，或许是睁一只眼闭一只眼，所以也没有人去禁止此事。

---

① 《全集》卷三三《年谱一》，第1350页。

② 《明史》卷七二《职官志一》，第1755、1741页。

③ 怀效锋点校：《大明律》卷二八《刑律十一·断狱·狱囚衣粮》，法律出版社1998年版，第214页。

轮到王阳明提牢时,看到狱卒养猪,便怒斥道:"夫囚以系者,犹然饭之,此朝廷好生浩荡恩也。若曹乃取以豢豕,是率兽食人食矣,如朝廷德意何!"面对盛怒的王阳明,狱卒都跪下请求宽恕,并推脱说这是相沿成例,刑部堂官也是知道的。王阳明说,岂有此理,你们是拿堂官做挡箭牌吧。当天,王阳明便找到刑部堂官说了这件事情,堂官认为王阳明的做法是对的。王阳明又回到提牢厅,让狱卒将猪杀掉,分给囚犯。王阳明晚年居家,还有一位姓管的刑部官员回忆起此事,感叹道"先生平生经世事功,亡论诸掀揭之大,即筮刑部时屠豕一事,至今脍炙人口云"。王阳明则说:"此余少年不学,作此欺天罔人事也。兹闻之,尚有余惭,子乃以为美谈,诪我耶?"可以看出,王阳明对自己整治刑部"猪吃人"事件深感愧疚,并不是泯灭了自己心中的良知,而是认为要寻找更合适的途径解决问题,完全可以将"猪吃人"问题禀告上官,由上官解决,而不应该这么冲动地去解决,让上官难堪。耿定向在录下此事后也有自己的评论:"仆固陋,平生笃信文成良知之学者,类此粗浅事耳。窃谓:由前创悔屠豕一事推之,实自致其知,则进之立朝,必不忍为钓奇贾名事矣。"①

王阳明在刑部云南司主事任上做的另外一件事情是赴南直隶江北地区审录囚犯。这是明朝的"五年一恤刑"制度。正统六年(1441),令大理寺与刑部、都察院官员请敕,到南北直隶、各布政司(省)会同相关官员审录罪囚,至成化八年(1472)始定"五年一恤刑","每五年一次,法司请敕,差官往两直隶、各布政司审录见监一应囚犯。真犯死罪情真无词者,仍令原衙门监候呈详,待报取决;果有冤枉,即与办理;情可矜疑者,陆续奏请定夺;杂犯死罪以下,审无冤枉,即便发落"。② 这次审囚是弘治十四年(1501)八月份开始进行的③,时任兵部主事何孟春等人以诗相赠,如何氏《送王伯安南都审刑席上分得二十韵》谓"秋官方用权,暑气扫七月……三覆五

---

① [明]耿定向辑著,毛在增补:《先进遗风》卷上,第16页。
② 万历《大明会典》卷二一四《大理寺·审录在外囚犯》,《续修》第792册,第557页。
③ 《全集》卷九《别录一·奏疏一·乞养病疏》,第322页。

覆问,务使事情核"。王阳明录囚多有平反①,尤其是扬州审理陈指挥杀人案,王阳明的同年都穆记载说:

> 阳明王公为刑部主事,决囚南畿。扬州有陈指挥者,杀十八人,系狱,屡贿当道,十余岁不决。王公至,首命诛之。巡按御史反为力请,而王公竟不从。王(陈)临刑呼曰:"死而有知,必不相舍。"公笑曰:"吾不杀汝,十八之魂当不舍我。汝死,何能为乎?"竟斩于市。市人无不咋指称快。陈之父死于阵,而其子又以御贼失机伏诛,三世受刑,亦异事也。②

史料阙如,陈指挥具体为何人已难得知。有明一代,武官犯罪也不是奇事,但此案体现出王阳明的雷厉风行。

决囚事毕,回北京复命,途中因病在扬州滞留三个月③,直至弘治十五年(1502)夏才回北京复命,"十五年壬戌,是岁夏,复命回部"④。该年八月,王阳明给朝廷上《乞养病疏》,谈到因病滞留扬州之事,自己病体沉重,希望朝廷放自己回余姚老家养病,病愈后仍回刑部供职。⑤ 弘治十五年八月,王阳明回原籍养病,还职时间不晚于弘治十七年(1504)八月。当月,王阳明在山东主持甲子科乡试,这是受巡按山东监察御史陆偁之聘方膺重任。⑥

王阳明最终主考甲子科山东乡试,却招致非议。该年十二月,南京广东道监察御史王蕃上疏弹劾王阳明:

①　[明]何孟春:《何燕泉诗集》卷一《古风·送王伯安南都审刑席上分得二十韵》,《存目》集部第46册,第396页。

②　[明]都穆撰,陆采辑:《都公谭纂》卷下,中国国家数字图书馆·中华古籍资源库,叶34a。

③　《全集》卷九《别录一·奏疏一·乞养病疏》,第322、323页。

④　[明]王宗沐序:《王阳明先生图谱》,《北京图书馆藏珍本年谱丛刊》第43册,第16页。

⑤　《全集》卷九《别录一·奏疏一·乞养病疏》,第322、323页。

⑥　《全集》卷三三《年谱一》,第1352页。

今乡试，古里选也，故用教官主之，近礼部建议参用京官，今岁乡试，浙江则南京光禄寺少卿杨廉，山东则刑部主事王守仁，且二人者一以省亲，一以养病，省亲者背亲为不孝，养病者诈病为不忠，不孝不忠，大本已失，考官主试，乃人物之权衡，奚用是不忠不孝者为哉？乞复乡举里选之制，仍将杨廉等明正其罪，以为人臣戒。①

王蕃的弹章借王阳明养病一事对王阳明指摘甚严。王蕃，字邦宪，滦州人，弘治九年进士，由博士升御史，他弹劾权监刘瑾及谄媚之臣陈晦等人，被严旨斥责，遂称病归乡，居乡数十年后起为平凉知府，又因忤逆中贵罢归。② 由此来看，王蕃尚为直臣。明朝以京官为乡试主考官又是有先例的，如永乐九年（1411）应天府乡试，以翰林院学士左春坊大学士胡广和右春坊右庶子兼翰林院试讲杨荣为主考官。③ 王阳明是病痊愈后北上主持山东乡试，并非现任官，王蕃的弹劾显然是不合理的。

王蕃弹劾王阳明的深层次原因应是政争。王蕃之后，朝臣又将矛头指向王华。王华是弘治十八年乙丑科会试提调官④，该年六月，科道官曾弹劾他"典文招议"，应予罢黜，但武宗下诏王华照旧办事。⑤ 但"典文招议"具体指何事暂不可知，束景南认为不外乎倪宗正、陆深、胡铎、穆孔晖等人点为庶吉士这些事情⑥，但未见王华左右庶吉士之选的确凿证据。九月，吏部覆奏给事中周玺等人弹章，建议将王华等人量行罢黜，以励群工，得旨"所劾官员果有衰老庸懦，屡经弹劾，职业未修者，其分别以闻"，吏部复言"进退大臣，朝廷威福之柄，非臣下可专，乃列温等年甲及被劾次数词语，以俟宸断"，再次得旨"温、钟、泽致仕，给驿归，而仍留志、端等"，王华不在罢

① 《明孝宗实录》卷二一九，弘治十七年十二月己卯条，第 4131、4132 页。
② 嘉庆《滦州志》卷七《人物志·名臣》，嘉庆十五年刻本，叶 11b。
③ 《明太宗实录》卷一一八，永乐九年八月乙未条，第 1495、1496 页。
④ 《弘治十八年进士登科录》，《天一阁藏明代科举录选刊·登科录》点校本·中，第 155 页。
⑤ 《明武宗实录》卷二，弘治十八年六月辛巳条，第 83、84 页。
⑥ 束景南：《阳明大传："心"的救赎之路》，第 249 页。

黜之列。① 同月十八日,时任礼部右侍郎王华"以被劾乞休致",不许。② 正德元年(1506)正月,王华参与经筵日讲③,五月,王华升任礼部左侍郎,仍兼日讲④,仍得皇帝信任。至此,我们结合孝宗、武宗朝的政争,王蕃或是借王阳明托病离职一事攻击王华、王阳明父子,但依据现有史料,无法做出更详尽的解释。

遭贬贵州龙场驿

　　主持弘治十七年(1504)甲子科山东乡试毕,王阳明回京后调任兵部武选清吏司主事⑤,武选司的职掌是"卫所土官选授、升调、袭替、功赏之事"。⑥ 如果没有之后的事情,凭借王阳明的才能,也许会从兵部武选司主事任上调任品级更高的官职。但在正德元年(1506)时摊上了一桩大事情,深深地影响了王阳明的人生轨迹——他上疏援救被逮下诏狱的南京科道官戴铣、薄彦徽等人,忤逆了权监刘瑾,被逮下诏狱,廷杖四十。⑦ 狱中的王阳明写了不少诗篇表明自己的心志,如《读易》诗云:

　　　　囚居亦何事?省愆惧安饱。

　　　　瞑坐玩羲易,洗心见微奥。

　　　　乃知先天翁,画画有至教。

---

① 《明武宗实录》卷五,弘治十八年九月癸巳条,第161、162页。

② 《明武宗实录》卷五,弘治十八年九月己亥条,第168页。

③ 《明武宗实录》卷九,正德元年正月戊戌条,第277、278页。

④ 《明武宗实录》卷一三,正德元年五月辛巳条,第389页。

⑤ 《全集》卷三三《年谱一》,第1352页。

⑥ 《明史》卷七一《职官志一》,第1751页。

⑦ 《全集》卷三三《年谱一》,第1352、1353页。

包蒙戒为寇，童牿事宜早；

窒窒匪为节，戁戁未违道。

遁四获我心，蛊上庸自保。

俯仰天地间，触目俱浩浩。

箪瓢有余乐，此意良匪矫。

幽哉阳明麓，可以忘吾老。①

越是在困顿之时，王阳明越是能静下心来思考很多问题。"省愆惧安饱"，王阳明害怕自己在狱中荒废了时日，便读《易经》以从中寻得人生大道。王阳明被逮下诏狱后，遭廷杖四十，"即绝复苏"，不久后被贬为贵州龙场驿丞。他于正德二年（1507）夏到了浙江钱塘，中间到南京看望时任南京吏部尚书的父亲王华，之后返回钱塘，从钱塘赴龙场驿。历尽千辛万苦，于正德三年（1508）春到达龙场驿，满目已非京师和两浙地区的繁华景象，因为这个驿站在贵州西北万山丛棘之中，瘴气毒虫遍布，苗、僚杂居，语言不通。初到龙场驿时都没有住处，只能简单搭了一座茅草屋，有《初至龙场无所止结草庵居之》诗谓：

草庵不及肩，旅倦体方适。

开棘自成篱，土阶漫无级。

迎风亦萧疏，漏雨易补缉。

灵濑响朝湍，深林凝暮色。

群獠环聚讯，语庞意颇质。

鹿豕且同游，兹类犹人属。

污樽映瓦豆，尽醉不知夕。

---

① 《全集》卷一九《外集一》，第747页。

缅怀黄唐化,略称茅茨迹。①

虽说自己搭建起来的茅屋不及己肩,好歹是有了栖身之所,但王阳明当时的失落心情可想而知,"缅怀黄唐化,略称茅茨迹",说的是上古黄帝、尧帝时居住的不也是茅草屋,这恐怕是王阳明的自嘲,也是在自我激励。谪居龙场期间,还遭遇生病没有医药的困境,如《却巫》诗谓:

卧病空山无药石,相传土俗事神巫。

吾行久矣将焉祷?众议纷然反见迁。

积习片言容未解,舆情三月或应乎。

也知伯有能为厉,自笑孙侨非丈夫。②

又亲自劳作,深深体验到了民生之苦,如《采薪》诗谓:

朝采山上荆,暮采谷中栗。

深谷多凄风,霜露沾衣湿。

采薪勿辞辛,昨来断薪拾。

晚归阴壑底,抱瓮还自汲。

薪水良独劳,不愧食吾力。③

谪居期间,既有"故园今夕是元宵,独向蛮村坐寂寥"的孤寂,也有"寥落荒村灯事赊,蛮奴试巧剪春纱。花枝绰约含轻雾,月色玲珑映绮霞"的点滴欢愉。④ 深山古

---

① 《全集》卷一九《外集一》,第768页。
② 《全集》卷一九《外集一》,第778页。
③ 《全集》卷一九《外集一》,第777页。
④ 《全集》卷一九《外集一》,第780页。

寺也留下王阳明的印记,如来仙洞,"古洞春寒客到稀,绿苔荒径草霏霏"。① 总之,王阳明从苦难中挺了过来,还是那个忧国忧民、胸怀大志的王阳明,《龙冈漫兴五首》中"投荒万里入炎州,却喜官卑得自由。心在夷居何有陋? 身虽吏隐未忘忧"②便是很好的写照。王阳明为当地民众做了很多事情,如教给土民伐木筑屋的方法,向他们传授各种知识,久而久之,便赢得了土民的欢迎。土民见王阳明的居处条件非常简陋,便伐木垒土建造了龙冈书院以及寅宾堂、何陋轩、君子亭、玩易窝,不月而成,供王阳明居住、讲学。诸生闻之,请名龙冈书院,其轩曰"何陋"。③ 王阳明非常高兴,遂作《龙冈新构》诗二首,其一谓:

> 谪居聊假息,荒秽也须治。
>
> 凿巇薙林条,小构自成趣。
>
> 开窗入远峰,架扉出深树。
>
> 墟寨俯逶迤,竹木互蒙翳。
>
> 畦蔬稍溉锄,花药颇杂莳。
>
> 宴适岂专予,来者得同憩。
>
> 轮奂非致美,毋令易倾敝。

其二谓:

> 营茅乘田隙,洽旬始苟完。
>
> 初心待风雨,落成还美观。
>
> 锄荒既开径,拓樊亦理园。
>
> 低檐避松偃,疏土行竹根。
>
> 勿剪墙下棘,束列因可藩;

---

① 《全集》卷一九《外集一》,第 781 页。

② 《全集》卷一九《外集一》,第 777 页。

③ 《全集》卷三三《年谱一》,第 1354 页。

莫撷林间萝,蒙笼覆云轩。

素缺农圃学,因兹得深论。

毋为轻鄙事,吾道固斯存。①

　　谪居期间也有一件很不愉快的事情,即时任巡抚贵州都御史王质派人羞辱王阳明。《年谱》记载:"思州守遣人至驿侮先生,诸夷不平,共殴辱之。守大怒,言诸当道。毛宪副科令先生请谢,且谕以祸福。先生致书复之,守惭服。"②

　　王质派人到龙场羞辱王阳明一事非常突兀。嘉靖《宣府镇志》将王质列入忠义传:王质,字尚古,宣府怀来卫籍,成化二十年(1484)李旻榜进士,正德元年(1506)由光禄寺卿升为都察院右佥都御史,巡抚贵州地方兼理军务。修志者评价说"升贵州巡抚,在任又多善政,后民感其德,建祠以祀之"。③ 有学者认为思州府在贵阳东五百余里,龙场驿不在其管辖之下。之所以用"思州守",是为了"为尊者讳",主角应是贵州巡抚王质。此事起因是王阳明在赴谪途中耽误了时间,没有按期赶到龙场驿,所以贵州巡抚王质奉刘瑾之命为难王阳明。④

　　王阳明谪居期间,和水西宣慰司多有交往,其威信和处事之策对当地影响很大。水西宣慰司听闻王阳明大名,派人送来米、肉、仆役,继而又送来黄金、布帛和马匹,都被王阳明拒绝了。也正是因为王阳明的威望,水西宣慰司安氏才同意朝廷在其辖境内添设驿站,也平息了水东土酋阿贾、阿札等人的叛乱。据《年谱》记载,朝廷想要在水西宣慰司辖区内设置军卫,已经建好了城池,没过多久设卫工作便停了下来,已经添设的驿站却没有废掉。安氏土司对朝廷在其辖境内添设驿站这件事深恶痛绝,认为所设驿站是朝廷楔进其辖境内的一颗钉子,想要废掉它,便来咨

---

① 《全集》卷一九《外集一》,第 771 页。

② 《全集》卷三三《年谱一》,1355 页。

③ 嘉靖《宣府镇志》卷三二《选举表》、卷三七《忠义传·王质》,嘉靖四十年刻本,叶 63a、45a、46a;《明武宗实录》卷一三,正德元年五月丁酉条,第 405 页。

④ 张明、管华香:《王阳明与贵州贵阳》,《教育文化论坛》2019 年第 6 期。

询王阳明。王阳明写了一封书信,说不能废掉朝廷已经添设的驿站,并且申明了朝廷恩威。安氏遂听从了王阳明的建议,不再谋求废掉朝廷添设的驿站。继而有水东宋氏土司辖下土酋阿贾、阿札叛乱,王阳明给安氏写信讽刺了他一番,安氏非常害怕,便率部平叛,民赖已安。①

　　谪居龙场期间是王阳明学术发展非常重要的时期,我们在第七讲中详论,此讲不再赘述。王阳明在龙场、贵阳待了两年,终于迎来江西吉安府庐陵知县的任命。

---

① 《全集》卷三三《年谱一》,第1355页。

第三讲　辱后尹庐陵

卧治六月，百务具理

　　正德四年（1509）闰九月，遭贬近三年的王阳明被任命为江西吉安府庐陵县知县，正德五年（1510）三月二十八日到任。这是王阳明生平首次任地方官，主政一方。由于直接和民众打交道，知县被称为亲民官。国家的法令，知县是真正的执行者；民间的疾苦，知县是真正的感知者。只有经历了这个层面的官员，才可能知道民众真正的需求是什么，什么样的国家政策才符合民意并具有可行性。庐陵知县一任虽只有六个月，却是王阳明龙场百死千难所悟之道的首践之地，"明德亲民"理念亦得以进一步推广，王阳明不负"忧时有志怀先达，作县无能愧旧交"和"身可益民宁论屈，志存经国未全灰"的初心，亦不负"卧治六月而百务具理"的褒奖。

王文成公全書卷之二十

外集二詩　廬陵詩
六首

遊瑞華二首

簿領終年未出郊此行聊解俗人嘲憂時有志懷
先達作縣無能愧舊交松古尚存經雪幹竹高還
長拂雲稍溪山處處堪行樂正是浮名未易拋

其二

萬死枝荒不擬囬生還且復荷栽培逢時已負三
年學治劇薪非百里才身可益民寧論屈志存經
國未全灰正愁不是中流砥千尺狂瀾豈易摧

亲民且忙碌的知县

王阳明触怒刘瑾遭贬龙场后,于正德三年(1508)春到达龙场①,在那里待了两年左右的时间,终得起复,被任命为江西吉安府庐陵知县。王阳明离开龙场时,缙绅士民相送者数千人②,足见他深受龙场百姓的爱戴。这里需要澄清一点,刘瑾于正德五年(1510)八月伏诛③,王阳明于正德四年(1509)闰九月升任庐陵知县④,并不是在刘瑾被诛之后,诸如清修《明史》"瑾诛,量移庐陵知县"⑤的说法是错误的,学界业已注意到这一问题。⑥

正德五年(1510)三月二十八日,王阳明到达庐陵县。这是王阳明生平首次出任地方官,主政一方。由于直接和民众打交道,知县被称为亲民官。国家的法令,知县是真正的执行者;民间的疾苦,知县是真正的感知者。只有经历了这个层面的官员,才可能知道民众真正的需求是什么,什么样的国家政策才符合民意并具有可行性。因此,庐陵知县一任虽只有六个多月,却是龙场百死千难所悟之道的首践之地,"明德亲民"的理念亦得以进一步推广。庐陵知县一任,王阳明首先要面对的,是县域内的健讼和重赋问题。

有明一代,江西是人文荟萃之地,"国初文运,江西独盛,故时有翰林多吉水,朝

① 《全集》卷三三《年谱一》,第 1354 页。

② [明]冯梦龙撰:《皇明大儒王阳明先生出身靖乱录》卷上,叶 25b。

③ 《明史纪事本末》卷四三《刘瑾用事》,第 653 页。

④ [明]劳堪:《宪章类编》卷三九《府州县官》,《北京图书馆古籍珍本丛刊》第 46 册,第 1166 页;[明]薛应旂:《宪章录》卷四三,《存目》史部第 11 册,第 832 页。

⑤ 《明史》卷一九五《王守仁传》,第 5160 页。

⑥ 方志远:《千古一人王阳明》,第 86 页;束景南:《王阳明年谱长编》,第 539、540 页。

内半江西"①。吉安府更是科名赫赫,如建文二年(1400)庚辰科头甲三名全是吉安府人:状元胡靖吉水县人,江西乡试第二名、会试第八名;榜眼王艮吉水县人,江西乡试第一名、会试第七名;探花李贯庐陵县人,江西乡试第七名、会试第十五名。②永乐二年(1404)甲申科江西士子包揽前七名,全是吉安府人。③ 这是吉安府的荣耀,但"健讼"也就是动不动打官司的问题也无须避讳。这一问题由来已久,唐朝已有"袁、筠、赣、吉,脑后插笔"的谚语形容四地健讼④,《庐陵县志》的纂修者也毫不避讳这一问题,如乾隆志在"风俗"目下引明人邓元锡《方域志》中本县健讼的说法,"家有诗书,书序相望,为忠义文献之邦,冠冕江右焉。君子尚名,小人尚气,颇多讼,称难治"。⑤

健讼问题是摆在历任吉安和庐陵地方官面前的棘手政务,明代多任吉安知府和庐陵知县注意治理健讼问题且颇有成效。如陈本深,宣德九年(1434)任吉安知府,"治尚宽简,未尝任智假威以驭民。民有抑不伸者,虽三尺之童皆得往白,久之,郡民自耻争讼"⑥。程宗,天顺五年(1461)任吉安知府,他为政"宽厚不务苛察,然胥吏之舞文弄法者厘革殆尽。尝榜笞健讼者,诫之曰:'汝虽健讼,果能枉其是非以欺我耶? 夫本欲害人而反自害,汝无乃愚甚!'于是郡中翕然称其神明,久之,亦莫敢有捏讼者"。⑦ 陈本深认真对待处理府民的每一件案子,府民信任他,久而久之便耻于争讼。程宗先处理玩忽律法的胥吏,然后再告诫府民不要乱讼烂讼,为政亲民,多能想民之所想。

王阳明之前的几任庐陵知县也很关注县中健讼问题且颇有治绩,如弘治时段

---

① [明]张朝瑞辑:《皇明贡举考》卷一《取士之地》,《四库全书总目》史部第269册,第460页。

② 《建文二年殿试登科录》,《明代登科录汇编》第一册,第11、12页。

③ 《永乐二年进士题名录》,《国朝历科题名碑录初集》,华文书局1969年版,第75、76页。

④ 《御定全唐诗》卷八七七《江西四郡谚》,《四库》第1431册,第541页。

⑤ 乾隆《庐陵县志》卷六《舆地志五·风俗》,乾隆四十六年刻本,叶48b。

⑥ 顺治《吉安府志》卷一七《贤侯传》,顺治十七年刻本,叶5ab。

⑦ 顺治《吉安府志》卷一七《贤侯传》,叶5b-6a。

敏"严以御左右,宽以尽下情",柳尚义"善理繁巨,民悍者畏其法,良善者怀其惠"①,与两位知府的做法是有异曲同工之妙。值得一提的是,柳尚义是王阳明的同年,字宗正,累至金都御史,因忤逆刘瑾去职,刘瑾伏诛后起为山东按察司副使,终陕西布政司左参政。②但健讼既相延已久,移风易俗则非一日之功,地方官要善加引导,而不能严刑峻法,急功近利非但无功,反会招致杀身之祸。如吉安知府许聪,严刑峻法是他殒命的重要因素。

不晚于成化四年(1468)七月,许聪已在吉安知府任上,时将赴任的许聪给朝廷上了一道奏疏,大意为:吉安府地方土地虽广但耕地少,人口多但收入不丰,文人贤士很多但强宗豪右也不少。这些强宗豪右争权夺利,诉讼之风大盛,但许多案件多年得不到结理,老百姓多有冤屈,不得安生。且鉴于当时赋役繁重,又逢灾荒之年的实际情况,"请敕权宜处置",宪宗批准其请求。③但许聪的治理措施确有不当之处,他"以吉安民好讼,劫盗方炽,且奉敕行事,过于激烈,严刑立威以禁制其下,死于狱者五十余人",又很傲慢,布政司、按察司等衙门官员因多不满。许聪最终被按察使牟俸等构陷,逮入京师,后被斩首。④王阳明到任后发布文告:

> 谕告父老,为吾训戒子弟,吾所以不放告者,非独为吾病不任事。以今农月,尔民方宜力田,苟春时一失,则终岁无望,放告尔民,将牵连而出,荒尔田亩,弃尔室家,老幼失养,贫病莫全,称贷营求,奔驰供送,愈长刁风,为害滋甚。
>
> 昨见尔民号呼道路,若真有大苦而莫伸者。姑一放告,尔民之来讼者以数千。披阅其词,类虚妄。取其近似者穷治之,亦多凭空架捏,曾无实事。甚哉,尔民之难喻也,自今吾不复放告。尔民果有大冤抑,人人所共愤者,终必彰闻,吾自能访而知之。有不尽知者,乡老据实呈县。不实,则反坐乡老以其罪。自

---

① 乾隆《庐陵县志》卷二五《名宦志·县令》,叶8b。
② 同治《临湘县志》卷十一《人物志·宦业》,同治十一年刻本,叶16b。
③ 《明宪宗实录》卷五六,成化四年七月癸未条,第1152、1153页。
④ 《明宪宗实录》卷九七,成化七年十月壬申条,第1840—1842页。

余宿憾小忿,自宜互相容忍。夫容忍美德,众所悦爱,非独全身保家而已。

嗟乎!吾非无严刑峻罚以惩尔民之诞,顾吾为政之日浅,尔民未吾信,未有德泽及尔,而先概治以法,是虽为政之常,然吾心尚有所未忍也。姑申教尔。申教尔而不复吾听,则吾亦不能复贷尔矣。尔民其熟思之,毋遗悔。①

王阳明的话已经说得很明白,治理健讼之法与前几任知府、知县的做法并无二致,想民之所想,急民之所急,先是心平气和地劝谕以宽民心,再申明国法之严以求震慑。

王阳明在庐陵知县任上做的另外一项重要事情,是请求朝廷免除本县的葛布加派等沉重的赋役负担。当然,赋税沉重并非庐陵一县之事,如北直隶地区人民就承担着各种苛重的徭役,天启五年(1625)因皇子诞生颁诏大赦天下时便指出:"京师居民差役最烦,苦累尤甚。乃号房银两一项,又天下所并无、京师所独有者。"②王阳明在《庐陵县公移》中详细记载了这件事情的前因后果,他到任后,经过细致查核才知道庐陵县不产葛布,原派赋税名色中没有葛布一项。正德二年(1507),镇守太监姚举让江西布政司查核出产葛布的县份,按时采办,不产葛布的县份根据地方大小摊银子,然后到其他地方买,庐陵县被派银一百零五两。这道命令一下,庐陵百姓瞬时民怨沸腾,里甲、粮长等人如陈江迫于压力,不得不向百姓征收,催缴不得,只能自己赔补。

正德四年(1509)征收时还是一百零五两,百姓缺额部分仍由陈江等人赔补,真是苦不堪言。正德五年(1510),又在一百零五两之外摊派其他名目,这更让百姓惶恐不安,害怕临时摊派变为永久之例。一百零五两葛布折银之外,庐陵县本来还有岁办杉木、楠木、炭、牲口等项,旧额三千四百九十八两,正德五年时增至一万余两,其余公差往来等徭役也是日甚一日。陈江等人从正德四年以来,已赔补白银七十

---

① 《全集》卷二八《续编三·告谕庐陵父老子弟》。
② 程利英:《明代北直隶财政研究:以万历时期为中心》,中国社会科学出版社2009年版,第197、198页。

多两。因此，王阳明慨然陈词曰："民产已穷，征求未息。况有旱灾相仍，疾疫大作，比巷连村，多至阖门而死，骨肉奔散，不相顾疗。幸而生者，又为征求所迫，弱者逃窜流离，强者群聚为盗，攻劫乡村，日无虚夕。今来若不呈乞宽免，切恐众情忿怨，一旦激成大变。为此连名具呈，乞为转申祈免等情。"王阳明向朝廷说明本县赋役沉重的事实，又说明当下遭逢旱灾瘟疫，百姓更加苦不堪言，已有幸存百姓聚众为盗的紧急情势，可能会酿成大变。就在王阳明将此事禀告上官处理期间，突然有数千县民拥到县衙，呼声震天，王阳明没有完全听懂他们的意思，大意是想要减免赋税。王阳明担心事急生变，只得好言相劝，说自己作为知县，自然会将此事禀告上官，请求蠲免赋税，县民这才慢慢散去。[①]

王阳明在任上还做了几件惠民之事。

其一是疾疫防控。正德五年时庐陵县遭疫，王阳明发布文告，从自身做出深刻的检讨，"凡此灾疫，实由令之不职，乘爱养之道，上干天和，以至于此。县令亦方有疾，未能躬问疾者，父老其为我慰劳存恤，谕之以此意"。有一部分无知县民受蛊惑，认为疫情会传染，不照顾得病的亲人，导致亲人缺药少食以至死亡，无知县民却归咎于疾疫。王阳明劝说道："夫乡邻之道，宜出入相友，守望相助，疾病相扶持。乃今至于骨肉不相顾。县中父老岂无一二敦行孝义，为子弟倡率者乎？夫民陷于罪，犹且三宥致刑。今吾无辜之民，至于阖门相枕藉以死。为民父母，何忍坐视？言之痛心。中夜忧惶，思所以救疗之道，惟在诸父老劝告子弟，兴行孝弟。各念尔骨肉，毋忍背弃。洒扫尔室宇，具尔汤药，时尔馈粥。"贫穷无力就医的，官府给予药材，同时也派出医疗人员。但又担心落实不到实处，便要求县中父老可随时报告落实不到位的情况，对于有孝行义举之人，王阳明会亲自登门拜访。

其二是防治盗贼。当时庐陵县境内多盗贼，"良由有司不能抚缉，民间又无防御之法，是以盗起益横"。王阳明与县中父老豪杰商讨之后制定出一套方案，"居城

---

① 《全集》卷二八《续编三·庐陵县公移》，第 1135、1136 页。正德元年五月，太监姚举镇守江西，参《明武宗实录》卷一三，正德元年五月庚辰条，第 389 页。

郭者，十家为甲；在乡村者，村自为保。平时相与讲信修睦，寇至务相救援。庶几出入相友，守望相助之义。今城中略已编定。父老其各写乡村为图，付老人呈来。子弟平日染于薄恶者，固有司失于抚缉，亦父老素缺教诲之道也”，要求城中百姓十家为一甲，乡村百姓以村为单位，甲、村百姓平日里要和睦相处，遇有贼寇要集体防御。

其三是防治火灾。王阳明反省自查，认为是“令之不职，获怒神人，以致于此”，但他并没有光说不练，而是找到了问题的症结所在——街道过于狭窄，房屋建得高且密集，又不铺设砖瓦，又无火巷相隔，一旦发生火灾，一烧便是一大片。有居民向王阳明献计说让街道两边的民居各退后五尺，以求拓宽街道，房屋本来连在一起的各自退后一尺，所余空间作为火巷，这诚然是非常好的计策。但县民目光短浅，只看到眼前的利益，不肯为长远之计。王阳明出示晓谕，要求南北夹道居住的各退后三尺，便有六尺之街，东西相连的让出二尺成为小巷，每家出银一钱帮助临巷居民筑砖墙，以断火势。同时规定，沿街房屋高不能超过一丈五六尺，厢楼高不能超过二丈一二尺，违者受罚，希望县民尽快到县里来商议这件事情。

王阳明在告示中还提到吴魁昊、石洪等军民争火巷之事，吴魁昊等人告到县里，认为军强民弱由来已久，县里不少人也请求压制军人帮助民人，王阳明却能公正处理此事。他说，民人是我的子民，军人也是我的子民，军人的田产也向县里纳税，军人的房屋也是县里村落的一部分，军人的兄弟姐妹也承担县中徭役，军人的祖宗坟茔也是建在县中土地之上。既然如此，我能厚此薄彼吗？而且，吉安驻军和边塞地区驻军比起来虽有差别，但他们承担的差役很繁重，并且有半年多没有发放月粮了。他们穷困至此，我很怜悯他们，怎么能去压制他们呢？而且，国家法度很严，军人犯了罪，即使他们抛弃亲戚、祖宗坟茔逃到边塞，我还是可以将他们绳之以法，他们哪里还能逞强？我作为知县父母官，要同等对待我的子民，是不能厚此薄彼的。今天我就不责备你们了，你们回去后要安分守己，不能再起争端，我会亲自去查验火巷的。同时，又通知被告的军人次日到县听审。①

王阳明非常注重对县民的教化，"破山中贼易，破心中贼难"，推行教化才是安定百姓，安定地方乃至安定国家的良方。他恢复了名存实亡的"申明亭"和"旌善亭"。洪武六年(1373)、十六年(1383)，朱元璋颁旨让各县建立申明亭和旌善亭，申明亭"所以崇仁尚德而表忠节也，凡民之善者则识之于亭，俾民知所劝而益归于厚也"，旌善亭建在申明亭之后，"所以惩恶止暴，厚风俗也，凡有遇恶者录之于亭，使民知所耻而不敢为恶也"。② 二亭久废，王阳明予以重修③，以期发挥二亭应有的作用。还撰写传记、书匾额以褒奖忠臣列女，为县民树立榜样，如旌表邑人刘信之妻朱氏曰"节凛冰霜"，"朱氏，刘公信妻，正统三年，年二十六夫故，守节，奉姑抚子，后正德间知县王守仁旌曰'节凛冰霜'"④。还"督庠序以崇正学，选教读以教童稚"⑤，亲开讲坛，教化县民。王阳明对当地的学风、风俗产生了深远的影响，"言忠义自颜真卿，理学自王守仁，文章自欧阳修，相业自周必大"⑥。

王阳明在庐陵知县任上还修葺县署，这是正德五年(1510)六月至十月间的事情，王阳明有记："正德五年庚午县署圮，知县王守仁修葺，易民地广大门以外，东西列垣，南设大坊，自记其事于戒石。记云：'庐陵县治圮，知县王守仁葺而新之。六月丙申，兴仪门，七月，成两廊，作监于门右，翼庑于门左，九月，拓大门之外为东西垣而屏其南，遂饬戒石亭及旌善、申明。后堂之后，易民居而辟其隘，其诸瓦甓塘栋之残剥倾落者治之则已。十月乙酉，工毕，志戒石之阴以告来者，庶修敝补隙，无改作之劳。'"⑦

王阳明《告谕庐陵父老子弟》中有这样一段话，是王阳明北上京师前对自己庐

① 《全集》卷二八《续编三·告谕庐陵父老子弟》，第1130—1134页。
② 康熙《庐陵县志》卷六《建置志一》，乾隆间刻本，叶25b。
③ 乾隆《庐陵县志》卷七《建置志一·官廨》，乾隆四十六年刻本，叶15b。
④ 乾隆《庐陵县志》卷三五《人物志十·节妇上》，叶3b。
⑤ [明]王宗沐序：《王阳明先生图谱》，第34页。
⑥ 乾隆《庐陵县志》卷六《舆地志五·风俗》，叶49b。
⑦ 道光《庐陵县志》卷七《建置志·公署》，道光五年刻本，叶17ab。

陵知县一任的总结,也是对庐陵百姓再次的谆谆劝说:

> 谕告父老子弟,县令到任且七月,以多病之故,未能为尔民兴利去弊。中间局于时势,且复未免催科之扰。德泽无及于民,负尔父老子弟多矣。今兹又当北觐,私计往返,与父老且有半年之别。兼亦行藏靡定,父老其各训诫子弟,息忿罢争,讲信修睦,各安尔室家,保尔产业,务为善良,使人爱乐,勿作凶顽,下取怨恶于乡里,上招刑戮于有司。呜呼!言有尽而意无穷,县令且行矣,吾民其听之。①

王阳明任庐陵知县七个月,公务繁忙,今所见只留下游览城北五里有瑞华山的两首诗,其一谓:"簿领终年未出郊,此行聊解俗人嘲。忧时有志怀先达,作县无能愧旧交。松古尚存经雪干,竹高还长拂云梢。溪山处处堪行乐,正是浮名未易抛。"其二谓:"万死投荒不拟回,生还且复荷栽培。逢时已负三年学,治剧兼非百里才。身可益民宁论屈,志存经国未全灰。正愁不是中流砥,千尺狂澜岂易摧!"②王阳明在庐陵知县任上的治绩,不负"身可益民宁论屈,志存经国未全灰。正愁不是中流砥,千尺狂澜岂易摧"③的心志,亦不负"卧治六月而百务具理"④的褒奖。正德五年十月,王守仁北上京师,继任知县是泾县进士萧瑞,正德六年(1511)任。⑤

---

① 《全集》卷二八《续编三·告谕庐陵父老子弟》,第 1134、1135 页。
② 《全集》卷二〇《外集二》,第 795 页。
③ 《全集》卷二〇《外集二》,第 795 页。
④ 《全集》卷三八《世德纪·阳明先生墓志铭(湛若水)》,第 1540 页。
⑤ 乾隆《庐陵县志》卷一九《职官志上·令属》,叶 13b;乾隆《泾县志》卷八《人物志·宦业》,乾隆二十年刻本,叶 14a。

务求真实：庐陵知县任上的诗文

广泛搜集整理王阳明的诗文著作，辨其真伪，考其成文时间与地点，是开展王阳明相关问题研究的坚实基础。王阳明任庐陵知县时间较短，目前只见六首诗（"庐陵诗六首"）及《告谕庐陵县父老子弟》《庐陵县公移》两份公移等少量诗文。但"庐陵诗六首"中《古道》《立春日道中短述》《公馆午饭偶书》《午憩香社寺》四诗与康熙《庐陵县志》所收《答人问良知二首》等诗是考证王阳明诗文成文时间与地点的极好案例，考证虽繁，但仍需费些笔墨。①

不同时期钞刻的"王阳明诗文集"中，嘉靖十四年（1535）闻人诠刻本、隆庆六年（1572）谢廷杰刻本、康熙十二年（1673）俞嶙刻本收录《游瑞华二首》《古道》《立春日道中短述》《公馆午饭偶书》《午憩香社寺》等六诗，且明谓"正德庚午年三月迁庐陵尹作"②。庐陵城北五里有瑞华山，上有瑞华观③，王阳明再传弟子、嘉靖时人王宗沐④作序的《王阳明先生图谱》谓"且夕视官事如家事，止一游瑞华山"⑤，可证明

①　王阳明在庐陵知县任上的诗文，已有拙文《诗史互证：王守仁"庐陵诗六首"写作时间与地点考辨——兼及庐陵知县任上其它诗文》发于《明史研究》第十七辑，黄山书社 2020 年版，第 139—157 页，现改写入拙著，读者可参读拙文。

②　（明）王守仁撰：《阳明先生文录》卷三《外集》，嘉靖十四年刻本，中国国家数字图书馆·中华古籍资源库，叶 1a；（清）俞嶙重编：《王阳明先生全集》卷九《诗》，康熙十二年刻本，中国国家数字图书馆·中华古籍资源库，叶 1a；（明）王守仁撰：《王文成公全书》卷二〇《外集二》，隆庆六年刻本，中国国家数字图书馆·中华古籍资源库，叶 1a。

③　康熙《庐陵县志》卷三《舆地志一·山川》、卷一三《祠祀志二·寺观》，乾隆年间刻本，叶 2b-3a、叶 46b。

④　民国《临海县志稿》卷一九《人物·名臣》，民国二十四年铅印本，叶 63ab，"宗沐少受学欧阳文庄公（欧阳德，王守仁嫡传弟子），深契文成良知之旨"。

⑤　[明]王宗沐序：《王阳明先生图谱》，《北京图书馆藏珍本年谱丛刊》第 43 册，北京图书馆出版社1999 年版，第 34 页。

王阳明确曾游览瑞华山。二诗又见于万历《吉安府志》、顺治《吉安府志》等方志①，两首诗确为王阳明在庐陵知县任上所作，"簿领终年未出郊，此行聊解俗人嘲。忧时有志怀先达，作县无能愧旧交""逢时已负三年学，治剧兼非百里才。身可益民宁论屈，志存经国未全灰"，表达了他辱后起复，但仍能忍辱负重，治理好庐陵县的志向。《古道》《立春日道中短述》《公馆午饭偶书》《午憩香社寺》确系王阳明所作，却不是作于庐陵知县任上。《古道》《立春日道中短述》《公馆午饭偶书》作于南直隶庐州府合肥县，《午憩香社寺》作于庐州府舒城县。

　　引发此一思考的线索首先是《立春日道中短述》中的"立春日"。正德四年（1509）正月庚子初七立春，十二月乙巳十八日又逢立春②，正德五年（1510）没有立春日，王阳明在正德五年"立春日"写诗岂不是子虚乌有之事。而且，翻检明清吉安府及庐陵县志，未见收录《古道》《立春日道中短述》《公馆午饭偶书》《午憩香社寺》四诗，吉安府、庐陵县境内无香社寺。③ 庐州府方志中，台湾藏孤本正德六年纂修的《庐州府志》今存卷一七—二一（名将传、科举志、隐逸传、烈女传、方伎传），无法用于该问题的研究。但万历《合肥县志》、万历《庐州府志》收录《古道》《立春日道中短述》《公馆午饭偶书》④，康熙《合肥县志》、雍正《合肥县志》、嘉庆《合肥县志》、嘉庆《庐州府志》收录《古道》《立春日道中短述》；嘉庆《合肥县志》、嘉庆《庐州府志》收录《公馆午饭偶书》，康熙《合肥县志》、雍正《合肥县志》未收。⑤ 万历《庐州府

---

① 万历《吉安府志》卷三六《附录五·题咏》，《日本藏中国罕见地方志丛刊》第 11 册，书目文献出版社 1991 年版，第 581 页；顺治《吉安府志》卷三六《附录五·题咏》，顺治十七年刻本，叶 15ab。

② 《明武宗实录》卷四六，正德四年正月庚子条；卷五八，正德四年十二月乙巳条，第 1043、1292 页。

③ 笔者核检方志为万历、顺治、乾隆、光绪《吉安府志》，康熙、乾隆、道光、同治、民国《庐陵县志》及民国《吉安县志》。

④ 万历《合肥县志》卷下《艺文志·诗》，万历元年刻本，中国国家数字图书馆·中华古籍资源库，叶 50a；万历《庐州府志》卷一三《艺文志》，万历三年刻本，中国国家数字图书馆·中华古籍资源库，叶 81b。

⑤ 康熙《合肥县志》卷二○《诗赋》，《天津图书馆孤本秘籍丛书》第 6 册，中华全国图书馆文献缩微复制中心 1999 年版，第 302 页；雍正《合肥县志》卷二四《艺文四》，雍正八年刻本，叶 13a；嘉庆《合肥县志》卷三一《集文一》，民国九年影印本，叶 8b；嘉庆《庐州府志》卷五二《杂文志下·护城》，嘉庆八年刻本，叶 22a。

志》收录《午憩香社寺》，列在"香社寺"条下。① 雍正《舒城县志》、嘉庆《舒城县志》、嘉庆《庐州府志》收录该诗。② 但文集与方志所收诗的题目略有差异。

其中，《古道》一诗万历《合肥县志》题为《护城驿》，护城驿在合肥城东北八十里③，诗中"苍茫闻驿鼓，冷落见炊烟"一句，正显示出王阳明作此诗时距离驿站不远。《公馆午饭偶书》作于合肥县包城寺，万历《合肥县志》和万历《庐州府志》在"包城寺"条下收录该诗，该寺在合肥县店埠镇④，亦合诗中"行台依独寺，僧屋自成邻"之描写。万历《庐州府志》在"香社寺"条下收录《午憩香社寺》，雍正《舒城县志》则直接名为《午憩桃城香社寺》。王阳明以现任刑部主事身份道经舒城县桃城镇，宿香社寺，与镇上没有公馆有关。该镇直至嘉靖十一年（1532）才由舒城知县何称新建公馆⑤，国子监司业欧阳德有《桃城镇新建公馆记》谓"北去舒城一舍而遥有镇曰桃城，在派河、三沟两驿之间，阛阓临江，井突联络，舟车错午，视两驿顾落莫不可居。南北驰传，往往不止驿舍，径之桃城，或信宿焉。镇旧无公馆，寓客香社僧寺，或令民避堂房舍客，称不便"⑥，正合诗中"修程动百里，往往饷僧居。佛鼓迎官急，禅床为客虚"之描写。而且，明清时不少宦者、文人游览桃城香社寺并和王阳明诗，如王道光、徐元文、高佑釲三人⑦，《午憩香社寺》一诗作于舒城县桃城镇香社寺可为定论。

弘治十四年（1501）八月，新任刑部云南清吏司主事王阳明奉命前往直隶淮安

① 万历《庐州府志》卷一三《艺文志》，叶 81b；万历《合肥县志》卷下《艺文志·诗》，叶 50a。

② 万历《庐州府志》卷一一《寺庙》，叶 50b；雍正《舒城县志》卷三〇《艺文一》，雍正九年刻本，叶 15a；嘉庆《舒城县志》卷三三《艺文·诗》，《中国地方志集成·安徽府县志辑》第 22 册，江苏古籍出版社 1998 年版，第 298 页；嘉庆《庐州府志》卷一九《寺观志·寺》，叶 12b。

③ 万历《合肥县志》卷上《创设志》，叶 64a。

④ 万历《合肥县志》卷上《创设志》，叶 205a。

⑤ 万历《舒城县志》卷二《建置志·县治》、卷八《艺文志·碑记·舒城县何侯去思碑记》，万历八年刻本，中国国家数字图书馆·中华古籍资源库，叶 7b—8a、叶 38b—40b。

⑥ 万历《舒城县志》卷八《艺文志·碑记·桃城镇新建公馆记》，叶 36a。

⑦ 雍正《舒城县志》卷三〇《艺文一·诗》，叶 21b；[清]徐元文撰：《含经堂集》卷二《古今诗二·过桃城憩香社寺口占次王文成公壁间韵》，《清代诗文集汇编》第 132 册，上海古籍出版社 2012 年版，第 259 页；雍正《舒城县志》卷三〇《艺文一·诗》，叶 33a。

等府"会同各该巡按、御史审决重囚"①,最有可能在此一时间段,因处理公务或公务之余至庐州府,写下《古道》《立春日道中短述》《公馆午饭偶书》《午憩香社寺》四首诗。理由如下:一、王阳明以刑部主事南下审决重囚,符合《午憩香社寺》诗中"佛鼓迎官急"身份;二、弘治十四年十二月癸亥十九日立春;②三、游览九华山在齐山之前,且游览九华山与齐山之间有一个半月时间间隔。从王阳明《九华赋》"循长江而南下,指青阳以讨幽"③一句来看,他应由池州府以东某地顺长江南下,到池州府青阳县览胜。《齐山赋》中"适公事之甫暇,垂案牍之余晖,岁亦徂而更始,巾予车其东归。循池阳而延望,见齐山之崔嵬"④之描写,表明王阳明是从贵池县以西东去,途经贵池县,并游览齐山盛景。结合前揭时间与空间信息,王阳明可能的行迹是自青阳县北上入庐州府,至庐州府(合肥县为庐州府附郭县,即庐州府治所在地),再沿驿路南下至舒城县境内⑤,写下《古道》等四首诗,随后出庐州府入安庆府,再东归入池州府,至贵池游齐山。

另外,《王阳明全集》收录《示诸生三首》《答人问良知二首》《答人问道》《别诸生》等七首诗,归于归越诗中,组诗总诗题为"居越诗三十四首,正德辛巳年归越后作"⑥。几首诗又出现在康熙《庐陵县志》卷十《学校志一·儒学》中⑦,颇多疑惑,需加考订。天启《海盐县图经》中有这样的记载:

> 法聚,资圣寺僧,曾结庵潄湖荆山芝产座下,人号"玉芝和尚",后移锡武康天池示寂。聚初投偈于王阳明先生,阳明有《答人问良知》诗,即聚也。"良知即是独知时,此知之外更无知。谁人不有良知在,知得良知却是谁?"晚参梦居

① 《全集》卷九《别录一·奏疏一·乞养病疏》,第 322 页。

② 《明孝宗实录》卷一八二,弘治十四年十二月癸亥条,第 3354 页。

③ 嘉靖《池州府志》卷九《杂著篇下》,嘉靖二十四年刻本,叶 58a。

④ 康熙《贵池县志略》卷八《艺文略下·赋》,乾隆九年刻本,叶 52b。

⑤ 杨正泰撰:《明代驿站考(增订本)》,上海古籍出版社 2006 年版,第 114 页。

⑥ 《全集》卷二〇《外集二》,第 870—872 页。

⑦ 康熙《庐陵县志》卷十《学校志一·儒学》,乾隆间刻本,叶 44a—45a。

禅师于金陵,问如何不落人圈,缋居与一掌。聚即大悟,开讲天池,应机接引。与王公畿、蔡公汝楠、唐公枢、董公沄父子共证儒释大同之旨,焦弱侯与刘祖锡书论其遗集,云:"此门中眼明第一,践履次之,近日参学者虽多,求透脱如此公者,殆不可得。"①

蔡汝楠《玉芝大师塔铭》谓法聚"生于弘治壬子(弘治五年,1492)十一月廿九日,终于嘉靖癸亥(嘉靖四十二年,1563)五月十九日,寿七十有二。方髫齿,肆儒业,淹通经籍,因从师于海盐之资宝寺。后数年,阳明王先生开讲于会稽山,闻良知之指若挈机缘,遂以偈为贽谒王先生,先生答以诗,今载集中有《答人问良知》诗云人,即此僧也"②。王阳明《从吾道人记》谓"嘉靖甲申春,萝石(董沄)来游会稽,闻阳明子方与其徒讲学山中,以杖肩其瓢笠诗卷来访",注明"乙酉"。③ 嘉靖甲申是嘉靖三年(1524),乙酉年为嘉靖四年。法聚于嘉靖初在荆山筑精舍,名玉芝庵④,王阳明又有《寄题玉芝庵》一诗谓"尘途骏马劳千里,月树鹪鹩足一枝。身既了时心亦了,不须多羡碧霞池",诗序注"丙戌"二字⑤,此丙戌为嘉靖五年(1526)。王阳明于正德十六年(1521)六月升南京兵部尚书,"遂疏乞便道省葬",当年八月至浙江,嘉靖六年(1527)十月时已在南昌。⑥ 排比上述史料和诗文,可知《答人问良知》"良知即是独知时"诗写作不晚于嘉靖五年(1526),作于会稽,康熙《庐陵县志》收录此诗当是窜入。但其他几首诗无法考明作于庐陵知县任上还是浙江,毕竟王阳明在庐陵知县任上"督庠序以崇正学,选教读以教童稗"⑦,自然会亲开讲坛,传授心学,教

---

① 天启《海盐县图经》卷一四《人物篇第六之五·仙释》,天启四年刻本,叶40b—41a。

② [明]焦竑辑:《国朝献征录》卷一一八《释道·玉芝大师塔铭(蔡汝楠)》,《存目》史部第106册,第673、674页。

③ 《全集》卷七《文录四》,第276、277页。

④ 天启《海盐县图经》卷三《方域篇第一之三》,叶24b。

⑤ 《全集》卷二〇《外集二》,第871页。

⑥ [明]钱德洪、罗洪先撰:《阳明先生年谱》,《北京图书馆藏珍本年谱丛刊》第2册,第650—723页。

⑦ [明]王宗沐序:《王阳明先生图谱》,《北京图书馆藏珍本年谱丛刊》第43册,第34页。

化县民,留下诗作也是正常之事。

闲散京官亦有为:获任南赣巡抚前的王阳明事迹摭拾

王阳明离开庐陵县赴京后,升正六品南京刑部四川清吏司主事。① 正德六年(1511)正月,调任正六品北京吏部验封清吏司主事,十月,升从五品北京吏部文选清吏司员外郎;正德七年(1512)三月,升正五品北京吏部考功清吏司郎中,本年十二月升正四品南京太仆寺少卿;正德九年(1514)四月,升正四品南京鸿胪寺卿。②

在这几任上,王阳明都有可圈可点的政绩。正德六年二月,时任北京吏部验封清吏司主事的王阳明充辛未科会试同考试官,列十七位同考试官之末。邹守益(后为王阳明弟子)、南大吉(后为王阳明弟子)、万潮(后为王阳明弟子)、毛宪(余姚人,习《礼记》)、杨慎(杨廷和之子)、费寀(费宏弟)等皆在本科取中。王阳明参与《礼记》科读卷,取中万潮和毛宪,在万潮的卷子上批:"治道备处,场中□□见有发挥透彻者。此作文气颇平顺,故录之。"在毛宪的卷子上批:"经义贵平正,此作虽无甚奇特,取其平正而已,录之。"③

在南京鸿胪寺卿任上有《谏迎佛疏》,《全集》所附《年谱》系此事于正德十年(1515)八月,上疏的背景是武宗命太监刘允到乌斯藏奉迎佛徒,辅臣杨廷和等户部官员、言官执以不可,但武宗不听,王阳明欲"因事纳忠,拟疏欲上,后中止"。④ 实录系司设监刘允到乌斯藏奉迎佛徒一事于正德十年十一月⑤,当月,便有大学士梁储

---

① 《全集》卷三二《年谱一》,第 1357 页。
② 《全集》卷九《奏疏一·给由疏》,第 331、332 页。
③ 《正德六年会试录》,《天一阁藏明代科举录选刊·会试录》点校本·上,第 649—699 页。
④ 《全集》卷三三《年谱一》,第 1365 页。
⑤ 《明武宗实录》卷一三一,正德十年十一月己酉条,第 2611、2612 页。

上疏反对,"不听"。① 十二月,又有监察御史徐文华上疏持不可,"不报"。② 王阳明的这道奏疏虽"稿具未上",置于明朝诸帝的宗教倾向中加以考察,可以窥探王阳明对国家大事的用心。明武宗对佛教、道教和方术都感兴趣,宫中聚集了许多喇嘛、术士,有的甚至参与朝政。③ "以好佛之心而好圣人,以求释迦之诚而求诸尧、舜之道",则"宗社幸甚! 天下幸甚! 万世幸甚!"④王阳明希望武宗尊崇古之圣王,以儒家理念治国,是武宗朝混乱朝政中的一缕光亮,一丝坚守。

这一阶段,还有御史杨㻞曾推荐王阳明为国子监祭酒之事。杨㻞是陈献章的学生,"与王守仁友善",曾撰《庭训录》,王阳明为之作序。⑤ 正德十年(1515),御史杨㻞推荐将王阳明改从四品国子监祭酒,"不报"。⑥ 现今所见史料未明言杨㻞建议改王阳明为北监祭酒还是南监祭酒,但正德十年(1515)四月十八日,南监祭酒吴一鹏升南京太常寺卿⑦,北监祭酒是王瓒,正德八年(1513)由南监祭酒改任,正德十一年(1516)升礼部右侍郎。⑧ 杨㻞应是建议改王阳明为南监祭酒。最终,北监司业鲁铎于正德十年四月二十三日任南监祭酒。⑨ 鲁铎,弘治十五年(1502)进士,选庶吉士,授翰林院编修。⑩ 翰林是国子监祭酒的重要来源之一,"祭酒有缺,多用翰林宿望"。⑪ 由此,未为翰林的王阳明不得任国子监祭酒尚属合理,但具体原因暂不得知。荐任国子监祭酒无果,王阳明仍任南京鸿胪寺卿。

总体而言,这一时期的王阳明是相对清闲的,也是王阳明学术发展和传播的又

---

① 《明武宗实录》卷一三一,正德十年十一月壬子条,第2613—2616页。

② 《明武宗实录》卷一三二,正德十年十二月丙辰条,第2619、2620页。

③ 赵轶峰:《明代国家宗教管理制度与政策研究》,中国社会科学出版社2008年版,第61页。

④ 《全集》卷九《别录一·奏疏一·谏迎佛疏》,第328、329页。

⑤ 乾隆《揭阳县志》卷六《人物志·贤达》,乾隆四十四年刻本,叶7a。

⑥ 《全集》卷三三《年谱一》,第1365页。

⑦ 《明武宗实录》卷一二三,正德十年四月乙巳条,第2469页。

⑧ 《弇山堂别集》卷五六《礼部左右侍郎》,第1047页。

⑨ 《明武宗实录》卷一二三,正德十年四月庚戌条,第2473页。

⑩ 《国朝献征录》卷七三《国子监·鲁铎传(黄佐)》,第3146页。

⑪ 《明宪宗实录》卷五,天顺八年五月乙亥条,第138页。

一重要时期,如在南京太仆寺少卿任上时,"地僻官闲,日与门人遨游琅琊、瀼泉间。日夕则环龙潭而坐者数百人,歌声振山谷。诸生随地请正,踊跃歌舞。旧学之士皆日来臻。于是从游之众自滁始"。① 《年谱》中记载更多的是王阳明在授徒讲学之事。直至正德十一年(1516)八月,在南京鸿胪寺卿任上闲散了近两年的王阳明被任命为正四品都察院左佥都御史,巡抚南、赣、汀、漳等处②,为其"立功"提供了平台。

① 《全集》卷三三《年谱一》,第 1363 页。
② 《明武宗实录》卷一四〇,正德十一年八月戊辰条,第 2764 页。

戎马入虔台

巡抚南赣，抚定流民

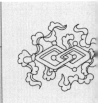

　　庐陵知县一任后，王阳明历正六品南京刑部四川清吏司主事、正六品北京吏部验封清吏司主事、从五品北京吏部文选清吏司员外郎、正五品北京吏部考功清吏司郎中、正四品南京太仆寺少卿、正四品南京鸿胪寺卿。正德十一年（1516）八月，在正四品南京鸿胪寺卿任上闲散了近两年的王阳明被任命为正四品都察院左佥都御史，巡抚南、赣、汀、漳等处，驻赣州。这是王阳明第二次在江西为官，也成就了平定江西、湖广、福建、广东数省交界地区的流民动乱这第一大事功。方志远认为贬谪龙场为王阳明"立言"奠定了基础，出任南赣巡抚为王阳明"立功"提供了平台。两者相互推动，造就了一个"立德、立功、立言"的"三不朽"王阳明。

提督浙江學政僉事　豐潤谷應泰編輯

平南巋盜

武宗正德六年夏四月江西盜起命右都御史陳金
總制軍務右副都御史俞諫提督軍務討之先是江
西諸郡盜賊蠭起贛賊犯新淦執參政趙士賢靖安
賊胡雷二等據越王嶺瑪瑙寨華林賊陳福一破瑞
州既而撫州東鄉饒州桃源洞等處賊亦作亂金等
奏調廣西田州東蘭等處狼兵合征之
七年春正月南巋巡撫都御史周南率兵攻破大帽

"诸臣平贼,迟而随变":王阳明任巡抚前的南赣形势

正德十一年(1516)八月,在正四品南京鸿胪寺卿任上闲散了近两年的王阳明被任命为正四品都察院左佥都御史,巡抚南、赣、汀、漳等处①,担起平定江西、湖广、福建、广东数省交界地区流民动乱的重任。江西、湖广、福建、广东交界地区山高林密,常有山贼流民啸聚为寇,洪武时已有之,并贯穿整个明朝。为更好地整合各方力量,平定积乱,明廷决定设南赣巡抚。

王阳明得此任命,是在时任内阁首辅杨廷和与兵部尚书王琼的推动下实现的。王琼很欣赏王阳明,杨廷和想把王阳明调到巡抚任上吃苦②虽无明载,但杨廷和与王琼关系不好确是事实。杨廷和主持纂修《明武宗实录》时便将王琼塑造成一个结交近侍、贪污受贿、陷害正人、更制乱法、交通宁王朱宸濠的奸佞之徒③,而且,杨廷和是反对王阳明心学的。如嘉靖元年(1522)十月,礼科给事中章侨疏言"三代以下论正学莫如朱熹,近有聪明才智足以号召天下者倡异学之说,而士之好高务名者靡然宗之,大率取陆九渊之简便,惮朱熹为支离,及为文辞务崇艰险,乞行天下痛为禁革",河南道御史梁世骠也持同样的观点,礼部商讨会认为二人之言"深切时弊,有补风教",世宗也同意④,这里的"聪明才智足以号召天下者"是指王阳明,此时的内阁首辅是杨廷和⑤,他不点头,礼部覆文怕也递不到皇帝手中。而且,王琼既"奇守仁才",王琼的政敌自然会把王阳明当成王琼的人,一人之下万人之上的首辅杨廷

---

① 《明武宗实录》卷一四〇,正德十一年八月戊辰条,第2764页。
② 方志远:《千古一人王阳明》,江西人民出版社2017年版,第132、133页。
③ 孙彩霞:《〈明武宗实录〉所塑王琼奸佞形象考》,硕士学位论文,陕西师范大学,2007年。
④ 《明世宗实录》卷一九,嘉靖元年十月乙未条,第568、569页。
⑤ 《明史》卷一一〇《宰辅年表二》,第3351页。

和怎会重用一个学派不同且被政敌看中的人？

就在庙堂之上党争不断之时，江西、湖广、福建、广东数省交界地区的流民动乱也愈演愈烈。谢志山已据横水、左溪、桶冈等地，池仲容已据浰头，都已称王，他们与大庾县的陈曰能、乐昌县的高快马、郴州的龚福全等人攻掠州县。福建大帽山地区的詹师富也已起事。谢志山与乐昌县贼一道攻掠大庾、南康、赣州等地，赣县主簿吴玭战死①，不能再拖延下去。然而，朝廷于正德十一年（1516）正月派去的巡抚文森却称病畏惧不前②，谁能膺南赣巡抚之重任？不管杨廷和的主观意图是什么，王阳明成了主政一方的封疆大吏。

方志远认为贬谪龙场为王阳明"立言"奠定了基础，出任南赣巡抚为王阳明"立功"提供了平台，二者相互推动，造就了一个"立德、立功、立言"的"三不朽"王阳明。③ 需要考辨的是，王阳明是左佥都御史还是右佥都御史。《明武宗实录》直谓左佥都御史，王阳明亲书之《给由疏》说正德十一年九月十四日，"准吏部咨，蒙恩升都察院右佥都御史，巡抚南、赣、汀、漳等府"④，《谢恩疏》时间同，职衔则是左佥都御史。⑤ 方志远认为，《明武宗实录》谓八月是朝廷任命的时间，《年谱》谓九月是王阳明得到任命的时间。根据成化以后形成的惯例，在外为巡抚的都察院都御史都是戴衔"右副都御史"或"右佥都御史"，朝廷下任命后又由左改右，《明武宗实录》和《谢恩疏》保留的是最原始的任命记载。⑥ 但《明武宗实录》卷一五一，正德十二年七月庚寅条仍谓"巡抚南、赣、汀、漳等处地方左佥都御史王守仁提督军务"⑦，由此，王阳明开始被任命为右佥都御史，后转左佥都御史是比较合理的，《明武宗实录》的

---

①　《明史》卷一九五《王守仁传》，第 5160 页。

②　《明武宗实录》卷一三三，正德十一年正月丙午条，第 2652 页；卷一四六，正德十二年二月戊辰条，第 2858 页。

③　方志远：《王阳明：心学的力量》，商务印书馆 2019 年版，第 92、93 页。

④　《全集》卷九《别录一·奏疏一·给由疏》，第 332 页。

⑤　《全集》卷九《别录一·奏疏一·谢恩疏》，第 330 页。

⑥　方志远：《千古一人王阳明》，第 131 页。

⑦　《明武宗实录》卷一五一，正德十二年七月庚寅条，第 2929 页。

几条记载并不详尽,忽略了先任右佥都御史的事情。

王阳明平南赣盗

正德十二年(1517)正月十六日,王阳明到达赣南巡抚的驻地赣州,即推行十家牌法、选练民兵。王阳明虽重视用战争解决南赣问题,但并不把战争视为单纯的军事行为。因为,南赣汀漳的流民问题既是军事问题,更是社会问题,需要的是综合治理,而不仅仅是军事行动。王阳明了解到赣州民人中有不少人是山贼耳目,官府的各项行动还没有开始,山贼已经知晓,军门中有一老吏尤其奸恶,没少为山贼出力。王阳明知道此事后,将他叫到卧室中,让他选择生死。老吏害怕了,将自己知道的山贼情况和盘托出。王阳明将其释放,经过调查得知老吏所说都是真的。随后,王阳明在赣州城中推行十家牌法:编十家为一牌,每户一块木牌,上面写着各户籍贯、姓名、年貌、行业,十家按日轮值,按牌上所写挨家挨户巡查,如果遇到生人,要即刻报官,如果隐匿不报,十家连坐。而且,还谕告父老子弟:“务要父慈子孝,兄爱弟敬,夫和妇随,长惠幼顺;小心以奉官法,勤谨以办国课,恭俭以守家业,谦和以处乡里;心要平恕,毋得轻意忿争;事要含忍,毋得辄兴词讼;见善互相劝勉,有恶互相惩戒;务兴礼让之风,以成敦厚之俗。”除此,还行令各分巡道督编十家牌。①

至于选练民兵一事,则是为了就近加强防卫力量。王阳明到任以后,虽然没有走访全部属地,但单从赣州府的情况来看,府库钱粮耗竭,兵寡且弱,卫所军逃亡数多,府县的机兵也多为空额,根本没有办法抵御贼寇。每遇贼寇猖獗,地方官只能疏请调动他地的狼土兵,往返耗时日多,靡费钱粮,更会耽误军机,狼土兵一撤,贼寇复又作乱。由此,王阳明命令江西、湖广、广东、福建数省兵备从各自所属弩手、

---

① 《全集》卷一六《别录八·公移一·十家牌法告谕各府父老子弟》,第587—589页。

打手、机快等武装力量中挑选战斗力强、胆色出众之人,每县多则十余人,少则八九人,宁缺毋滥。除此,还张榜招募,其中江西、福建兵备官各招募五六百人,广东、湖广兵备官各招募四五百人,其中非常优秀者,可以增加俸饷,让他们署理将领。募兵的犒赏银两,从各属商税、赃罚银两中开支。各县机快,南安府、赣州府所属已经编选外,其他四个兵备官从每县原有机快中选出精壮可用者,约占原额的三分之二,由本县干练官员统领,专司城防;其余三分之一老弱不用承担守城等工作,但要缴纳工食银,这些工食银由相关的兵备道管理,用作招募、犒赏之用。所募之兵,要造册备查,要勤加训练,随时听候征调。①

王阳明实行的一系列措施,尽可能地阻绝了百姓与山贼的交通来往,加强了各地戍防力量。随后,剿灭贼寇一事提上日程,整体策略是先易后难,声东击西。相对而言,势力最大、最难破灭的山贼是在江西和广东交界的横水、桶冈和浰头,福建漳南山区的詹师富部实力较弱,所以,王阳明到任不过十天,便调集大军进攻詹师富部。其中,副使杨璋率部在长富村破贼,斩获颇多,贼寇退至象湖山地区据守,官军则追至莲花石,与贼军对垒。恰逢广东官军到来,打算合围贼军,贼军做困兽之斗,竟得以突围而出,指挥佥事覃桓、漳浦县丞纪镛等战死。王阳明手下将领请求调集狼土兵,秋后再战,却被王阳明治以失机之罪,让他们立功赎罪。诸将还在讨论进兵策略,王阳明发话了:用兵要随机应变,怎么能只用成说呢?福建官军已经集结,都有立功赎罪的想法,所以我们要速战速决。如果在整场战役开始前,我们完全可以出其不意,攻其不备,必然会成功;但已与贼军交战,贼军必定联合起来抵御我军。此时此刻,就不能机械地速战速决,我们要示敌以弱,好让他们放松戒备。

于是,王阳明率领精锐部队驻扎在福建汀州府上杭县,佯作班师犒军,等到秋后举兵再战。同时,派出义官曾崇秀侦察贼情虚实,乘其松懈之时,官军兵分三路,在正德十二年(1517)二月二十九日晚衔枚进军,直捣象湖,攻占贼军隘口。失掉隘口的贼军从悬崖峭壁上扔下无数礌石滚木,负险据守。官军奋勇冲杀,从辰时(上

---

① 《全集》卷一六《别录八·公移一·选拣民兵》,第585、586页。

午七点到九点)战至午时(上午十一点到下午一点),苦战六个小时,最终攀援而上,贼军战败溃退,官军乘胜追击。不久,福建官军攻破长富村等处贼巢三十余处,广东官军攻破水竹、大重坑等处贼巢十三处,斩詹师富、温火烧等七千多人。是为漳南战役,历时不足三个月,首战告捷。①

漳南战役后,王阳明做了两件事情:向朝廷争取更大的权力、整治部伍以提高军队的战斗力。王阳明向朝廷上奏说:"盗贼日滋,由于招抚之太滥,招抚太滥,由于兵力之不足,兵力不足,由于赏罚之不行,乞假以令旗令牌,得便宜行事。"②授以南赣巡抚旗牌是有成例可仿的,正德六年(1511)六月出任南赣巡抚的周南便是如此,但事毕缴还,不为定例。③当然,王阳明也不是凭空要权,他是立了军令状的,"诚得以大军诛赏之法,责而行之于平时,假臣等令牌令旗,便宜行事。如是而兵有不精,贼有不灭,臣等亦无以逃其死矣"。④但王阳明的请求,终究没能立即实现,《明史纪事本末》中便说:"众迂其议,屡不报。尚书王琼慨然曰:'朝廷有此等人,不与以柄,又将谁用?'"⑤反对的声音自然不少,兵部尚书王琼在促成给予王阳明"提督军务"一事中发挥了重要的作用,正德十二年(1517)九月,朝廷赋予王阳明一项重要权力:提督军务,给令旗令牌八面,可便宜行事。随后,明武宗颁下敕谕旨,王阳明正式获得提督军务之权,可临机便宜行事。但很多人嫉妒王阳明权重,镇守太监毕真便贿赂武宗近臣以求监军之职。但王琼认为兵法上最忌讳遥制,南赣地区要用兵却要等待省城南昌下令,断然不可,省城有事,南赣地区可以策应,毕真监军一事没能得逞。⑥除此,王阳明还优化军队组织架构,整治部伍以提高军队战斗力。他以二十五人为一伍,设小甲一人统领;两伍为一队,设队甲一人统领;四队为一哨,设哨长一人统领,并有协哨二人辅助哨长;二哨为一营,设营官一人统领,并有

---

① 《全集》卷九《别录一·奏疏一·闽广捷音疏》,第335—340页。
② 《明武宗实录》卷一五一,正德十二年七月庚寅条,第2929页。
③ 《明武宗实录》卷七六,正德六年六月庚子条,第1676页。
④ 《全集》卷三三《年谱一》,第1371页。
⑤ 《明史纪事本末》卷四八《平南赣盗》,第713页。
⑥ 《全集》卷三三《年谱一》,第1371、1372页。

参谋二人辅助;三营为一镇,设偏将一人统领;二镇为军,设副将一人统领。各官都是临事委任,不用等待朝廷的任命,副将以下,可以临机惩处。①

有了提督军务之权,又整顿了军伍,王阳明这才决定集中兵力打击南赣横水、桶冈和涮头的山贼。王阳明仔细分析了当时的形势,确定先取横水、左溪,再平桶冈,最后攻三涮的进兵计划。他认为:"对湖广而言,桶冈是贼寇的咽喉位置,横水、左溪是腹心地带;以江西来说,横水、左溪是腹心位置,桶冈是羽翼。时下有人不进攻腹心,反而要与湖广官军夹攻桶冈,将自己置于横水、左溪之间,会腹背受敌,形势极为不利。现在我们要进攻横水、左溪,时间是十一月初一。贼寇见我部大军未集,出兵日期尚远,误认为我军会先取桶冈,放松了戒备。我军可乘此机会发动突然攻击,一战而胜,然后再进攻桶冈,自然是势如破竹。"

实际上,十一月初一的出兵日期是说给贼寇们听的,真正的出兵日期是十月初七。王阳明秘密派出三路大军,准备进攻横水、左溪:都指挥许清、赣州知府邢珣、宁都知县王天与各领一军会攻横水,其中许清部从南康府新溪突入,邢珣部从上犹县石人坑出击,王天与部从上犹县白面峪进攻;南安知府季斅、守备郏文、汀州知府唐淳、县丞舒富各领一军攻左溪,其中季斅从大庾县稳下突入,郏文从大庾县义安进攻,唐淳由大庾县聂都进攻,舒富从上犹县金坑进攻;吉安知府伍文定、程乡知县张戬领兵临机堵截。王阳明驻南康府居中指挥,约定的进军日期是十月初七。与漳南战役的策谋不同,横水、左溪之战更多地利用了疑兵之计——王阳明至横水后,并未发动大规模进攻,而是招募四百余名善于攀爬的乡兵人执一旗,携带铳炮,乘夜攀岩至贼巢四周可以俯视贼寇的山顶上,等到官军大举进攻至险处时,大举炮火接应。又派出壮士攀援而上,抢夺贼寇的礌石滚木。

十月十二日黎明时分,王阳明率军进至十八面隘口,横水贼寇据险顽抗,早已埋伏在贼巢周围的四百名疑兵遂在山间挥旗呐喊,贼寇非常吃惊,以为官军已经占领了自己的巢穴,斗志全无,纷纷弃险逃走。官军乘胜继续攻击,指挥谢杲、马廷瑞

---

① 《明史》卷一九五《王守仁传》,第 5160、5161 页。

从小路攻入,烧掉贼巢。贼寇没了去处,一发而不可收,横水就此被官军攻破。邢珣、王天与也攻破多处贼寨与大军会于横水,郏文、唐淳攻破贼寨无算,进至左溪。不巧的是,遇到了大雾阴雨天气,王阳明下令暂时休兵。但左溪贼寇的动向已被王阳明侦知,他们虽凭险固守,但粮草不继。于是,王阳明下令各营兵马各分为奇正二哨,一部在前攻击,一部作为预备队兼后卫,并召集当地人做向导。各路军进攻顺利,攻破贼巢无数,伍文定、张戬也会兵左溪,左溪最终被攻克。[①]

兵贵神速是大家耳熟能详的用兵之策,漳南、横水、左溪三战之后,部众请求乘胜进兵桶冈,但王阳明却没有急于这么做。将领们很疑惑,王阳明解释说:"桶冈是天险之区,能够进入其中的关口只有锁钥龙、葫芦洞、茶坑、十八磊、新池五处,但都是要走栈道或者悬梯,贼寇在山巅安置礌石滚木,便可防御我师。从上章进入的路稍稍平坦一些,但我军需要取道湖广,迂回半月方能到。而且,横水、左溪残寇逃到桶冈,各股贼寇联合起来抵御我军,于我军不利。《孙子兵法》说'善战者,其势险,其节短',善于用兵者要造成紧张的攻击形势,然后在短时间内发动突然袭击。当下,我军想要乘全胜之势进军,也是强弩之末了,况且屯军于深山峡谷之中,无异于置己于死地。我们可以不急于进军,而在桶冈周边驻扎军队,派人劝说贼首蓝廷凤等人,他们会因害怕而请求归降,对于那些不服从的,再发动突然袭击,桶冈唾手可得。"

于是,将通敌戴罪义官李正严、医官刘福泰及桶冈贼钟景开释,于十月二十八日攀岩入桶冈,约定十一月初一在锁钥龙受降。贼首蓝廷凤等人听说王阳明大军乘胜利之威逼近桶冈,正惶恐不安,听说朝廷使节到来,很是欣喜,遂集众商讨,从横水、左溪逃到桶冈的贼寇坚持不能出降。讨论来讨论去,自然耽误了许多时间,也无法全身心准备设防抵御官军的事情了。得知贼情的王阳明派舒富率领数百人驻扎锁钥龙,迫使贼寇出降,并派邢珣进驻茶坑、伍文定进驻西山界、唐淳进驻十八磊、张戬进驻葫芦洞,约定在十月三十日夜到达驻地,但为大雨所阻,不得进,直至十一月初一日才冒雨到达预定攻击位置。大贼首蓝廷凤正在锁钥龙聚众商议归降

---

① 《明史纪事本末》卷四八《平南赣盗》,第714、715页。

之事,听说数路官军已到达攻击位置,惊恐万状,但仍组织千余人据险凭河顽抗。邢珣率部渡河发起攻击,张戬率部攻击贼寇右翼,伍文定率部从张戬部右侧的悬崖而下,迂回到贼寇另一侧发起攻击,贼寇不能支,且战且退。中午时分,雨过天晴,官军各部击鼓奋进,贼寇败走。舒富、王天与所部得知从山前进攻的官军已经攻入敌阵,便从锁钥龙攀援而上。各路官军乘胜追击,贼寇溃逃到十八磊地区,遇到唐淳部,又败。但天色已晚,残贼仍扼险顽抗。次日清晨,诸路官军并进,双方打了很久,最终是贼寇大败。统计战果,邢珣破桶冈大贼巢及梅伏、乌池两处贼巢,张戬破西山界、锁钥龙、黄竹坑三处贼巢,唐淳破十八寨贼巢,伍文定破铁木里、土池、葫芦洞三处贼巢,王天与破员分、背水坑两处贼巢,舒富破太王岭贼巢,俘斩贼寇数多,救出被俘人口、缴获物资无算。

　　贼寇虽遭大败,但逃生者很多。就在十一月初二日获胜的那天,王阳明得知湖广官军将至,做如下部署:邢珣屯兵葫芦洞、唐淳屯兵十八磊、伍文定屯兵大水、郏文屯兵下新地、张戬屯兵礁头、舒富屯兵茶坑、姚玺与王天与屯兵板岭,副使杨璋巡行礁头、茶坑诸营,监督各路军马,并负责供给军需粮草。同时,派季敩屯兵聂都,以堵截南逃贼寇;许清屯兵横水、余恩屯兵左溪,堵截腹心遗漏之敌。黄宏驻扎南安,负责供给粮草,也为聂都季敩部后援。王阳明亲率一部兵马驻茶寮,统一指挥各部兵马与湖广官军会师,然后夹攻贼寇。此后,官军接连取胜:十一月初五日,邢珣连破上新地、中新地、下新地三处贼巢;初七日,唐淳连破杉木坳、原陂、木里三处贼巢;十一日,张戬连破板岭、天台庵两处贼巢;十三日,张戬又破东桃坑、龙背两处贼巢。各路官军斩获颇多,贼寇饥饿患病而死者也为数不少,桶冈贼寇扫除殆尽。王阳明并未掉以轻心,他乘暇考察周边形势,在险要之地屯兵,派兵修栈道或凿山开道,又派典史梁仪率数百人在横水地区筑土城,城周千余丈,险要之处也设立隘口,并向朝廷建议在横水地区新设县治,以便控制三省交界地区诸少数民族。

　　王阳明在按部就班地做着各项工作。十一月十六日,防守隘口的推官徐文英报告广东鱼黄等贼巢被湖广兵攻破,残寇逃往鸡湖、新地、稳下、朱雀坑等处。得知这一新情况后,王阳明派季敩进军朱雀坑等处,伍文定进军稳下、鸡湖等处,郏文、邢珣进军上新等处，相机剿灭残寇。十一月二十日，伍文定部在稳下、西峰、苦竹坑、长河坝、黎坑等巢击敌；二十三日，郏文、邢珣率部击敌于上新地巢，伍文定部追至鸡湖巢，又是一场恶战。十二月初三，季斅击敌于朱雀坑寨、狐狸坑巢，擒斩数多。至此，逃亡残寇基本上消灭殆尽。王阳明还是不放心，残寇难免，战事突起亦难免，便留下两千兵马分别驻扎在茶寮、横水等隘，大军于初九到近便县份休整，等湖广、广东两省兵马到来，再清剿残敌，此后才能放心班师。总之，横水、左溪、桶冈一战持续了两个月，总计攻破贼巢八十余处，擒斩大贼首谢志珊、蓝天凤等八十六名颗，从贼首级三千一百六十八名颗，俘获贼属二千三百三十六名，夺回被掳人口八十三人，牛马骡六百零八只，器械二千一百三十一件，金银一百一十三两八钱一分。①十二月班师，途经南康，百姓无不顶香迎拜，大军所经州、县、隘、所都为王阳明立了生祠，距离较远地区的民人则将王阳明的画像贡入祖宗祠堂，岁时展祀。②至此，只剩下三浰地区这股实力最强的山贼流民了，这一次的策略是擒贼先擒王。早在进兵横水之前，担心浰头贼乘虚出扰，便派人前去赏赐，并带上洋洋洒洒千余言的《告谕浰头巢贼》。

王阳明这道告示展示出他高超的劝说艺术，也体现出他以我心体民心的亲民思想，他知道很多"贼寇"并非真心想要为寇，而是迫于失去田地、躲避赋役等原因才逃入深山老林，"乃必欲为此，其间想亦有不得已者，或是为官府所迫，或是为大户所侵，一时错起念头，误入其中，后遂不敢出，此等苦情，亦甚可悯，然亦皆由尔等悔悟不切"。告示公开之后，贼首之间有不同意见，池大鬓（池仲容）便对招抚心存疑虑，他说："我们做贼不是一年两年的事了，官府前来招抚也不是一次两次的事了，此次招抚又能说明什么问题？如果金巢等人无事，我们再归降也为时不晚。"池仲容提到的金巢率众归降，王阳明重赏了他们，并让他们从征，确实没有受到惩处。横水被官军攻破后，池仲容非常害怕，便派他的弟弟池仲安率两百老弱前来归附，

---

①《全集》卷一〇《别录二·奏疏二·横水桶冈捷音疏》，第387页；《明史纪事本末》卷四八《平南赣盗》，第714、715页。

②《全集》卷三三《年谱一》，第1367页。

想以此作为缓兵之计，侦察官军情势，以便作为内应。

池仲容的计谋被王阳明识破，征桶冈时，池仲安部被派到新池承担堵截任务，远其归路，缓其归程，示以宽恕，实则早有防备。同时，派人召来浰头附近州县遭池仲容残害之人前来问询，了解了池仲容部的很多内情。将被害之人遣回后，王阳明便密调军马，等平定桶冈后再临机定策。桶冈平定后，池仲容更加恐惧，王阳明这时却干戈未动，反而派人到池仲容那里赏赐牛酒，顺便侦察敌情。派去赏赐之人见池仲容部防御甚密，但池仲容却撒谎说是为了防御郑志高、卢珂的，绝不是防备官军。王阳明知道后将计就计，利用郑志高、卢珂、陈英演了一出苦肉计，也给池仲容注了一针安定剂，更是让他喝了迷魂汤。其实，郑志高、卢珂、陈英是已受招抚的龙川新民，手下有两千余人，当时诸县都胁从于池仲容，只有他们三人率众抵抗，自然招致池仲容的仇恨。征桶冈大军班师后，三人向王阳明陈说池仲容造反情形，恰逢池仲安还在，王阳明怒斥了郑志高、卢珂、陈英，令人将他们捆起来拖到门外斩首，并安抚池仲安说："池仲容派你领兵前来报效朝廷，我怎能容忍他们？"池仲安见状跪地叩头，一一陈说三人的罪状。王阳明继续将计就计，将三人捆起来下到狱中，却又秘密派人到狱中告诉他们实情。

转眼到了十二月二十日，王阳明率部返回赣州，大行犒赏军士，并下令说横水、桶冈贼寇荡平，浰头归顺，境内已经太平，赣州城中一片安乐祥和。池仲安部则被王阳明遣归浰头，并带话给池仲容，说卢珂被关进大狱，但不能放松戒备，以防卢珂部反扑，池仲容的心情因此平静了许多。同时，王阳明又买通池仲安的亲信，让他劝说池仲安演一出戏，即让池仲安到池仲容面前说："官府很有诚意，为何不亲自前去谢罪？"池仲容听信池仲安之言，说道："欲伸先屈，赣州城中到底有什么阴谋诡计，还得我亲自去打探个明白。"于是，池仲容率九十三人来到赣州，而王阳明早已密檄各府县官员领兵待命，探知池仲容已经动身，便密令各路大军进屯浰头。但大军要经过贼巢才能到达预定位置，会有早已安排好的人拿着捕捉卢珂的檄文让贼寇看。果然，贼寇见大军至便上去询问，见到檄文，便不以为意。

池仲容一行到达赣州城后，见城中张灯结彩，军营内没有任何要动兵的迹象，又贿赂狱卒,见卢珂等人被关在大狱中,甚是宽慰,派人告知巢中诸贼,一切相安无事。但池仲容还是留了一手,他让带来的人大部分驻扎在城外校场,自己与少数人到城里去。王阳明见后,不满地对池仲容说:"你带来的朋友都是朝廷子民,为何让他们滞留城外,不来见我,你是在怀疑我吗?"池仲容听后很惶恐,回答说"我听从大人的命令",便让城外之人入城,王阳明将他们安排在祥符宫中。池仲容一行见祥符宫中非常整洁,喜出望外,这一天,是闰十二月二十三日。当然,王阳明也不会放松对池仲容一行的戒备,他派人前去陪同,赏赐池仲容一行青衣油靴,教他们礼节,暗中观察他们的所作所为。派去之人发现,池仲容等人贪残暴虐,断不会归降从良,士民于此也多诉病,说王阳明此举是养虎为患。多种因素促使之下,王阳明放弃了感化之念,决定消灭他们。

闰十二月二十五日,池仲容一行辞归,王阳明说:"从赣州城到三浰需要八九天,你们现在出发,新年之日未必能到家。即使能够到家,不还得返回赣州城来拜年,这不是自找苦吃吗? 我听说赣州城里有盛大的灯会,正月里赏完灯再回去怎么样?"没过几天,池仲容一行又请辞,王阳明说:"新春佳节,我还没来得及犒赏诸位,你们怎么能现在回去呢。"正德十三年(1518)正月初二日,王阳明派手下杀猪宰羊,准备次日的宴会。这天晚上,池仲容等人早早睡下,只等着次日吃完宴席回到浰头,但他们再也回不去了。正月初三日凌晨时分,王阳明派龙光等人摸进祥符宫,举刀便剁,池仲容及其部下在睡梦中去了另外一个世界。这是钱德洪所编年谱的说法。

此事虽是针对怙恶不悛的贼首,但终归还是阴毒了些,年谱中遂有一番描摹,说王阳明"自惜终不能化,日已过未刻,不食,大眩晕,呕吐",即王阳明非常惋惜自己没能让池仲容等人弃恶从善,已过未时(下午一点到三点)还未进食,因此眩晕呕吐。王阳明在上给朝廷的《浰头捷音疏》中则说是"正月三日,度卢珂等已至家,所遣属县勒并兵当已大集,臣乃设犒赏于庭,先伏甲士,引仲容入,并其党,悉擒之。出卢珂等所告状,讯鞫皆伏,遂置于狱",《明史纪事本末》《明史》等也采用该说法。钱德洪所编年谱中的说法是准确的,钱德洪没有理由抹黑自己的老师。

解决了池仲容等浰头贼寇首领后,正月初七日,王阳明派早已驻扎在龙南、和平等地的官军直扑三浰,各路官军开向三浰地区时,那里的贼寇还不知道池仲容等人已死,而且事先又得到池仲容的情报说官府已罢兵,便没有再做太多防备。这下听闻官军到来,惊慌失措,但还是派出兵力分路抵抗,精锐千余人据险设伏,在龙子岭地方迎击官军。官军分为三部,互为犄角,不断深入。首先接敌的是余恩所领百户王受部,双方交战很长时间,贼寇退却。王受追敌才一里多路,被贼兵伏兵四起围攻,幸得危寿麾下义官叶芳部从贼后发起攻击,孟俊部迂回攻击贼兵侧翼,贼兵在三部官军的联合攻击下溃退。官军乘胜追击,遂克上、中、下三浰。其他各路官军听闻三浰已破,便分头出击,解决其他贼寇,其中陈祥部攻破热水、五花障两处巢穴,姚玺部拿下淡方、石门山、上下陵三处巢穴,邢珣部克芳竹湖、白沙两处贼巢,郏文部下曲潭、赤唐两处贼巢,季敩部克布坑、三坑两处贼巢,俘斩贼寇无算,缴获物资亦多,当日晚,残寇逃到还没有被官军攻破的巢穴中。初八日早,王阳明派出侦察人员探明残寇去向。初九日,陈祥部破铁石障、羊角山两处贼巢,缴获贼首金龙霸王印信旗袍,邢珣部克黄田坳贼巢,姚玺部下岑冈贼巢,余恩部克塘含洞、溪尾两处贼巢。初十日,孟俊部克大门山贼巢,危寿部下镇里寨贼巢。

其后,官军各部与贼军各部苦战累月,一直持续到三月初八日。三月初七日,邢珣等人禀称:"我兵自去岁(正德十二年)二月从征闽寇,迄今一年有余,未获少休。今幸各贼巢已扫荡,余党不多,又蒙抚顺招安;况今阴雨连绵,人多疾疫,兼之农功已动,人怀耕作,合无俯顺下情,还师息众。"义官叶芳等人以及各乡村居民也如此陈说。王阳明遂顺民情,同副使杨璋、知府陈祥等商讨立县设隘,以图长治久安之策,留下部分军士驻防后班师。三浰之役从正德十三年(1518)正月初七日一直持续到三月初八日,历时两个月,通共捣毁巢穴三十八处,擒斩大贼首二十九名颗,次贼首三十八名颗,从贼二千零六名颗,俘获贼属八百九十名,缴获牛马一百二十二只匹,器械二千八百七十件把,赃银七十两六钱六分。[1] 三浰既定,困扰明王朝

---

[1]　《全集》卷三三《年谱一》,第 1378—1381 页;卷一一《别录三·奏疏三·浰头捷音疏》,第 402—406 页;《明史》卷一九五《王守仁传》,第 5162 页;《明史纪事本末》卷四八《平南赣盗》,第 716、717 页。

多年的江西、湖广、福建、广东四省交界地区的流民动乱也告一段落。

设治兴学等长治之策

为了更好地治理江西、湖广、福建、广东交界地区，军事打击之外，王阳明还采取增设县治以便统辖数省交界地带、添设或移置巡检司以扼要塞、立学校以兴教化等几大举措。

增设之县有三：崇义县（属江西布政司赣州府）、平和县（属福建布政司漳州府）、和平县（属广东布政司惠州府）。新设一县是一项系统工程，不是一蹴而就的，涉及官员奏请、中央讨论、中央批准、选官筑印、修建城墙衙署、切割周边政区的土地人口等诸多内容。江西赣州府崇义县治崇义里，原属赣州府上犹县。王阳明最早上疏请求设县是在正德十二年（1517）闰十二月初五，①朝廷回复说"看得添设县治，既该府按官员会议，相应依拟，合咨提督南、赣、汀、漳军务左金都御史王守仁同抚按官会委该道守巡官，选委府县佐贰能干官员，先将添设县治合用一应材木砖瓦等物料先为措置收买，并顾觅人夫工匠价银逐一估计辏处，就便兴修，务使工日就而民力不劳，物咸备而财用不乏。候城池、公宇、县治、学校、仓廒、街道、居民吏舍等项，粗有规制，另为会奏，以凭上请定拟县名，及咨吏、礼二部选官铸印施行"②，由此可知，朝廷初步同意了增设崇义县之事。正德十三年（1518）十月，王阳明再次上奏疏说自本年四月初六开始各项木工，城墙土工则始于七月十一日，八月底已完成。既然朝廷此前回复说各项基础设施基本建设完毕后，再请定县名，选官铸印，王阳明便建议新县名为"崇义"，由南康县丞舒富暂掌知县事。③

---

① 《全集》卷一〇《别录二·奏疏二·立崇义县治疏》，第388—391 页。
② 《全集》卷一一《别录三·奏疏三·再议崇义县治疏》，第422 页。
③ 《全集》卷一一《别录三·奏疏三·再议崇义县治疏》，第419—423 页。

再检《明武宗实录》，正德十四年（1519）三月"添设江西崇义县及长龙、铅厂二巡检司，迁上犹县过步巡检司于上保"①，这是朝廷最终定议县名，批准设县，首任知县是陈瓒。

福建漳州府平和县治河头大洋陂。王阳明最早在正德十二年五月二十八日上疏请求设县②，十三年十月十五日再上《再议平和县治疏》，定设于正德十四年三月，正德十四年六月派官。《再议平和县治疏》中详细说明了设县的具体事务和进程：新县的辖区是原南靖县清宁里所辖的七个图、新安里所辖五个图，析分为十二里。建筑衙署所需经费先用漳州府及所属各县官库中的赃罚银，如果不敷使用，可随宜筹措，但不能动支军饷，也不准苛扰人民。城工起于正德十二年十二月初九，次年五月，外城墙、县堂、相关衙署、幕僚厅、仪门、六房、明伦堂已筑完，仓库、城隍庙、社稷坛等阻于风雨，期在十一月完工；汀漳枋头板土城、巡司公馆、前厅、仪门、鼓楼、后堂已建筑完成，土城公馆、巡司厢房没有覆瓦，暂时用茅草覆盖，等秋成之后再施工。知县、典史、教官等官尚未到任，各衙门官印已经疏请中央铸造。③ 又据《明武宗实录》记载，正德十四年（1519）三月"添设福建平和县，并改小溪巡检司为汀漳巡检司"④，六月"增设福建漳州府平和县主治于南靖县之河头大洋陂，析南靖县清宁里七图、新安里五图隶之，设知县、典史、儒学教谕、训导、阴阳学训术、医学训科、僧会道会各一员，裁南靖县县丞主簿训导一员"⑤。由此，平和县最终定设是在正德十四年三月，六月派官，首任知县是江西永丰举人罗干，典史是湖广道州吏员唐胜，教谕是江西南昌监生吴沛。⑥

需要说明的是，王阳明首次疏请设县时拟定的县名是"清平县"，疏名《添设清平县治疏》可证，次年所上奏疏已是《再议平和县治疏》，关于县名的记载是"照得县

---

①　《明武宗实录》卷一七二，正德十四年三月丁酉条，第3315页。

②　《全集》卷九《别录一·奏疏一·添设清平县治疏》，第353—355页。

③　《全集》卷一一《别录三·奏疏三·再议平和县治疏》，第423—426页。

④　《明武宗实录》卷一七二，正德十四年三月己酉条，第3330页。

⑤　《明武宗实录》卷一七五，正德十四年六月辛巳条，第3399页。

⑥　万历《漳州府志》卷二八《平和县·职员》，台北学生书局1965年版，第582页。

名须因土俗,本职奉委亲历诸巢,询知南靖县河头等乡,俱属平和社,以此议名平和县"。不少地方志如前揭万历《漳州府志》、康熙《平和县志》等所收《添设清平县治疏》,即是《王阳明全集》中的《添设清平县治疏》。两部方志的沿革志及《明史·地理志》《读史方舆纪要》等缺漏了初拟县名为"清平县"的情况。①

广东惠州府和平县治和平峒。王阳明上疏请求设县的时间是在正德十三年(1518)五月;②《明武宗实录》记载说正德十三年八月"增设广东惠州府和平县,割龙川河源之地以隶之"③,这是朝廷批准设县的时间;《明世宗实录》由谓嘉靖元年(1522)八月,"建立广东惠州府和平县,仍添设捕盗主捕一员。先是,都御史王守仁奏惠州府龙川、河源等县和平都、浰头等处皆深山穷谷,屡为盗据,今幸剿平,宜建立县治,以绝祸萌,报可。至是,户部以县名请并乞选官铸印,遂有是命"④,这是最终选官铸印的时间。嘉靖《惠州府志》载首任知县是刘琰,嘉靖二年(1523)任,"和平置官自琰始"⑤。筑城时间是在正德十四年,城周二里有奇。⑥

据《添设和平县治疏》并结合相关地方志,惠州府和平峒处长乐、兴宁、安远、龙南四县交界地区,东去兴宁、长乐、安远,西抵河源,南接龙川,北界龙南,各有几天的路程。该地原本是循州辖下龙川、雷乡二县辖区,后因地方扰乱,人民稀少,便省去循州及雷乡县,只保留龙川县。至洪武初年,龙川县尚有五十五里,但地处偏远,声教不及。洪武十九年(1386)等年,贼首谢仕真等相机作乱,将五十五里民人全部杀害,县域内人烟断绝,成为贼寇啸聚之地。民人日少,朝廷只得将龙川县都图并为七里。叛乱平定后,需要在此新设县治,控御贼寇,并要建立学校,以求移风易

①　万历《漳州府志》卷二八《平和县·文翰志·添设平和县志疏》,第595、596页;康熙《平和县志》卷一一《疏表·添设平和县志疏》,光绪十五年刻本,叶1a—5a。《明史》卷四五《地理志六》,第1131页;[清]顾祖禹撰,贺次君、施和金点校:《读史方舆纪要》卷九九《福建五》,中华书局2005年版,第4561页。

②　《全集》卷一一《别录三·奏疏三·添设和平县治疏》,第407—412页。

③　《明武宗实录》卷一六五,正德十三年八月戊寅条,第3195页。

④　《明世宗实录》卷一七,嘉靖元年八月癸未条,第522页。

⑤　嘉靖《惠州府志》卷三《秩官表》,嘉靖三十五年刻本,叶33b—34a。

⑥　《读史方舆纪要》卷一〇三《广东四》,第4711页。

俗。①

巡检司作为最基层的国家行政机构,驻扎乡间,接触民众,具有维护乡村社会秩序和稳定的职能。五代是巡检制度初步形成时期,宋代巡检制度趋于成熟。② 明朝立国后在全国各地水陆险要之处添设巡检司,由巡检专官统率弓兵驻守,责以察奸缉盗、防御地方之职。明朝政府很重视巡检司,以之视作帝国统治的末梢,"广布于海防、江防、湖防及山禁等要地",使之成为不可或缺的地方基层治安组织。③ 在新设三县的同时,王阳明也疏请添设或移置巡检司。

驿站和驿路是古代重要的交通命脉,王阳明善后措施中还有正式关于驿站建设的。如大庾县小溪驿孤悬城外数十里,居民很少,盗贼不时到此地劫掠,而峰山居民筑城防贼,可以将小溪驿移到峰山城中,将宰屋、龙峰两个隘口的防守人员调拨给峰山城,如此一来,既可以保一方平安,来往过客也有了安全保障。经王阳明呈请,朝廷于正德十三年七月批准将小溪驿移至峰山城中。④ 再如和平县,王阳明认为新县地处偏僻,可以不添设驿站,来往过客由龙川县雷乡驿应付,但仍建议"相距龙川县二百里之程,该量设铺舍十处"⑤。

王阳明在南赣巡抚任上立学校以兴教化主要是提倡自己的教育理念,兴复社学、推动复建或新建书院,这是潜移默化的举措,推行教化,可加强民众对国家的向心力,安定一方。社学是明代学校体系的重要组成部分。明代学校体系,中央有国子监(太学),地方有儒学、社学,还有专门为宗室子弟设立的宗学以及专门学校武学、医学、阴阳学。社学之制始于洪武八年(1375),规定"延师以教民间子弟,兼读《御制大诰》及本朝律令",正统时,又允许社学学生补儒学生员。弘治十七年(1504),又令各府州县建立社学,选择优秀的老师,民间十五岁以下生童入社学读

---

① 《全集》卷一一《别录三·奏疏三·添设和平县治疏》,第 408 页。

② 胡恒:《清代巡检司地理研究》,硕士学位论文,中国人民大学,2008 年,第 2 页。

③ 黄文保:《明代赣州府巡检司的设置》,《历史档案》2015 年第 4 期。

④ 天启《重修虔台志》卷四《事纪一》,第 76 页;《明武宗实录》卷一六四,正德十三年七月丙辰条,第 3184 页。

⑤ 《全集》卷一一《别录三·奏疏三·添设和平县治疏》,第 410 页。

书,讲读冠、婚、丧、祭等礼。①

王阳明于正德十三年(1518)四月班师②,随即颁下《兴举社学牌》,开展兴举社学事务,其谓:"看得赣州社学乡馆,教读贤否,尚多淆杂;是以诗礼之教,久已施行;而淳厚之俗,未见兴起。为此牌仰岭北道督同府县官吏,即将各馆教读,通行访择;务学术明正,行止端方者,乃与兹选;官府仍籍记姓名,量行支给薪米,以资勤苦;优其礼待,以示崇劝。以各童生之家,亦各通行戒饬,务在隆师重道,教训子弟,毋得因仍旧染,习为偷薄,自取愆咎。"③除此,王阳明还亲自写下《训蒙大意示教读刘伯颂等》《教约》两份文告。

王阳明在这两份文告提出了自己的教育理念和教育方法。他是针对当时教育现状有感而发的,学习的内容绝不能限于诗歌,最重要的学习内容是孝悌忠信礼义廉耻,歌诗、习礼、读书并举。教育刚刚开蒙的学童循序渐进,因材施教,"凡授书不在徒多,但贵精熟。量其资禀,能二百字者,止可授以一百字。常使精神力量有余,则无厌苦之患,而有自得之美"便是这一教育思想的体现。冰冻三尺非一日之寒,一口也吃不成胖子,对于聪颖者也不能填鸭式教学。还要寓教于乐,"凡习礼歌诗之数,皆所以常存童子之心,使其乐习不倦,而无暇及于邪僻"便是,不能总是教给生童深奥的儒家义理,因为生童的天性更多是想玩乐,"大抵童子之情,乐嬉游而惮拘检,如草木之始萌芽,舒畅之则条达,摧挠之则衰痿。今教童子,必使其趋向鼓舞,中心喜悦,则其进自不能已",所以要以诵唱诗歌,让生童体验到学习的乐趣,让他们从内心里想去学习。④

王阳明还推动复建濂溪书院。濂溪书院是赣州历史最为悠久的书院之一。宋代周敦颐出任虔州(即赣州)通判,教授程颐、程颢,后人于贡水东玉虚观左建祠以纪念先儒,距府城三里,元末毁于兵燹。洪武四年(1371),知县崔天锡重建,其后又

---

① 《明史》卷六九《选举志一》,第1960页。

② 《全集》卷三三《年谱一》,第1381页。

③ 《全集》卷一七《别录九·公移二·兴举社学牌》,第670页。

④ 《全集》卷二《语录二·训蒙大意示教读刘伯颂等》《语录二·教约》,第99—101页。

有知县陈益民继修。弘治十三年(1500),知府何珫改建于郁孤台下,建光风霁月亭,凿池种莲。据罗璟所作记文可知,改建后有一百五十余间房屋,规模不可谓不大。据同治《赣州府志》,正德时知府邢珣改建于布政分司旧址,王阳明匾曰"濂溪祠堂"。①据《年谱》记载,正德十三年(1518)九月,"四方学者辐辏,始寓射圃,至不能容,乃修濂溪书院居之"②。两处史料所载实为一事,崇义人刘镤与堂弟刘铿便"同赴赣,集讲堂,听受旬余,自是学业益进"③。顺治十二年(1655),朝廷批准在濂溪书院中崇祀王阳明。④明朝正德、嘉靖年间,王阳明的威望在推动两所阳明书院的建设。信丰县阳明书院在县儒学右,"有司为提督王都御史守仁建",建设者是冼充,他在正德十二年(1517)任信丰知县,继任知县李书正德十五年(1520)任,故该阳明书院建于正德十二年至正德十五年间。赣州城中的阳明书院在赣州府城濂溪书院后,是王阳明讲学之所。⑤

兴国县安湖书院与王阳明的关系也很紧密。宋度宗咸淳八年(1272),时任知县何时于衣锦乡主建安湖书院;正德十四年(1519),知县黄泗改建于城内大乘寺隙地,其后"复以阳明王公弥寇之功多在诸邑,而其学固周、程之遗也,则别祀于尊经阁下",但"物典不备,久且就弛";嘉靖二十五年(1546),赣州府推官林万潮暂管兴国知县事务,采纳教官徐昇及诸生的建议,向当时的南赣巡抚傅凤翔、参议方任、督学蔡克廉等人请求崇其祀典,获得批准,遂修复屋宇,专列祭祀经费并载入赋役册,"春秋之吉,诸生告期,令率属牵牲于门,奠于堂,由北阶经修省堂入奠尊经阁下,接而行事,其礼如堂"。⑥

① 同治《赣州府志》卷二六《书院》,第 500 页。

② 《全集》卷三三《年谱一》,第 1385 页。

③ 钱明:《王阳明与江西赣县》,《教育文化论坛》2019 年第 6 期。

④ 乾隆《赣州府志》卷一六《学校志》,乾隆四十七年刻本,叶 44b。

⑤ 嘉靖《赣州府志》卷六《学校》、卷七《秩官》;嘉靖《江西通志》卷三四《赣州府·学校》,《存目》史部第 183 册,第 639 页。

⑥ 嘉靖《赣州府志》卷六《学校》;乾隆《兴国县志》卷二一《志言·明文·安湖书院记(罗洪先)》,乾隆十五年刻本,叶 49b—50a。

正德十三年（1518）四月，王阳明平定江西、湖广、福建、广东交界地区的流民动乱一役已接近尾声。但千里之外的福州城中，福建左卫军士叶元保、进贵等人因月粮减价，纠合军士两千余人哗变；南昌城中，宁王朱宸濠的叛乱也在紧锣密鼓地密谋之中。

十月，兵科给事中周文熙疏请王阳明前往福建平定兵变；十四年（1519）二月，巡按福建御史程昌再次疏请。

王阳明于六月初五接朝廷敕命，六月初九日自赣州启程赴福建。六月十五日行至南昌府丰城县黄土脑，知县顾佖前来迎接，告知宁王朱宸濠已经叛乱。王阳明于六月十九日向朝廷上疏告变，怕奏疏受阻于途送不到朝廷，于二十一日再次具疏，派舍人任光到朝廷告变。事急从权，王阳明只得回返吉安，在没有得到朝廷授权的情况下，与吉安知府伍文定、临江知府戴德孺、赣州卫都指挥使余恩等人领兵平定叛乱，成就了第二大事功。

宁王朱宸濠叛乱是蓄谋已久的事情，但平叛重任落到王阳明肩上则有偶然性。

別錄四　奏疏

飛報寧王謀反疏

十四年六月十九日

正德十四年六月初五日節該欽奉勅福州三
衛軍人進貴等齎檄謀反特命爾馳去彼處地方
會同查議處置泰奏定奪欽此欽遵臣於本月初
九日自贛州啓行至本月十五日行至豐城縣地
名黃土腦據該縣知縣等官顧佖等禀稱本月十
四日寧府稱亂將孫都御史許副使弃都司等官

明代的分封制与宁藩

洪武三年(1370)四月,朱元璋分封诸子为王,确立了有明一代的分封制。当时受封诸王有二子秦王朱樉、三子晋王朱棡、四子燕王朱棣、五子吴王朱橚(洪武十一年改封周王)、六子楚王朱桢、七子齐王朱榑、八子潭王朱梓、九子赵王朱杞、十子鲁王朱檀、侄孙靖江王朱守谦(朱文正之子)。① 朱元璋推行分封制曾遭到反对,现今能检得的发声者是平遥训导叶居升。洪武九年(1376),叶居升借灾变应诏陈言分封之弊,朱元璋下诏逮他入狱,后死于狱中。此后很少有人敢对分封制提出异议②,叶居升反对分封应是较普遍性的意见,但制度还是确立下来。亲王有王府护卫,军士少者三千人,多者达一万九千人。虽然这些军士归兵部管理③,而且,朱元璋又在《皇明祖训》中明确宣示"如朝无正臣,内有奸恶,则亲王训兵待命,天子密诏诸王,统领镇兵讨平之"④,但仍给了亲王统兵入朝的理由。

《诗经》有言,"大邦维屏"⑤,说的是诸侯国是国家的屏障;再如谷应泰在《宸濠之叛》卷后评论说:"然古天子居重驭轻,先奠根本,分建宗子,次固维城。无事则修职称贡,率土归王;有事则环甲荷戈,用纾国难。是以家裕苞桑,国巩磐石,计深远也。"⑥这些或许是朱元璋行分封的本意。分封在朱元璋一朝也确实起到一定的积极作用,毕竟当时全国各地还有很多的前元势力,但久而久之,明代宗藩尾大不掉,成为困扰明王朝的重要问题。宗禄是一笔浩繁的开支,如嘉靖八年(1529),詹事霍

---

① 《明太祖实录》卷五一,洪武三年四月乙丑条,第 991—999 页。
② 康熙《平遥县志》卷七《艺文志·奉诏陈言疏(叶居升)》,康熙四十五年刻本,叶 1a—7a。
③ 《明史》卷一一六《诸王传一》,第 3557 页。
④ [明]朱元璋:《皇明祖训·法律》,《存目》史部第 264 册,第 179 页。
⑤ 《毛诗正义》卷一七《大雅·生民之什·板》,北京大学出版社 1999 年版,第 1151 页。
⑥ 《明史纪事本末》卷四四《宸濠之叛》,第 663 页。

韬等言,洪武初年山西只有一位晋王(朱㭎),岁支禄米一万石,其后生息繁衍,至嘉靖时已有郡王、将军、中尉 2851 位,岁支禄米 87 万石,并感慨说"举山西而推之天下可也"。① 有觊觎之心的王爷也借机造反,他们是燕王朱棣、汉王朱高煦、宁王朱宸濠、安化王朱寘鐇,朱棣成功夺得皇位,其他几位造反的王爷则旋反旋灭。

朱宸濠的高祖父、第一代宁王朱权是朱元璋第十七子,洪武二十四年(1391)封为宁王,洪武二十六年(1393)之国大宁。大宁在长城喜峰口之外,古会州地,东连辽东,西接宣府,是战略要地。朱权手下还有八万军士,所属朵颜、泰宁、福余三卫骑兵更是骁勇善战。② 朱权还是塞王之一,按何乔远《名山藏》的说法,九位塞王自东往西分别是辽王朱植(朱元璋第十五子,国广宁)、宁王朱权、燕王朱棣(朱元璋第四子,国北平)、谷王朱橞(朱元璋第十九子,国宣府)、代王朱桂(朱元璋第十三子,国大同)、晋王朱㭎(朱元璋第三子,国太原)、秦王朱樉(朱元璋第二子、国西安)、庆王朱㮵(朱元璋第十六子,国宁夏)、肃王朱楧(朱元璋第十四子,国甘州),"此九王者,皆塞王也,莫不傅险狭,控要害,佐以元侯宿将,权崇制命,势匹抚军,肃清沙漠,垒帐相望"。③

不幸的是,朱元璋的长子太子朱标薨于洪武二十五年(1392)四月④,九月,立朱标次子朱允炆为皇太孙。洪武三十一年(1398)闰五月初十,朱元璋驾崩⑤,朱允炆即位,开始削夺诸藩,其叔父周王朱橚、岷王朱楩、代王朱桂、齐王朱榑被废为庶人,湘王朱柏被责,自焚而死。⑥ 建文元年(1399)七月,燕王朱棣果真"遵照"朱元璋的《皇明祖训》起兵,说朝中有奸臣,他要起兵清君侧,由此开启长达四年的"靖难之役"。建文四年(1402)六月,朱棣大军入南京,朱允炆不知下落,朱棣即位,是为太

---

① 《明世宗实录》卷一○二,嘉靖八年六月癸酉条,第 2405—2406 页。

② 《明史》卷一一七《诸王传二》,第 3591 页。

③ [明]何乔远撰,张德信、商传、王熹点校:《名山藏》卷三六《分藩记一》,福建人民出版社 2010 年版,第 926 页。

④ 《明史》卷一一五《兴宗孝康皇帝传》,第 3550 页。

⑤ 《明太祖实录》卷二五七,洪武三十一年闰五月乙酉条,第 3717 页。

⑥ 《明史纪事本末》卷一五《削夺诸藩》,第 227 页。

宗,嘉靖初年大礼议时改为成祖。①

　　燕王朱棣起兵后,这位善谋的王爷朱权也加入进来,朱棣也许诺事成之后二人中分天下。朱棣即位后,朱权知道四哥没有中分天下之意,只希望改封国于南方。几番商讨后,永乐元年(1403)二月,朱权被改封南昌。朱权深知四哥朱棣防范之心极强,本事又在自己之上,到南昌后韬光养晦,读书弹琴,终成祖一朝也没发生什么事情。朱棣之子朱高炽即位后,朱权上疏说南昌不是其封国,实际是萌生了改封国之念,朱高炽一句"南昌,叔父受之皇考已二十余年,非封国而何"给驳回了。朱高炽之子朱瞻基即位后,朱权乞土田,又上疏说宗室不应该定品级,惹怒了宣宗,朱权上疏谢罪,宣宗也就原谅了这位叔祖父。宣宗时,生于洪武十一年(1378)的朱权已经年近五十了,官员经常攻击他倚老卖老,权势日重。但朱权每日里与文人雅士来往,著有《通鉴博论》《宁国宜范》《汉唐秘史》《史断》等书,正统十三年(1448)九月十五日以疾薨。子朱盘烒早卒,由朱盘烒之子朱奠培袭爵。②

　　天顺二年(1458),第二代宁王朱奠培因行不法之事被削夺护卫。整个事情的经过是这样的:朱权为弋阳王朱奠壏择张氏女为妃,未及娶而朱权薨,朱奠培袭宁王后为朱奠壏改纳刘氏为妃,但张氏仍在朱奠壏府中。朱奠壏便贿赂教授游坚,让他替自己贿赂宁王朱奠培,收受贿赂的朱奠培遂允许以张氏为朱奠壏妃。可能是为了帮助朱奠壏贿赂朱奠培,游坚从护卫军王忠那里借了一百两银子,并私藏了一半。后来,王忠向朱奠壏索要银两,朱奠壏还了五十两,再向游坚索要另外五十两,游坚却说朱奠壏如愿纳张氏为妃,这五十两银子便是给自己的酬劳,坚持不还给王忠,王忠急了,却又被朱奠壏骂了一通。游坚遂向朱奠培进谗言,说朱奠壏不爱张氏,这是在羞辱正妃,坏了家法。朱奠培便招朱奠壏来王府,秘密派人勒死张氏。由此,朱奠壏恨上了游坚,想要上奏,游坚则派了宁府的四个校尉看守住朱奠壏王

　　①　《明史纪事本末》卷一六《燕王起兵》,第235、273页。

　　②　《明史》卷一一七《诸王传二》,第3591—3593页;《宁献王朱权圹志》,陈柏泉编著:《江西出土墓志选编》,江西教育出版社1991年版,第447页。朱盘烒未袭薨,正统十三年时谥庄惠世子,景泰九年追封为宁惠王(郑晓《吾学编》同姓诸王传卷二《宁庶人》,《北京图书馆古籍珍本丛刊》第12册,第126页)。

府的大门,不让朱奠壏出门。朱奠壏无法,微服潜出,到江西巡抚韩雍那里历数朱奠培数十件不法之事。

韩雍将此事奏闻朝廷,朝廷派金都御史余俨、内官方伯乐前往江西,会同韩雍及巡按御史、三司(承宣布政使司、提刑按察使司、都指挥使司)官查核。查核结果是宁王朱奠培惟游坚之言是听,克扣护卫旗军月粮,强取旗军妻女,军民稍有不悦便遭杀身之祸。又擅自派遣王忠等人出去经商获利,凌辱官府,甚至殴打朝廷命官,这都是有违祖训的。朱奠壏诬陷朱奠培造反,也是伤了亲亲之义。于是,景泰皇帝降旨斥责朱奠培等人不守祖训、听用奸邪、草菅人命等违法乱纪图谋不轨之事,但念在朱奠培等人袭封未久,暂且宽宥,希望他们能痛改前非,好好做朝廷的屏障。①

因此事被牵扯的军民人等有六七百人,逮至京师后,旋逢夺门之变,英宗复辟。天顺元年(1457),复位的英宗大赦天下,除游坚诱王为恶,罪行深重,谪充甘肃军外,其他人一律释放。但宁王朱奠培因此生怨,对三司官员很不礼貌,左布政使崔恭便因此愤愤不平。朱奠培曾奏请增造所焚宫殿,还希望得到南昌城内的东西二湖,还想于附近府县增派岁禄,这些要求都被崔恭驳了回去。护卫军有违法的,崔恭也严格处置。这惹怒了朱奠培,遂诬陷崔恭私造号衣。号衣是明代中后期兵勇穿在外面的黄布背心,不能私造,但经御史张纲查核并无此事。朱奠培紧接着又诬陷崔恭对张纲阿谀奉承,以此迷惑张纲。崔恭遂与按察使原杰、巡按御史周一清一起上奏,举劾朱奠培淫乱于宁献王朱权、惠王朱盘烒留下来的宫女,护卫官军生女也不让嫁,而是据为己有。又与内官熊璧有矛盾,熊璧被逼自尽。而其护卫也非常骄横,不削之,恐生变故。英宗遣内官怀忠和锦衣卫前去查核,崔恭所奏属实,朱奠培所奏则是诬陷,都察院也请求治误导朱奠培之人的罪。于是,英宗下旨改宁王护卫为南昌左卫,隶属于江西都司。② 朱奠壏也于天顺五年(1461)被赐自尽。③

---

① 《明英宗实录》卷二七二,景泰七年十一月庚辰条,第5755、5756页。

② 《明英宗实录》卷二九三,天顺二年七月辛卯条,第6252、6253页。

③ 《明英宗实录》卷三二八,天顺五年五月戊辰条,第6760页。

第三代宁王是朱奠培之子朱觐钧,第四代宁王是朱觐钧庶长子朱宸濠①,他是武宗的远枝叔祖或伯祖。朱宸濠出生时间不晚于成化二十一年(1485)六月②,母亲冯针儿是风月女子。朱宸濠将要出生时,他的爷爷朱奠培梦到蛇吞噬了屋子,第二天又有鸲鹰叫,因此非常讨厌这个孙子,想要溺死他。朱宸濠的母亲只得将他托付给其他女子,久而久之便有传言,朱宸濠是其他人生的。朱宸濠长大后非常轻佻,没有半点皇室威仪,阴险多谋,尖酸暴虐,却时时刻刻将自己装扮为一个爱好读书的人。③ 弘治七年(1494),镇国将军朱宸濠被封为上高王④,弘治十一年(1498),被册封为宁王。⑤

按《明孝宗实录》的记载,袭为亲王爵的朱宸濠在弘治朝还是安分守己的,要求册封他的母亲为妃⑥之事尚属合理,还曾与镇巡官先后揭发宁府郡王、将军不法之事。我们或可推测朱宸濠已暗含不臣之心,如因其祖奠培旧茔水土浅薄,要求迁葬⑦,朱宸濠身边有不少风水术士,祖茔又关乎风水。但史料是史学研究的根基,我们不能做过多的揣测,也就是说依据现有史料来看,终孝宗一朝,朱宸濠并无不臣之显迹。

至武宗一朝,朱宸濠的不臣之心已是证据确凿,在在皆是了。《后鉴录》谓"正德二年以来,宸濠恣意妄为,意生不轨"⑧,《明史纪事本末》从正德二年(1507)开始列举朱宸濠的种种不轨之迹。正德二年四月,朱宸濠遣内官梁安以两万两金银贿赂刘瑾,刘瑾矫诏将南昌左卫改为宁府护卫,恢复宁府的护卫和屯田。正德五年(1510)八月,刘瑾伏诛,经兵部奏请,又将护卫改回为南昌左卫。正德六年(1511)

---

① 《明史》卷一一七《诸王传二》,第 3593 页。

② 《明宪宗实录》卷二六七,成化二十一年六月丙午条,第 4552 页。

③ 《名山藏》卷三七《分藩记二》,第 997 页。

④ 《明孝宗实录》卷九三,弘治七年十月戊辰条,第 1709 页。

⑤ 《明孝宗实录》卷一四五,弘治十一年十二月甲寅条,第 2550 页。

⑥ 《明孝宗实录》卷一六三,弘治十三年六月庚戌条,第 2966 页。

⑦ 《明孝宗实录》卷一七六,弘治十四年七月甲子条,第 3225 页。

⑧ 《国朝典故》卷一〇九《谢蕡·后鉴录》下,第 2225 页。

十月,朱宸濠葬其母于西山青岚,《明史纪事本末》谓"乃先朝禁革旧穴也",《后鉴录》说得更明白,此地是"先朝禁革龙口旧穴",朱宸濠明显是在违制侵占风水宝地。既有反叛之心,身边又有一帮宵小之人、风水术士吹捧,愈发不可收拾。术士李自然说他应该当天子,李日芳说南昌城东南边有天子之气,于是,正德八年(1513)四月,朱宸濠在城东南建阳春书院,僭号"离宫"。①

正德九年(1514)三月,朝廷再度恢复宁王的护卫和屯田,朱宸濠更加有恃无恐,当年便自称国主,妄传护卫军士为侍卫,还改令旨为圣旨。其后反迹更是不胜枚举,如:

一、招募军队,私造军械。朱宸濠想要造反,单靠护卫军士是远远不够的,明代王府护卫亦属于卫所建置,一个卫的标准人数仅有五千六百人。他必须扩充军队,盗贼、渔民樵夫、散兵游勇,各色人等来者不拒。正德九年(1514)八月,朱宸濠密令承奉刘吉等招募巨盗杨清、李甫、王儒等百余人到府中,号"把式";十月,招募鄱阳湖贼首杨子乔统领贼徒杨清等人肆行劫掠;正德十二年(1517)三月,令王春、余钦等招募巨盗凌十一、闵廿四等五百余人,并继续召集亡命之徒,同杨清等人藏在丁家山寺,劫掠过往官军民商财物,并且派人厚结广西土司狼兵以及南安、赣州、汀州、漳州等府洞蛮,以之为援。同时,派人到广东收购皮张,制作皮甲,又私制刀枪盔甲及佛郎机铳。②

二、凌辱、打击甚至杀掉不服从自己的官员。如正德十年(1515)六月,锤杀都指挥戴宣。江西按察司副使胡世宁曾于正德十年十月奏朱宸濠不法之事,当时,朱宸濠反迹已明,但无人敢言。胡世宁发愤上疏,这让朱宸濠很怕,也上疏辩解,将过错推给身边之人,侥幸躲过一劫。但他对胡世宁却是怀恨在心,必欲除之而后快。胡世宁已升福建按察使,临行之前,朱宸濠派人毒杀他,胡世宁吐了血,但福大命大活了下来。胡世宁上任途中赴浙江老家探亲,朱宸濠遣其党徒巡按浙江监察御史

---

① 《明史纪事本末》卷四七《宸濠之叛》,第689页。
② 《明史纪事本末》卷四七《宸濠之叛》,第690、693页。

潘鹏派兵捉拿,幸得浙江按察使李承勋暗中将胡世宁藏了起来,变易姓名,走小路来到京师,下锦衣卫狱。但在狱中,胡世宁仍三次上疏言朱宸濠反叛之事。两京言官陈启充、徐文华等人多次上疏希望救出胡世宁,经过一年多的审讯,以诬陷亲王罪将胡世宁谪戍辽东沈阳卫。又如左布政使张嵿,他是坚决抵制朱宸濠谋私、谋逆之心的。朱宸濠想要占地拓盖宫殿,张嵿坚持认为不可,朱宸濠便送了他枣、梨、姜、芥四物,暗含"早离疆界"。正德十二年(1517)三月,"升江西布政使张嵿为南京光禄寺卿"。但这哪里是升职,左布政使是从二品封疆大吏,南京光禄寺卿是从三品闲差。次年二月,升右副都御史,巡抚保定等府兼提督紫荆等关①,反正是把不服从自己的朝廷官员给支开了。

　　总之,朱宸濠的不臣之心日显,嚣张气焰日炽。正德十三年(1518)八月,他派手下群盗凌十一、吴十三等四出劫掠,有不顺从的就屠其家。吴十三甚至劫掠建昌县库官银七千余两,南昌知府郑瓛将窝藏银两之人何顺捉拿归案。郑瓛之举激怒了朱宸濠。朱宸濠勾结不法官员,将郑瓛下按察司监禁,致其差点死于狱中。直到朱宸濠举起反旗,他才趁乱逃走,召集义士抗击朱宸濠,夺取叛贼马匹后来到王阳明那里,多献贼情及平贼之计。十月,江西巡抚孙燧将吴十三等捉拿归案,系于南康府狱,朱宸濠怕事情败露,密谋劫狱。正德十四年(1519)二月,朱宸濠持重金贿赂南京留守太监刘琅。刘琅成为朱宸濠的内应,曾屠杀南京城中士民。南京御史杨必进等奏闻,武宗下旨罢免刘琅,令在南京闲住,在南京兵部尚书乔宇及内外守备的坚持下,命锦衣卫看押,以绝贻患。正德十五年(1520)正月时刘琅被处死。②

　　事实上,江西地方官员早有防备。正德十年(1515)十月,擢河南右布政使为右副都御史,巡抚江西。此时,朱宸濠反迹已显,因此,孙燧赴任前感慨道"是当死生

---

① 《明史纪事本末》卷四七《宸濠之叛》,第 691、692 页;《明史》卷二〇〇《张嵿传》,第 5279 页;《明武宗实录》卷一四七,正德十二年三月壬寅条,第 2880 页;《明武宗实录》卷一五九,正德十三年二月癸酉条,第 3064 页。

② 《明史纪事本末》卷四七《宸濠之叛》,第 694 页;同治《南昌府志》卷二六《职官志·名宦·府名宦》,同治十二年刻本,叶 27a;周忠:《明代南京守备研究》,博士学位论文,南京师范大学,2013 年,第 46—55 页;《明武宗实录》卷一八二,正德十五年正月丙申条、戊午条,第 3523、3524、3529、3530 页。

以之矣",于是把妻儿送回余姚老家,带着两个仆人赴任去了。孙燧到任后,借御盗之名,修进贤、南康、瑞州城,又请朝廷派湖东分巡道兼理兵备,与饶州成犄角之势。九江是冲要之地,请求朝廷派重兵把守,兼摄江西南康县、宁州、武宁县、瑞昌县及湖广兴国州、通城县,以便整合各地军事力量防备朱宸濠。广信府的横峰、香山诸寨地险人悍,则设置通判一员驻扎弋阳县。为防止朱宸濠抢夺军械,孙燧又借讨贼为名,将军械移到其他地方。正德十三年(1518),江西发大水,凌十一、吴十三、闵廿四等人出没鄱阳湖为寇,孙燧与按察使许逵从江外截击,凌十一等人藏到朱宸濠墓地的树林中,侥幸逃脱。朱宸濠也因此事而害怕,给兵部尚书陆完写信,希望赶紧将孙燧调离江西,用梁辰、汤沐作巡抚最好,王阳明也行,但一定不要用吴廷举。

鄱阳湖截击事件后,《明史·孙燧传》的记载是截击未遂,孙燧先后七次密奏朝廷言朱宸濠必反,但都被朱宸濠截住,没能递到朝廷那里。朱宸濠很是愤怒,想在宴会上毒杀孙燧,未遂;孙燧乞致仕,朝廷不允,朱宸濠由此更加害怕。

据《明史纪事本末》的记载,正德十四年五月,朝廷遣太监赖义、驸马都尉崔元、都御史颜颐寿到南昌申饬朱宸濠。驸马都尉掌管宗人府,处理、调查犯罪的藩王是宗人府事务中的一项。驸马都尉崔元的出现,可见朝廷对朱宸濠叛乱之事的重视程度,相信朱宸濠也晓得其中利害。引发朝廷派驸马都尉崔元等人申饬朱宸濠的事件,是孙燧、巡按江西监察御史林潮等人陈奏,朱宸濠居母丧期间,胁迫南昌府学师生等到孙燧那里请求表彰。孙燧认为替朱宸濠上疏表孝或能延缓其反叛进程,遂与镇守太监毕真等人上奏。《明武宗实录》谓上奏后朝廷一片哗然,礼科给事中邢寰驳斥说《大明会典》中没有保举亲王贤孝这一规定,江西地方官员所为大错特错,礼部尚书毛澄也极力反对,请求治毕真等人的罪。武宗也知道不少朱宸濠的罪行,掷下严旨,"宗藩行事,朝廷自知,真、燧、潮何为辄奏褒奖",赶紧把此事查核明白,几天之后,便派出崔元等人前去申饬朱宸濠。

崔元等人紧赶慢赶,但还是后于朱宸濠的侦卒林华。林华逃出京城后,日夜兼程赶到南昌报变,这一天是正德十四年六月十三日,也是朱宸濠的生日。朱宸濠听了之后很是惊讶,宴席结束后赶紧召刘养正、刘吉等人谋划对策。刘养正说"事急矣！明早镇巡三司官入谢宴，可就擒之，杀其不附己者，因而举事"，并连夜组织凌十一、吴十三、闵廿四等持兵器待命。快天亮的时候，已是六月十四日，朱宸濠召致仕侍郎李士实来到王府，告诉他自己要谋反，李士实只有唯唯诺诺。没多久，入谢的官员们来了。群臣谢毕，数百位带甲兵士围了上来，朱宸濠登上高台，大声说道："太后有密旨，让我起兵入朝监国，你们知道这事吗？"孙燧反问道："密旨在哪里？"朱宸濠说："不用说这么多，我要去南京了，你们护驾前去吗？"孙燧怒目呵斥道："天无二日，我作为臣子又怎能有二君？太祖法制在，谁敢违背！"朱宸濠大怒，让手下绑了孙燧。其他大臣往四周看了看，大惊失色。按察副使许逵大声疾呼："孙都御史是朝廷大臣，你是反贼，你敢擅自杀他吗？"又看了看孙燧说："我想先发制人，你不听，现在受制于人了，还能说什么！"盛怒之下的朱宸濠让手下把许逵绑起来，问他还有什么话说，许逵说："我只有一颗赤心，绝不会跟着你反叛。"在绑的过程中，许逵还大骂不止。最终，孙燧被打断一只胳膊，许逵也被绑了起来，二人被杀害于惠民门外。许逵临终还大骂说："今日贼杀我，明日朝廷必杀贼。"本来是烈日炎炎，许逵身殁之时，天却突然阴暗下来，城里的人听说许逵被杀，无不流涕。御史刘金、主事马思聪和金山、左布政使胡濂、参政陈杲和刘斐、参议许效廉和黄宏、佥事顾凤、都指挥许清和白昂、太监王宏等人被下狱，马思聪和黄宏绝食而死。

六月十四日，宁王朱宸濠终于举起反旗，与李士实谋令参政季斆、佥事潘鹏和师夔拿着檄文招降诸郡县。左布政使梁宸、按察使杨璋、按察副使唐锦等被胁迫，移文朝廷各部院，向远近各地下檄文，革除正德年号，"指斥乘舆"，即指责皇帝。同时，朱宸濠任命李士实、刘养正为左右丞相，参政王纶为兵部尚书总督军务大元帅，并派党羽娄伯、王春等四处收集兵马。十六日，闵廿四、吴十三等人夺船攻打南康府，知府陈霖等逃走，城陷；攻至九江府，兵备副使曹雷、知府汪颖等弃城逃走，城陷。朱宸濠命师夔留守，娄伯继续攻至进贤，被知县刘源清斩杀。

王阳明平定朱宸濠叛乱

正德十四年(1519)六月初五日,王阳明接到朝廷让他前往福建处理福州三卫军人叛乱的敕命;六月初九日,王阳明自赣州启程赴福建;六月十五日行至南昌府丰城县黄土脑,丰城知县顾佖前来迎接,告诉王阳明宁王朱宸濠已经叛乱。王阳明于六月十九日向朝廷上疏告变,怕奏疏受阻于途送不到朝廷①,遂于二十一日再次具疏,派舍人任光到朝廷告变。②

在丰城黄土脑得知朱宸濠叛乱后,王阳明认为丰城地方狭小,难以筹集兵马粮饷,且丰城距南昌不过百里之遥,朝发夕至,不是用兵之地,遂决定返回吉安,再做计划。平定朱宸濠叛乱的主要策略是用假情报打乱对手的部署,钱德洪《征宸濠反间遗事》详细记载了这些事情。王阳明在乘船返回吉安途中,与参谋雷济、萧禹等计议,最怕朱宸濠突袭南北两京,两京猝然无备,形势将极为不利,需设计迟滞朱宸濠半个月,用这半个月时间通告远近各处及两京,做好防备。于是,王阳明伪造两广总督杨旦的火牌,上书:"提督两广军务都御史杨(旦)为机密军务事:准兵部咨及都察院右副都御史颜(颐寿)咨俱为前事:本院带领狼达官军四十八万,齐往江西公干。于五月初三日在广州府起马前进,仰沿途军卫有司等衙门,即便照数预备粮草,伺候官军到日支应。若临期缺乏误事,定行照依军法斩首。"然后特意派人拿着这些火牌,想法混进南昌城,其实是设法故意让调兵火牌落到朱宸濠手中。果不其然,王阳明所派之人被朱宸濠的人抓住,火牌也就落到朱宸濠手中。朱宸濠见到火牌,果然心生疑虑。

---

① 《全集》卷一二《别录四·奏疏四·飞报宁王谋反疏》,第434—436页。
② 《全集》《别录四·奏疏四·再报谋反疏》,第437页。

正德十四年（1519）六月十八日，王阳明脱险抵达吉安府，又让雷济等人写了几份假文书，一来是迷惑朱宸濠，让他相信各地已经知晓他要叛乱之事，二来是鼓励吉安府义士前来效力。之后，又写了一些迎接京军的假文书，说已奉圣旨出动几路大军：许泰、邵永分领边军四万，从凤阳等处陆路扑向南昌；刘晖、桂勇分领京边官军四万，从徐州、淮安等处水路并进分袭南昌；王阳明领兵二万，杨旦等领兵八万，秦金等领兵六万，从各自驻地分道并进，刻期夹攻南昌。

接下来，王阳明又用假文书分化朱宸濠的部众。假文书上说朱宸濠的谋士李士实、刘养正等和王阳明秘密通信，众将领凌十一、闵廿四等也密差心腹到王阳明那里，他们都想着反戈立功，报效朝廷。同时，又说两广官军四十八万，先头部队八万人已经到达赣州，湖广官军共有二十万，先头部队八万人也到达黄州府，自己率领的十万大军则驻扎吉安府，其他知府、知县等官率军不等，零零散散的加起来也有十一二万。这些兵马各驻信地，一旦朱宸濠离开江西，便要合围夹攻。然后，王阳明让雷济选派善长途奔走之人，给足他们盘缠，让他们带上假文书，秘密星夜到南京、淮安府、扬州府等地迎接官军。又让雷济等寻找与朱宸濠多有交往之人，予之厚赏，让他们去告诉宁王这些"实情"。朱宸濠厚赏前来告密之人，然后派人四出捉拿王阳明派出迎接官军的那些差人。这些差人自然会有人落到朱宸濠手中，假文书也随之落到朱宸濠手中。朱宸濠疑心更重了，而那些差人先经拷问，然后被杀。至于李士实、刘养正，朱宸濠并没有杀他们，却不再相信二人的计谋。

这还不够，王阳明又和龙光计议，伪造自己给李士实的回信，大致内容是：您的密信我已经收到，足见老先生精忠报国之心。收到密信后，我才知道您有难言之隐，您是身陷宁王府这个大泥潭，但心里想的却是朝廷呀。现在，刘养正和您是同心共谋，这是可以保证万无一失的。但这种事情需要机密再机密，需要找准时机才能成事，不然不但对朝廷无益，反而会连累您和刘养正，这实在是我不忍心看到的。现在，各路官军已经集备，就等着朱宸濠离开老巢南昌，各路官军便可乘机合围夹攻，但我担心他不会轻易出动。凌十一、闵廿四已给我发来密信，这都是您和刘养正的开导规劝之功。我还担心凌十一、闵廿四等人莽撞，泄露机密，这需要您从中运作。此信机密，您看后随即焚毁，您知道我是谁，在这里也就不署名了。又伪造自己给刘养正的密信，只是换了称呼，内容无二致。事毕，让雷济设法将信递到李士实那里，龙光设法将信递到刘养正那里。最终，差去送信之人被朱宸濠杀害，朱宸濠也看到了这两封书信。这下好了，朱宸濠更加不信任李士实、刘养正了，这二人无故遭疑，惶惶不可终日，哪还有心思为朱宸濠参谋军政事务。源源不断的假文书不仅扰乱了朱宸濠，更让王府和朱宸濠的军队人人自危。

离间朱宸濠与李士实、刘养正的关系后，王阳明又让指挥高睿给刘养正写信，因为高睿是刘养正设法要交结的人。同时，又让雷济、萧禹引诱王府内官万锐等人，让他们再引诱其他内官如陈贤、刘吉、喻木，这仍然是反间计。此外，王阳明又令人写了很多告示和招降旗号、木牌，在朱宸濠驻军之处张贴、竖立，劝他们反正。

朱宸濠本来计划于正德十四年（1519）六月十七日出兵，自己于二十二日从江西出发。他虽是善谋之人，但还是被源源不断的假文书乱了方寸，弃了亲随，失了先机，兵马未敢轻动，六月十七日时只派小股兵马进攻南康、九江，自己留在南昌城中迟迟不动。朱宸濠其实并非等闲之辈，他还是派人四出侦察，得知并无四路官军，自己被王阳明欺骗了。① 正德十四年七月初一日，醒悟过来的朱宸濠令族侄宜春王朱拱樤、内官万锐等留守南昌，自己率军直扑安庆。②

得知朱宸濠离开南昌后，王阳明命令各府各地官军到临江府樟树镇集结，自己率吉安知府伍文定及通判谈储、推官王晔等人于七月十三日从吉安出发。至十五日，在樟树镇集结的文臣武将有临江知府戴德孺、袁州知府徐琏、赣州知府邢珣、瑞州通判胡尧元和童琦、南安推官徐文英、赣州卫指挥使余恩、新淦知县李美、泰和知县李楫、宁都知县王天与、万安知县黄冕等人。十八日，王阳明与部众在樟树镇誓师，随即进军至丰城，并召开军事会议，商讨下一步的进军之策。文臣武将认为既然朱宸濠踌躇了半个多月才离开南昌，南昌城中必定防守森严，一时半会很难攻下

① 《全集》卷三九《世德纪·附录·征宸濠反间事》，第1626—1633页。

② 《明史》卷一一七《诸王传二》，第3595页。按《明史》卷一百二《诸王世表二》，第2729页，宜春王分别是朱磐烑—朱奠坫—朱觐鏄—朱宸浍—朱拱樤，由此，朱拱樤是朱宸濠族侄而非儿子。

来。但其大军围攻安庆时日已多,人疲马乏,心生懈怠,战斗力自然也打了折扣。官军可沿长江东进,与安庆守军内外夹击,如此,朱宸濠必败。王阳明却建议先破南昌,他说:"南康府、九江府已在朱宸濠的控制之下,我军如果救援安庆,朱宸濠大军必定回师力战,南昌的朱宸濠军会从背后断我粮道,南康府、九江府的朱宸濠军队亦出,我军腹背受敌,形势将极为不利。不如先破南昌,城中精锐肯定被朱宸濠带去攻取安庆了,守备力量不会太强。朱宸濠知道南昌城破,一定会回师救援,安庆之围可解,我军以逸待劳,击败朱宸濠的军队也将不在话下。"这一建议得到大家的认可。

于是,王阳明将兵马分成十三哨,每哨多者三千人,少者一千五百人,伍文定等人各领一哨,攻击南昌各城门,留出四哨兵力作为预备队,机动应援。商定十九日发兵,二十日,各哨要到达预定地点。王阳明事先严令,"一鼓附城,再鼓登,三鼓不登诛,四鼓不登斩其队将"。此时,侦察人员又带回情报,说朱宸濠在坟场设伏,以为南昌之援。便先派奉新知县刘守绪乘夜发动突袭,拔掉这颗钉子,既绝腹背受敌之患,又收震撼南昌守军之效。很快到了二十日,各路大军齐攻南昌各门,当然,南昌守卫也绝不是不堪一击。但设伏于坟场的朱宸濠军队被奉新知县刘守绪击败后溃逃回来,城中守军见其军心已乱,加之王阳明大军云集,将南昌城围得水泄不通,斗志全无。官军乘此机会攀梯而上,攻入城中,擒宜春王朱拱樤、内官万锐等千余人,城中留守的朱宸濠官军、家眷都自焚而死,对于城中其他民众,王阳明则多加安抚,安定民心。

安庆是军事重镇,军家必争之地,朱宸濠进攻安庆并不顺利。仗打到后期,朱宸濠督促军士填平沟堑以便攻城,但听说南昌告急后,非常害怕,要回师援救,李士实等人劝朱宸濠此时此刻不能回师援救,下决心舍安庆,直取南京,即皇帝位,江西自然归服。不得不说,李士实等人的建议实为善策,但朱宸濠不听,非要从安庆回师救援,遂先遣两万先头部队驰援江西,大部队随后跟进。不过,朱宸濠的动向已经被王阳明的侦察人员掌握。二十二日,朱宸濠回师救援的情报传到江西,王阳明需要临机做出新的部署,遂召集文臣武将商讨。不少文臣武将认为朱宸濠兵势汹汹,数量又多,而官军大部队尚未集结到位,不如坚守待援,朱宸濠大军久攻不下,兵孤援绝,自会溃败。王阳明又提出不同的见解,他认为朱宸濠大军确实是人多势众,所到之处以少欺多,焚烧劫掠,并没有遇到像样的抵抗;而且,朱宸濠能够吸引其部众的,只是口头许诺事成之后封侯拜将。当下这形势,他进攻安庆、南京无望,老巢南昌又被官军占领,肯定非常沮丧,部众也是斗志尽失,此时派出精兵乘胜追击,叛军将不战而溃。

就在二十二日,抚州知府陈槐也率军来到南昌。有了生力军后,王阳明继续他的部署:赈济城中军民,抚慰城中宗室,张榜释放胁从之人,曾经接受朱宸濠官爵之人,只要前来自首,便置而不问。二十三日,侦察人员报告朱宸濠的前锋已经到了樵舍地区,遂令伍文定部迎面接敌,余恩部紧随伍文定之后,邢珣部迂回到敌军后方,徐琏和戴德孺各部则从左右两翼展开攻击。二十四日,朱宸濠大军气势汹汹地逼近黄家渡,伍文定、余恩佯装败北,诱敌深入。朱宸濠大军一路猛进,前后大军不能呼应,邢珣部遂从其后发起攻击,朱宸濠军队败逃,伍文定部、余恩部趁机掉头猛攻,徐琏和戴德孺部从两翼夹攻,朱宸濠所部纷纷溃逃。伍文定等人率军追击十余里,斩首两千余级,朱宸濠部溺水而亡者更有数万人。此战败后,朱宸濠部士气低落,退守八字脑。当天夜里,朱宸濠问现在驻扎地点的名字,部下回答说是"黄石矶",南方人"黄""王"音同,成了"王石矶",谐音"王失机",朱宸濠大怒,立刻杀掉这个部下。

二十四日,王阳明还有一项部署:进攻被朱宸濠部占据的南康府、九江府。这两个地方打不下来,对下一步的进军很是不利,湖广的援军也会受阻。于是,他派抚州知府陈槐率四百人,与知府林械会合后攻打九江;建昌知府曾玙率四百人,与知府周朝佐会合后攻打南康。朱宸濠其实并非泛泛之辈,他大赏将士,当先者赏银一千两,冲锋受伤者赏银一百两,同时命九江、南康驻军向自己的驻地集结。重赏之下必有勇夫,二十五日,双方再战,官军死难竟数百人。幸得伍文定亲斩胆怯后退之人,自己站在铳炮中间,胡须被烧也岿然不动,官军受其鼓舞,才稳住局面,殊死力战。朱宸濠的座船都遭到炮击,叛军再度败下阵来,被擒斩二千余人,溺水身亡者亦多,只得退守樵舍,将残余战船连成阵,再出重赏激劝部众。与此同时,王阳明也在忙碌着,让部众准备火攻的工具,并约定邢珣由朱宸濠部左翼发起攻击,徐琏和戴德孺从右翼发起攻击,余恩等各率所部见火起后一起发起攻击。

二十六日,朱宸濠部的文臣武将照例朝见朱宸濠,朱宸濠也杀掉很多怯弱畏战者。正在朱宸濠与部众争论用兵之策的时候,官军已经发动进攻,朱宸濠的座船被焚毁,部众惊慌散去,朱宸濠的妃嫔与朱宸濠泣别投水死,朱宸濠及其世子、郡王、仪宾以及手下李士实、刘养正、刘吉、余钦、王纶、熊琼等数百人被擒,继而被擒斩者三千余人,落水而亡者两万余人,江面上的衣甲器械及浮尸绵延十余里。朱宸濠从正德十四年六月十四日起兵,到七月二十六日兵败被俘,只有四十二天,败得如此惨烈。①

这一部分还要说一下朱宸濠的妃子娄氏,明人徐咸《西园杂记》说她是娄性之孙,娄谦之女;清修《明史》说她是娄谅之孙,娄忱之女;王阳明的父亲王华所作娄性墓志铭谓娄妃是娄性长女。② 娄氏知道朱宸濠有谋反之心,早晚都会苦谏,没少落泪。朱宸濠要加害孙燧和许逵,娄妃在屏风后顿足,令内侍前去搭救,未能成功。朱宸濠率军登船攻打安庆之时,娄妃不肯登船,朱宸濠只得骗她说:“朝廷下旨让我去,你不要有顾虑。”娄妃不得已,只得登船同行。至黄家渡,朱宸濠战败,与娄妃泣别,娄妃说“不用吾言,以至此,尚何道”,便投水而死。朱宸濠兵败被俘后见到王阳明,希望王阳明能安葬娄妃。朱宸濠还作了诗:

> 嫩与乾坤担此爱,不如收拾上瀛洲。
>
> 清风明月人三个,芳草斜阳土一丘。
>
> 梦短梦长都是梦,愁多愁少总成愁。

---

① 《明史纪事本末》卷四七《宸濠之叛》,第 699—702 页;《全集》卷三四《年谱二》,第 1626—1633 页。

② 《明史》卷二八三《娄谅传附娄忱传》,第 7263、7264 页;陈定荣、林酉鹤:《娄妃之父辨》,《江西师范大学学报(哲学社会科学版)》1991 年第 1 期。

从今别却江南去,不管人间春与秋。

又一首《忆故宫》云:

当时轻弃牡丹台,寂掩重门日几回。
杨柳雨中含泪舞,芙蓉水上带愁开。
痛思竖子真非辅,始信娇童自不才。
歌管楼台金马地,等闲留与野人来。①

朱宸濠就这样被擒获,他的诗里有对娄妃的无限怀念,也能读出对自己谋反的悔恨。朝廷之上,正德皇帝听说朱宸濠谋反,便已下诏全国,通告其罪行,祭告宗庙,将朱宸濠废为庶人,逮捕与朱宸濠关系密切的陆完、钱宁、臧贤等人,抄没其家。② 当然,朱厚照这位有名的爱胡作非为的皇帝听说朱宸濠谋反,立马想到的是御驾亲征。正德十四年(1519)七月,明武宗命安边伯朱泰为威武副将军,作为先锋部队。八月初二日,明武宗亲率大军从北京出发,二十六日才到达涿州,王阳明的报捷文书也来了,却被武宗身边的人隐瞒了下来。十一月十五日到了淮安府清江浦,竟在此打起鱼来,二十二日冬至,在太监张阳的住宅里接受朝贺。十二月初一日到达扬州府,初五日渡长江,初六日到达南京。次年闰八月初八日受俘,之后便道经南京返回北京。十月二十六日到达通州,十一月初三日,下诏治与朱宸濠勾结之人的罪行③,十二月初五日,朱宸濠被赐死。④

正德十六年(1521)三月初三日,朱宸濠、朱栱檩的妃子被圈入凤阳高墙⑤,这是

① [明]徐咸:《西园杂记》卷上,第41、42页;[明]朱国祯:《涌幢小品》卷五《娄妃》,中华书局1959年版,第110页。
② 《明史》卷一一七《诸王传二》,第3596页。
③ 《明史》卷一六《武宗本纪》,第211、212页。
④ 《明武宗实录》卷一九四,正德十五年十二月己丑条,第3633、3634页。
⑤ 《明武宗实录》卷一九七,正德十六年三月乙卯条,第3673、3674页。

明朝宗室监狱。七月，三法司商讨后认为，朱栱橎罪孽深重，已治罪；但镇国、辅国将军朱觐钟、朱觐鉎、朱宸渠、朱宸潪、朱宸浣、朱觐链、朱觐铉等人并不愿意参与谋反，朱宸濠反叛后，被胁迫守城，应该减少爵禄或者迁到其他地区；还有不少将军虽然接受朱宸濠赏赐，却未实心用事，应减少爵禄并下诏申饬。最终，即位不久的明世宗下诏将朱觐钟等人废为庶人，圈入凤阳高墙，在城将军各减禄米三分之一。①至此，朱宸濠反叛一事可以画上句号了。

明武宗回到京师后不到一年，于正德十六年（1521）三月十四日崩于豹房。② 武宗无子，由其堂弟兴王朱厚熜即位。正德十六年六月十六日，即位不到两个月的世宗下诏让王阳明来京，诏命简单明了：“以尔昔能剿平贼乱，安靖地方，朝廷新政之初，特兹召用。敕至，尔可驰驿来京，毋或稽迟，钦此。”③王阳明接到诏命后，于六月二十日启程。到钱塘后，王阳明上疏恳请便道归省，获得批准，擢王阳明为南京兵部尚书，参赞机务。④ 当年八月回到浙江，九月，到余姚老家祭祖。其后，王阳明获封新建伯。《年谱二》谓十二月封伯，并收录世宗皇帝圣旨：“江西反贼剿平，地方安定，各该官员，功绩显著。你部里既会官集议，分别等第明白。王守仁封新建伯，奉天翊卫推诚宣力守正文臣，特进光禄大夫柱国，还兼南京兵部尚书，照旧参赞机务，岁支禄米一千石，三代并妻一体追封，给与诰卷，子孙世世承袭。正德十六年十二月十九日，准兵部吏部题。”⑤

① 《明世宗实录》卷四，正德十六年七月辛亥条，第157、158页。
② 《明武宗实录》卷一九七，正德十六年三月丙寅条，第3680页。
③ 《全集》卷一三《别录五·奏疏五·乞便道归省疏》，第501页。
④ 《全集》卷三四《年谱二》，第1414页。
⑤ 《全集》卷三四《年谱二》，第1416页，为“两京兵部尚书”；《明世宗实录》卷八为“南京兵部尚书”；此处采后说。

福建兵乱：王阳明本来要处理的事务

正德十三年（1518）四月，平定江西、湖广、福建、广东交界地区流民动乱一役已接近尾声，但千里之外的福州城中，福建左卫军士叶元保、进贵等人因月粮减价，纠合军士二千余人哗变。正德十三年十月，兵科给事中周文熙疏请王阳明前往福建平定兵变[①]，十四年（1519）二月，巡按福建御史程昌再次陈奏福建兵乱之事，希望朝廷派设巡抚，但兵部的意见是不必新设巡抚，近来已经派王阳明前去，事毕之后王阳明仍还原职。武宗下旨让王阳明前去处理，并责成兵备杨璋代理南赣事务。[②]

此次福建军乱的起因是月粮问题。福州左卫军叶元保、进贵等人因为月粮减价，对福建布政使伍符积怨甚深。伍符，字朝信，江西安福人，成化二十三年（1487）进士，选庶吉士。按《安福县志》本传，他是一位干吏，如在浙江布政司参政任上清出十数年被贪污的钱财以充军需。[③]正德十年（1515）十月，由四川右布政使升任福建左布政使，却引发军士叛乱。福州左、右、中三卫官军的月饷一开始是八斗，按价折给银子，但伍符向来很注意节省财力，因为籴米价格较低，就减少了所折银数。军士们不干了，他们上诉到御史那里。

事情还在商讨中，福州左卫军叶元保、进贵是比较富裕的军士且非常狡猾。他们的想法虽未见明载，但应该是想到军士手中的钱少了，他们无法倒卖粮食从中渔利。于是，叶元保、进贵等纠集同党在城隍庙盟誓哗变，关闭城门，抓住伍符的儿子

---

① 《明武宗实录》卷一六七，正德十三年十月丙戌条，第3236、3237页。
② 《明武宗实录》卷一七一，正德十四年二月丁亥条，第3304页。
③ 乾隆《安福县志》卷十《人物志·名臣》，乾隆四十七年刻本，叶13a。

及女婿并且要杀掉他们。① 致仕在家的乡绅都御史林廷玉、副使高文达闻变,赶紧前来调停,事情暂时得以解决。不料,进贵等人再次叛乱,抢夺城中金银财宝,聚兵开化寺,林廷玉和高文达赶去劝说,但进贵等人不听劝说。林廷玉、高文达与按察司副使李志刚商讨平叛之计,恰有进贵同党姚景通因为分金银不公平忿忿不平,愿意当内应,李志刚等人得从北门攻入城中。最终,武宗下令叶元保等五十人枭首示众,王鉴等十四人戍边,林天兴等七十七人解京给配。②

但有叛军曹宗德、唐清、黄英等人逃走,管操指挥陈杰坐守备不设罪充军戍边。直至嘉靖元年(1522)八月,巡按御史汪珊捕得曹宗德、唐清、黄英等人,奏请明正典刑,又审出陈杰纵容士兵搆乱之事,几个人都被枭首示众。③ 嘉靖二十年(1541),福州人还为林廷玉、高文达二人建崇报祠,以纪念二人在平定兵乱中所做的贡献。④

---

① 万历《福州府志》卷三四《时事志》,《日本藏中国罕见地方志丛刊》第 9 册,第 315 页;乾隆《福建通志》卷六五《杂纪·祥异》,乾隆二年刻本,叶 7a。

② 《明武宗实录》卷一七三,正德十四年四月戊寅条,第 3353、3354 页。

③ 《明世宗实录》卷一七,嘉靖元年八月戊子条,第 524 页。

④ 万历《福州府志》卷九《官政志一》,第 75 页。

军旅起衰废

总督两广，抚平思田

　　嘉靖六年（1527）六月，朝廷命王阳明以南京兵部尚书兼都察院左都御史，总制两广及江西、湖广邻近地方军务。十一月二十日，王阳明到达两广总督开府地广西梧州府；次年七月，讨平广西思恩府、田州府土司，开展建学校、抚慰新民等善后事宜；十月，以病疏请归乡，未得允，但他私自返回家乡余姚；十一月二十五日行至江西南安府，卒。平定思恩府、田州府土司之乱是王阳明三大事功中的最后一功，王阳明最终得以参与其中，与嘉靖初年的政局息息相关。但因明世宗的个人意愿和费宏等人的阻挠，王阳明入阁秉枢机之议未果，止步于正二品南京兵部尚书兼都察院左都御史。

病羸之後不終棄廢或可量置閒散之地使得自

效其涓埃則　朝廷於任賢郷將之體因物曲成

之仁道兪行而不相背矣臣不敢苟冒任使以欺

　國事不勝感　恩激義懇切祈望之至

赴任謝　恩遂陳膚見疏　六年十二月初一日

臣於病癈之餘特蒙　恩旨起用授以兩廣軍旅

重寄臣自惟朽才病質深懼不任驅使以誤　國

事具本辭免過蒙　聖旨卿謀敏才高忠誠體國

今兩廣多事方藉卿威望撫定地方用紓朕南顧

武宗驾崩后的明朝政局

在平定江西、湖广、福建、广东交界地区的流民动乱和宁王朱宸濠叛乱过程中，王阳明多次疏请致仕或回余姚老家祭祖，但都未获允①，他只能尽心政事。明武宗朱厚照驾崩后，留下一个难题——谁来继承皇位？因为武宗无嗣，又无预立之储君。

武宗嫡胞弟蔚悼王朱厚炜生三岁而殇，武宗一直没有子嗣，万一山陵崩，又无预立之储君，那可是动摇国本的大事。早在正德七年（1512），就有南京吏部右侍郎罗玘疏请武宗选立嗣君；正德十四年（1519）武宗南巡，兵部武选司郎中黄巩冒死进谏，要求选宗室亲贤者养于宫中，以皇子待之，如果以后武宗生有子嗣，就让这位宗室外出就藩，未果。② 武宗突然驾崩，国本动摇，国不可一日无君，朱元璋《皇明祖训》所述"凡朝廷无皇子，必兄终弟及，须立嫡母所生者，庶母所生，虽长不得立"③的原则成为选立皇位继承人的重要依据。

但朱元璋的规定并不详尽，他说的"兄终弟及"是亲兄弟。武宗嫡胞弟蔚悼王朱厚炜早殇，孝宗、武宗一脉绝嗣，"兄终弟及"只能是皇帝的堂弟。那么，这个"兄"能否指孝宗？孝宗有很多弟弟，武宗驾崩时，尚有孝宗的六弟益王朱祐槟、七弟衡王朱祐楎、八弟雍王朱祐枟、九弟寿王朱祐榰、十一弟汝王朱祐梈、十二弟泾王朱祐橓、十三弟荣王朱祐枢在世。孝宗的弟弟们还有在世的侄子们都可以按"兄终弟及"原则选立为帝的。如果立孝宗的亲弟弟为皇帝，尽管对武宗来讲是乱了伦序，但并非绝对不可以。

---

① 《全集》卷三三《年谱一》，卷三四《年谱二》，第 1377、1388、1394 页。

② 田澍：《嘉靖革新研究》，中国社会科学出版社 2002 年版，第 43 页。

③ ［明］朱元璋：《皇明祖训·法律》，《存目》史部第 264 册，第 179 页。

　　朝堂之上,朝臣和孝宗皇后张氏也在讨论即位人选。在内廷治丧的内阁首辅杨廷和在张皇后面前拿出《皇明祖训》,建议朱厚熜"兴献王长子,宪宗长子,孝宗之从子,大行皇帝之从弟,伦序当立",其他三位内阁大臣梁储、蒋冕、毛纪"咸赞之",然后张皇后颁下懿旨,迎立朱厚熜之事定议。① 四月二十二日,朱厚熜即皇帝位②,即我们常说的明世宗或者嘉靖皇帝。世宗继位后,杨廷和疏请世宗尊孝宗为皇考,称生父兴献王朱祐杬为皇叔考兴国大王,母妃为皇叔母兴国太妃,另立益王朱祐槟次子崇仁王朱厚炫为兴王,奉兴献王朱祐杬祀。但进士张璁等人认为世宗是入继大统而非为人后,由此引发议礼事件。屡忤帝意的杨廷和于嘉靖三年(1524)正月去职,子杨慎被贬谪云南。嘉靖七年(1528)修《明伦大典》成,诏定议礼诸臣罪,杨廷和被削职为民,次年六月卒。③ 议礼对嘉靖一朝乃至以后的明朝政局产生非常大的影响,议礼与原有的党争结合,影响了很多人的仕途。王阳明便是其一,正德十六年(1521)六月升南京兵部尚书,参赞机务,七月受封新建伯,之后很长一段时间赋闲在家,中经丁父忧,多次起用未果。

世宗元年至六年的政局与王阳明多次起复未果

　　嘉靖元年(1522)二月十二日,王阳明的父亲王华去世,寿七十七,这一年王阳明五十一岁。王阳明要回家丁忧守制,七月,他再上奏疏辞封爵,被朝廷驳回。④ 守制期间,恰恰是王阳明发展、传布学术思想的好时期。嘉靖三年(1524)四月,守制期满。守制结束后屡有朝臣推举王阳明出任要职:嘉靖三年十二月,吏部认为少

---

① 《明史》卷一九〇《杨廷和传》,第 5034 页。

② [清]谈迁:《国榷》卷五二,正德十六年四月癸卯条,中华书局 1958 年版,第 3219 页。

③ 《明史》卷一九〇《杨廷和传》,第 5039 页。

④ 《全集》卷三五《年谱三》,第 1417—1419 页。

傅、大学士杨一清与兵部尚书彭泽、南京兵部尚书王阳明可任三边总制,最后出任者是杨一清;①嘉靖四年(1525)二月,礼部尚书席书推荐王阳明入阁秉枢机,既有"忌者所抑",又加"上不许",议遂寝;②七月,应天巡抚都御史吴廷举荐王阳明暂掌南京都督府事,兵部认为文臣掌都督府事不合适,要求另行推举;③嘉靖五年(1526)十月,礼部尚书席书建言,王阳明守制期满已经一年多了,但还未拜官,希望朝廷差官催取,世宗允其请;④本月,朝廷会推兵部尚书,试监察御史熊爵推荐王阳明和彭泽,但最终得任者是兵部左侍郎王时中;⑤十二月,上林苑监右监丞何渊建议在《大礼集议》基础上续修,以便纂修《大礼全书》,席书抱病上疏,希望起用王阳明等人,但王阳明最终未能参与此事。⑥

清修《明史》总结该过程并给出解释:"免丧,亦不召。久之,所善席书及门人方献夫、黄绾以议礼得幸,言于张璁、桂萼,将召用,而费宏故衔守仁,复沮之。屡推兵部尚书,三边总督,提督团营,皆弗果用。"⑦这一观点受到学者质疑,杨正显认为费宏一家被朱宸濠逼到家破人亡,没有理由与王阳明为难。⑧ 在对待朱宸濠的态度上,费宏和堂弟费寀都是正直之臣。费宏是成化二十三年(1487)丁未科状元,正德五年(1510)时已经是礼部尚书,次年十二月兼文渊阁大学士,入阁预机务,再加太子太保、武英殿大学士,进户部尚书。佞臣钱宁私通宁王朱宸濠,想拉拢费宏,被严词拒绝。朱宸濠贿赂朝臣想恢复护卫、屯田,费宏坚持不可。钱宁等人屡进谗言,费宏最终被张璁、桂萼指使王邦奇诬陷,于嘉靖六年(1527)二月致仕。但费宏举荐了谢迁,杨一清为了制衡张璁,也举荐了谢迁,谢迁数次疏辞,直到十月份才入阁就

---

① 《明世宗实录》卷四六,嘉靖三年十二月戊午条,第1193页。
② 《明世宗实录》卷四八,嘉靖四年二月辛卯条,第1215页。
③ 《明世宗实录》卷五三,嘉靖四年七月乙卯条,第1322页。
④ 《明世宗实录》卷六九,嘉靖五年十月乙卯条,第1567页。
⑤ 《明世宗实录》卷六九,嘉靖五年十月辛酉条,第1570页。
⑥ 《明世宗实录》卷七一,嘉靖五年十二月己未条,第1597—1599页。
⑦ 《明史》卷一九五《王守仁传》,第5166页。
⑧ 杨正显:《觉世之道:王阳明良知说的形成》,北京师范大学出版社2015年版,第10页。

职。张璁已早数日以礼部尚书兼文渊阁大学士,入阁办事。世宗继位后召回,嘉靖三年(1524)二月,杨廷和去位,次年六月,加费宏少师兼太子太师,成为首辅,同月,杨一清入阁。嘉靖十四年(1535)七月,费宏召回,当年十月卒。①

费寀与朱宸濠是连襟,其妻均是娄谅孙女、娄性之女。费宏力拒恢复朱宸濠的护卫和屯田之事,费寀对这位王爷连襟也是毫不客气。朱宸濠想用姻亲关系结交费寀,遭拒。兄弟二人遭谗去官,费宏在途中还被朱宸濠派人前往拉拢,所乘之舟被焚。费宏归乡之后,朱宸濠再次派人交好,又被拒绝。盛怒的朱宸濠派贼盗劫掠费家,最终派人掘了费家祖坟。宁王朱宸濠叛乱后,费寀亲到南赣巡抚驻地赣州献平叛之策,"先定洪州,以覆其巢穴,扼上游以遏其归路,彼进退失据,将成擒矣"②。王阳明平定朱宸濠叛乱后,费宏作《贺中丞王公平定逆藩启》以贺其功,其中说"此盖大提督中丞阳明王公,具文武之全材,讲圣贤之正学。忠孝誓捐于远近,精诚远格于神明。是以勤惟厥时,战则必克。扫除氛祲,难韬继照之光;整顿乾坤,永奠居尊之位。芳垂汗竹,绩纪太常。信奇伟而无前,岂寻常之敢望",欣赏和感激之情溢于字里行间。该文虽然没有具体的时间,但从"某身居农亩,未忘廊庙之忧"可以推知,此文作于费宏因惹怒朱宸濠居家期间。③ 所以,直至平定宁王朱宸濠叛乱时,王阳明与费宏、费寀的关系还是很好的。而且,同僚之外,王阳明与费家还有另外一层关系,因为王阳明是娄谅的学生。弘治二年(1489),王阳明偕夫人诸氏归余姚,途经广信府,谒见娄谅,学习到宋儒格物之学。④

史籍中对费宏的评价并不相同,《明史》评价费宏"为人和易,好推毂后进",

---

① 《明史》卷一九三《费宏传》,第5107—5110页;《明史》卷一一〇《宰辅年表二》,第3352、3353页;《明世宗实录》卷三六,嘉靖三年二月丙午条,第899、900页。

② [明]张治:《张龙湖先生文集》卷九《墓志铭·荣禄大夫少保兼太子太保礼部尚书翰林院学士文通费公(寀)墓志铭》,《存目》集部第76册,第460页。

③ [明]费宏撰,吴长庚、费正忠点校:《费宏集》卷一五《书启类·贺中丞王公平定逆藩启》,上海古籍出版社2007年版,第529、530页。

④ 《全集》卷三三《年谱一》,第1348页。

"宏却钱宁,拒宸濠,忤张、桂,再踬再起,终亦无损清誉"①,郑晓对他的评价虽不友好,"数公中唯宏最下,虽有才,心行险测"②,但费宏没有帮助朱宸濠造反是事实,与张璁、桂萼之间的关系则有党争的因素在内。由此,秦博认为费宏很可能受朝中"忌者蜂起"气氛的感染,为保住自己的尊隆地位而特别忌惮王阳明的观点是合理的。嘉靖六年(1527),朝廷命王阳明以南京兵部尚书兼都察院左都御史,总制两广及江西、湖广邻近地方军务,《年谱》等史料记载是张璁、桂萼(二人是议礼新贵)保举的结果。秦博结合诸种记载,认为无论张璁还是桂萼都不是诚意举荐王阳明,二人为了争权,想借王阳明之力平定两广地区动乱,以攫取边功。桂萼不仅推荐王阳明,还推荐原兵部尚书王琼,是为了进一步扫清杨廷和的政治影响。当然,王阳明没能入阁还有制度性因素,无论是作为支持者的阳明弟子还是反对者,是很难左右的。首先,以勋爵入阁在明代属于典型的异制,此前唯一的成例是天顺初年武功伯徐有贞以"夺门"之功受封并入阁,不久因失宠并剔除。其次,明代"非翰林不入内阁",王阳明没有翰林经历,又非张璁、桂萼等因赞礼有功受嘉靖皇帝宠信而入阁。再次,嘉靖皇帝的态度是极为重要的因素。王阳明已受封爵多年,但嘉靖皇帝反复向杨一清询问王阳明在江西平叛的过程,说明嘉靖帝对王阳明是否应该封爵萌生质疑,王阳明哪里还能入阁? 而且,嘉靖皇帝的态度,又直接影响了新建伯世袭爵位的存留。③

①　《明史》卷一九三《费宏传》,第 5109、5128 页。

②　[明]郑晓:《吾学编余·奸佞》,《续修》第 425 册,第 273 页。

③　秦博:《论王守仁新建伯爵位册封、停袭、复嗣之始末》,《明史研究论丛》第 10 辑,中国社会科学出版社 2017 年版,第 87、92—94 页。

王阳明任两广总督之前的广西思、田土司形势

王阳明出任两广总督前,西南土司之间的攻伐已非新鲜事,如宣德元年(1426),广西崇善县土知县赵遛想要扩张土地,便召集流亡进攻左州,捉土知州,夺州印,杀害土知州的母亲。① 王阳明要平定的是广西思恩府、田州府的土目叛乱。思恩府、田州府是明代广西辖区内势力较大的两大土府,两家土司为一姓,自称汉岑彭之后。

思恩府,汉属交趾,唐为思恩州,属邕州都督府,元属田州路。明立国后,洪武二十二年(1389),田州知府岑坚遣其子思恩知州岑永昌贡方物。洪武二十八年(1395),归德州土官黄碧陈奏岑永昌隐匿五县之民,不供赋役,仍用故元印章。朱元璋以其不奉朝命为由,令左都督杨文相机讨之,因地处荒远,未果。永乐初年,将思恩土州改属广西布政司。② 永乐之后,思恩土州与明中央保持了较好的关系。

田州府,汉属交趾,唐隶邕州都督府,宋始置田州,属邕州横山寨,元改为田州路军民总管府。洪武元年(1368),明军攻下广西,岑伯颜遣使拿着元朝给发的官印到杨璟那里归降。洪武二年(1369),岑伯颜遣使奉表贡马及方物,明太祖嘉其诚,设田州府,以岑伯颜为知府。此后这一职位一直由其子孙袭任。明英宗正统三年(1438),升思恩州土知州岑瑛为田州府知府,仍掌州事。但权柄得到强化的岑瑛想要兼管田州府事,遂与时任田州知府岑绍交恶。英宗命广西总兵官柳溥及都指挥使司、承宣布政使司、提刑按察使司三司官商讨③,至正统四年(1439),柳溥请升思

---

① 《明史》卷三一八《广西土司二》,第 8230 页。
② 《明史》卷三一八《广西土司二》,第 8239 页。
③ 《明英宗实录》卷三八,正统三年正月壬寅条,第 738 页。

恩州为府，命岑瑛、岑绍各守地方，以杜绝相互间的侵夺，英宗从其请。[①]

至此，广西地区形成思恩、田州两大土府并存的局面。总体而言，思恩、田州二土府维持了相当长的稳定局面，亦与中央政府保持了相当长的良好关系，直至成化十六年（1480）时才发生规模较大的动乱，遂先后有姚镆、王阳明等人的平叛活动。

成化十六年（1480），田州府头目黄明聚众为乱，知府岑溥逃到思恩府避难，两广总督朱英调参将马义率军追捕黄明。黄明败走，最终被恩城土知州岑钦擒获诛杀。不久之后，岑溥又与岑钦交恶，岑钦攻夺田州府，岑溥再次出逃。泗城土州岑应又趁乱掺和进来，他仗着兵力强盛，与岑钦一起作乱，杀掳人民二万六千余人，想和岑钦分占田州土府。但朝廷不会对土司之间的攻伐放任不管，弘治三年（1490），两广地方官员委官护送岑溥之子岑猇入田州，但为岑钦所遏不得入，只得居于浔州府。湖广按察使陶鲁率官军来到南宁，岑钦抗拒官军，失败后逃走。但岑应的援兵入据南宁城，与官军相抗。两广总督秦纮疏请调集贵州、湖广和两广官军围剿，岑钦力所不敌，向岑应求援，便藏在岑应那里，两广总兵遂移檄岑应捕捉岑钦。史无明载，可能是走漏了风声，岑钦与岑应饮酒，将岑应父子杀害于酒席上，收集岑应部众与官军对抗。不久，岑应的弟弟岑接以兵护送岑钦至田州，借机将岑钦父子杀害于途。土司之间的互相攻伐最终奏到朝廷，朝议让岑溥回到田州。[②]

弘治十一年（1498），岑猛袭田州土知府。[③] 弘治十七年（1504），岑濬与岑猛因积怨兴兵，转而劫掠上林、武缘等县，死者不可胜计，继而攻破田州，岑猛只身逃走，其家属五十余人皆被岑濬掠走。两广总镇等官将此事奏闻朝廷，兵部请调三广（广东、广西、湖广）兵进剿，孝宗准其请。[④]

弘治十八年（1505）六月，两广总督潘蕃、太监韦经、总兵毛锐调集广东、广西、湖广官军、土兵十万八千余人，分六哨。副总兵毛伦、右参政王璘由庆远，右参将王

① 《明英宗实录》卷六〇，正统四年十月丙戌条，第1145、1146页。

② 《明史》卷三一八《广西土司二》，第8246页；《明史纪事本末》卷五三《诛岑猛》，第801页。

③ 《土官底簿》，《景印文渊阁四库全书》第599册，第388页。

④ 《明孝宗实录》卷二一〇，弘治十七年四月辛丑条，第3908、3909页。

震、左参政王臣及湖广都指挥官缨由柳州,左参将杨玉、佥事丁隆由武缘,都指挥金堂、兵备副使姜绾由上林,都指挥何清、右参议詹玺由丹良,都指挥李铭并泗城州土舍岑接目兵由工尧,各取道进军思恩。岑濬不支,逃入旧城,最终城破被杀,思恩遂平。① 八月,兵部集议两广巡抚等官所奏,认为"思恩府土官知府岑浚以叛诛,不宜再录其后;田州府土官知府岑猛世济凶恶,自陷府治,亦宜降徙,拟降猛千户,徙福建沿海卫分带俸,而以二府改为流官衙门,遴选才望熟知夷情者假以方面职衔莅之,仍锡之敕,以重其权",孝宗命吏部和兵部公举堪任者②,遂以云南知府张凤、平乐知府谢湖俱为广西布政司右参政,张凤掌思恩府事,谢湖掌田州府事,各赐敕,岑猛降福建平海卫千户,谢湖于正德二年(1507)莅任。③

但被降千户的岑猛并未赴任,反而拥兵自重,占据府廨,要挟朝廷改选府佐官职,岑猛的祖母也奏乞让岑猛到广西极边地区戴罪立功,两广官员将此事奏闻朝廷,总督陈金建议逮问岑猛。但岑猛贿赂刘瑾,改在附近卫所戴罪立功,谢湖则被逮下诏狱。谢湖自辩其冤,说镇守太监韦经、总兵官毛锐、巡抚都御史潘蕃激起岑猛叛乱。经过审理,又将刘大夏牵扯进来,认为时任兵部尚书刘大夏未能顺从土民之情,拒绝两广镇巡官员降岑猛为同知的建议,时任两广总督潘蕃也未能安抚岑猛。最终的处理结果是刘大夏、潘蕃免死,永戍肃州,革毛锐太子太傅衔并禄米五百石,韦经降二级,革禄米,俱闲住。谢湖本要削职为民,经再次辩解后降职二级,任思恩府同知。最要命的是,岑猛以同知摄府事,这是正德三年(1508)时的事情④,其中定是刘瑾作祟,埋下了日后的祸根。

最终以同知摄田州府事的岑猛并不感激朝廷,反而更加有恃无恐。他收集残部,兵力得到一定程度的恢复后,便开始侵掠周边郡县以扩充自己的实力,并说督

---

① 《明武宗实录》卷二,弘治十八年六月丙辰条,第39—41页。
② 《明武宗实录》卷四,弘治十八年四月己未条,第128、129页。
③ 《明武宗实录》卷二二,正德二年闰正月丙午条,第607页。
④ 《明武宗实录》卷四二,正德三年九月辛酉条,第982—984页;卷六九,正德五年十一月癸丑条,第1517页。

抚如有调发,愿意听命前去,立功以图恢复思恩知府一职。恰逢江西盗贼作乱,都御史陈金命岑猛率军从征,所到之处多有劫掠,但因平贼有功,升指挥同知。不料想,这未满足岑猛的愿望,岑猛非但没有心生感激,怨念反而更重。① 正德十五年(1520),朝廷从岑猛之请,"今遇有征调,夏、秋仍户留一二丁耕种,以供常税,勿尽丁俱发,其从征者久劳于外,亦量为赈恤,或停免其税"。② 此事既被载入明朝国史《实录》,我们或可据此做出合理推测:岑猛有不臣之心,朝廷则有安抚之意。

嘉靖二年(1523),岑猛率兵攻击泗城州土舍岑接,拔其六寨,攻占州城。岑接向军门告急,说岑猛无故兴兵作乱,岑猛亦攻击岑接不是岑氏后人,岑接霸占自己的祖业,自己只是想要回被岑接霸占的土地。但当时官军正在应对上思州战事,无兵可调,总督张嵿只得奏闻朝廷。③ 接下来的事情与盛应期有关,先考辨其任官履历:嘉靖三年(1524)九月,以都察院右副都御史盛应期为兵部右侍郎兼右佥都御史总督两广军务兼理巡抚④,嘉靖四年(1525)五月,改任工部右侍郎,督理易州山厂。数日之后,升兵部右侍郎姚镆为都察院右都御史,提督两广军务兼理巡抚。⑤ 该年七月,因为平定思恩府叛贼刘召,赏"提督军务侍郎"盛应期银两的记载⑥,当是盛应期与姚镆交接官职期间发生的事情。嘉靖四年十月"两广提督都御史盛应期劾奏广西兵备佥事杨应凤贪污不职,得旨'令凤回籍听勘'"的记载,当是盛应期在两广总督任上所奏最终的处理结果。⑦ 盛应期在短短的任期内,曾与巡按御史谢汝仪商议征讨岑猛,并疏陈征讨事宜:

　　一请调湖广永顺、保靖宣慰司土兵;

① 《明史》卷三一八《广西土司二》,第8248页。
② 《明武宗实录》卷一九四,正德十五年十二月庚子条,第3636、3637页。
③ 《明史》卷三一八《广西土司二》,第8248页。
④ 《明世宗实录》卷四三,嘉靖三年九月己卯条,第1123页。
⑤ 《明世宗实录》卷五一,嘉靖四年五月甲子条、壬申条,第1271、1282页。
⑥ 《明世宗实录》卷五三,嘉靖四年七月癸酉条,第1320、1321页。
⑦ 《明世宗实录》卷五六,嘉靖四年十月甲寅条,第1372页。

　　一请取湖广荆州等卫、枝江等所歇班官军；

　　一请留广东嘉靖四年分解京粮银十万两以备军饷；

　　一言泗城州官孙岑施应该承袭,请先将本州印信给与掌管,以安人心,令其整搠土兵,听候调用；

　　一言云南雷州土官沈贵素与(岑)猛结好,宜行抚按严加戒谕,不许助兵党恶；

　　一言东兰州、镇安、龙州等处先年俱被猛占夺戕害,宜调其兵夹攻,有功一体重赏；

　　一言归顺、那地、向武、奉议等七州各先助(岑)猛攻泗城,乞许自新,令其出兵讨贼,以功赎罪。

　　这几项建议是极好的,经兵部覆议,已经得旨允行,但盛应期调任,继任者姚镆亦条陈用兵事宜,世宗令仍照盛应期、谢汝仪之议行事。但令姚镆出榜晓谕地方,只治岑猛等人的罪,胁从者不治罪,能生擒岑猛之人赏银三千两,斩首来献者赏银二千两,生擒、斩首之人皆可分得岑猛的财产,并量受官职。① 嘉靖五年(1526)八月,大军压境,岑猛上疏辩解,希望朝廷派员前来勘察。兵部认为这是岑猛的缓兵之计,责令姚镆等人细细勘察,如果岑猛在差人辩解之后真的能悔过自新,与其子岑邦彦投赴军门,并将韦好、陆绥、王绅解至官府听候审理,尚可请旨定夺;如果仍然执迷不悟,则令副总兵等领兵进剿,不许懈怠以致留下祸患。世宗的旨意是岑猛如果约束自己,归附朝廷,朝廷自会从宽处理。②

　　嘉靖六年(1527)正月,姚镆调集土、汉兵十万余及永顺、保靖二宣慰司兵,分为五哨,大举进攻田州,破工尧隘,杀岑猛子岑邦彦,岑猛出逃,被都指挥沈希仪说服归顺州土舍的岑猛岳父岑璋诱杀。③ 岑猛次子岑邦佐、三子岑邦相出逃。随岑猛作

---

①　《明世宗实录》卷五七,嘉靖四年十一月辛酉条,第 1377、1378 页。

②　《明世宗实录》卷六七,嘉靖五年八月戊寅条,第 1540、1541 页。

③　《明世宗实录》卷七二,嘉靖六年正月己卯条,第 1627 页。

恶的头目韦好、陆绥、冯爵被擒斩,卢苏、王受成为漏网之鱼。① 姚镆因功加左都御史、太子少保,荫子一人,诸将亦进秩有差。② 二月,姚镆上疏请将田州府改流,设流官知府、通判、推官、经历、知事各一员,分理政务,知府加参政衔,给敕书以便行事,并陈善后七事:

一、该府诸夷杂处叛服不常,宜选任参将一员,练兵防守;

二、大小头目名称不一,宜从汉法,易以千百长之名,其所食租税仍旧分给,量为节减;

三、学校久废,亟宜设立官师,修明教化,以变夷风;

四、建置官署仓庾,即撤贼党屋材治之,其合用工费,悉出公帑,毋得科扰;

五、兵戈之后,公私匮竭,宜将嘉靖四年以前未运税粮悉与蠲免,五年以后暂许停征;

六、改设流官,必有仓库、司狱、阴阳、医学,宜各给印记,以全体制;

七、奉议州土官自为岑贼所杀,遂绝不嗣,止设判官一员,今田州既改流官,宜并除奉议州知州、吏员各一员,其原设判官裁革。

兵部覆议,从之。③ 三月,以福建延平知府陈能为广西布政使司右参政,掌府事,全州同知张华为通判,宣化县丞沈注为推官。④ 在陈能等人到任之前,留参议汪必东、佥事申惠、参将张经以兵万人镇守田州,知州王熊兆署府事。⑤ 可以说,姚镆的改土归流及善后措施还是合理的,国史《实录》给姚镆的评价是"端严博大,任职以公廉见称"⑥。

———————————

① 《明史纪事本末》卷五三《诛岑猛》,第 804 页。

② 《明世宗实录》卷七二,嘉靖六年正月癸巳条,第 1631、1632 页。

③ 《明世宗实录》卷七三,嘉靖六年二月己巳条,第 1648、1649 页。

④ 《明世宗实录》卷七四,嘉靖六年三月辛巳条,第 1655 页。

⑤ 《明世宗实录》卷七四,嘉靖六年三月乙未条,第 1665 页。

⑥ 《明世宗实录》卷二一二,嘉靖十七年五月辛巳条,第 4365 页。

就在岑猛伏诛,田州府改流的当年,土目卢苏、王受举兵造反。卢苏、王受诈言岑猛未死,制伪印,并诈称从交趾借兵二十万,当地土民信以为真。卢苏攻至田州府城,张经弃城,城陷,王受则攻入思恩府。戎情紧急,反而成了朝臣间倾轧的借口,两广藩司、臬司衙门中有憎恨姚镆的官员,他们说"猛实未死,镆为归顺所欺",御史石金则弹劾姚镆"攘夷无策,轻信罔上,图田州不可得,并思恩而失之"。世宗盛怒之下,罢了姚镆的官,命王阳明为两广总督①,《明史纪事本末》用"姚竟未获集兵而去"表达了对此事的感慨。② 嘉靖十三年(1534)九月,卢苏、王受复叛,"帝渐思镆",起用姚镆为三边总制,但姚镆未赴任,家居数年后卒。③

抚定思田之乱

嘉靖六年(1527),朝廷命王阳明以南京兵部尚书兼都察院左都御史,总制两广及江西、湖广邻近地方军务,广东、广西、江西、湖广四省军务重担落到王阳明肩上,且其职权不断加重。

五月十一日,"以广西岑猛余党卢苏、王受等复炽,诏起原任南兵部尚书新建伯王守仁兼左都御史,总制两广及江西、湖广邻近地方军务,督同巡抚都御史姚镆等讨之"④,六月初一日,提督两广军务都御史姚镆乞致仕,世宗许之,廷臣会推王阳明代姚镆,并令兵部催促王阳明早日赴任⑤,六月初六日,兵部差官持诏来到王阳明家

---

① [明]高岱:《鸿猷录》卷一五《诛灭岑猛》,上海商务印书馆1937年版,第183页。

② 《明史纪事本末》卷五三《诛岑猛》,第805、806页。

③ 《明史》卷二〇〇《姚镆传》,第5278、5279页。

④ 《明世宗实录》卷七六,嘉靖六年五月丁亥条,第1697页。

⑤ 《明世宗实录》卷七七,嘉靖六年六月丙午条,第1709页。

中,王阳明请辞,未允①,只得赴任。九月,吏部左侍郎方献夫言"思恩、田州比岁称乱,皆由统御非人,制服无术所致,乞专以属之王守仁",希望罢镇守太监郑润、总兵朱麒,让珠池少监张赐代郑润,前副总兵张祐代朱麒,请特设都御史一员,与总兵官共驻田州,听王阳明节制。世宗认为方献夫所奏关系地方大计,令郑润回京,命兵部选择可以代替朱麒奏闻,但其所荐总兵、镇守太监由朝廷简用,是否添设都御史听从王阳明的意见。② 实际上,朝廷确实新派了镇守两广总兵官和镇守太监。

十月,世宗同意张祐出任两广总兵,但杨一清提出反对意见,他说"两广总兵权重于他镇,今田州、思恩余孽未平,正属抚剿之时,宜得名位稍重,威往素孚者往。而祐方坐论劾,勘问未报,一旦授之上将,使握重兵,恐无以服人心,且使边夷轻中国,(都督同知牛)桓虽稍清谨,非将材,二人皆不足任宜,别举可者以请",世宗命兵部另推。数日后,命丰城侯李旻挂印充总兵官,镇守两广③,新任镇守太监则是前面提到的张赐。④ 十一月二十日,王阳明到达两广总督开府地广西梧州府。⑤ 十二月,兵部尚书王时中建议王阳明出任提督陕西三边军务,世宗以两广事未靖,不能轻易调动,让李承勋任三边总制。⑥ 嘉靖七年(1528)三月,王阳明又被加两广巡抚,上疏请辞,未允。⑦ 但此时的王阳明已经病体沉疴,嘉靖六年九月八日抱病起程,沿途就医,服药调理,紧赶慢赶才在十一月二十日抵达梧州府⑧,他是在病中完成了最后的事功。

王阳明处理土司问题的策略,主要有两大要点:一是顺形势,二是兴教化。这在其《赴任谢恩遂陈肤见疏》《处置平复地方以图久安疏》两道奏疏中有集中体现。

---

① 《全集》卷一四《别录六·奏疏六·辞免重任乞恩养病疏》、卷三五《年谱三》,第 511、512、1440 页。

② 《明世宗实录》卷八〇,嘉靖六年九月癸卯条,第 1789 页。

③ 《明世宗实录》卷八一,嘉靖六年十月甲寅条,第 1799 页;己未条,第 1806 页。

④ 《全集》卷一五《别录七·奏疏七·八寨断藤峡捷音疏》,第 564 页。

⑤ 《全集》卷三五《年谱三》,第 1446 页。

⑥ 《明世宗实录》卷八三,嘉靖六年十二月丁卯条,第 1884、1885 页。

⑦ 《明世宗实录》卷八六,嘉靖七年三月己卯条,第 1943 页。

⑧ 《全集》卷一四《别录六·奏疏六·赴任谢恩遂陈肤见疏》,第 513 页。

王阳明抱病到任后,还没来得及会同各官商讨诸项事宜,便在十二月初一日先把沿途听闻以及自己的看法写成《赴任谢恩遂陈肤见疏》上奏朝廷:

一、作乱一事不可一味苛责思恩、田州府土司,朝廷也要检讨自己的过失。"夫即其已暴之恶征之,诚亦非过,然所以致彼若是,已非一朝一夕之故。且当反思其咎,姑务自责自励,修我军政,布我威德,抚我人民,使内治外攘而我有余力,则近悦远怀而彼将自服,顾不复自反而一意愤怒之!"思恩、田州土司虽有过错,但朝廷不能只仰仗兵锋,朝廷和朝臣对思恩、田州土司叛乱也负有一定的责任,如果朝臣能实心用事,诚布威德,安抚四方百姓,是可以让内外心悦诚服的,反叛之事自然会少一些。

二、惩元凶,抚胁从,慎动兵。"夫所可愤者,不过岑猛父子及其党恶数人而已,其下万余之众,固皆无罪之人也",这次反叛的元凶是岑猛父子及其党徒,其余手下是无罪之人,需要宽恕。梧州府库藏银两已不满五万两、仓米不及万石。如继续兴兵,纵然能够杀掉作乱的元凶,却无法让土民信服,对所涉省份的百姓也是无妄之灾。掌权者如果只图一时痛快,是好大喜功之举,绝非国家社稷和生民之福。

三、保留土司的好处。"田州切邻交趾,其间深山绝谷,皆瑶、僮之所盘踞,动以千百。必须仍存土官,则可藉其兵力,以为中土屏蔽。若尽杀其人,改土为流,则边鄙之患,我自当之,自撤藩篱,非久安之计,后必有悔。"①

改土归流之前,土司每年派土兵三千听朝廷征调,改流之后朝廷反而要派兵驻防。思恩府设流官以来,土民反叛已经有好几起了,朝廷派兵征剿,靡费钱粮,生灵涂炭,朝廷并未从改流中获益,反生祸端。再者,田州与交趾相邻,土司及手下土兵是一道坚固的屏障,改土归流,无异于自撤藩篱。土司在巩固边防等方面发挥着积极作用,这是历史的真实,王阳明此论也深得中国边疆治理政策之要。当然,这并非王阳明的独见。明人苏浚亦有此论:"西南土司,与交州为邻,交人所以俯首顿颡

---

① 《全集》卷一四《别录六·奏疏六·赴任谢恩遂陈肤见疏》,第514、517页。

不敢窥内地者,以土酋兵力之强,足制其死命也。"①所以说,国家在推行改土归流时要秉持审慎的态度。

奏疏递到朝廷,世宗让兵部给出意见。兵部给出的意见是很中肯的,"据理审时,详情度势,不急近功,再加远图,应抚应剿,或剿抚并行,不宜偏执,应土应流,与土流兼设,尤在得人"。世宗采纳了兵部的意见,"以守仁才略素优,论奏必有所见,但未经询谋佥同,恐非定论,令与镇巡等官熟计以闻,其应施行者,亦许以便宜从事"②,实际上是同意了王阳明的策略。这是后续之事。嘉靖七年(1528)二月十三日,王阳明在《奏报田州思恩平复疏》中陈说了抚乱事宜。

嘉靖六年(1527)十二月二十六日,王阳明驻扎南宁府,下令撤掉防守兵马。数日撤归各省的兵马便有数万人,数千湖南兵马因为路途遥远,遣回更难一些,便让他们留驻南宁、宾州,解甲休息,待机而动。对于卢苏、王受等人而言,王阳明是奉皇命而来不假,但听说朝廷并非一心想要兴兵剿杀,便有了归顺获生的念想,希望王阳明能快一点到来。又听说朝廷召回了镇守太监、总兵等人,官军也大都撤防,归顺获生的念想愈发强烈起来,便派遣头目黄富等十余人到南宁来诉苦,希望朝廷能够宽赦他们,这时已经是嘉靖七年(1528)正月初七日。王阳明自然没有浪费这一绝好的机会,他对黄富等人说,"朝廷正是害怕你们有冤屈,才派大臣前来查勘,你们如果是真心归顺朝廷,朝廷绝对会给你们一条生路",并亲自给卢苏、王受写了一份纸牌(引者注:中国古代下行公文之一)。

王阳明在纸牌中宣示朝廷威德,已有归顺获生之念的卢苏、王受等人接到纸牌后无不欢欣鼓舞,当即便撤掉守备,准备衣粮,率众到南宁归顺,十二月二十六日到达南宁。但卢苏、王受仍有防备,把带来的人分为四营,在南宁城下驻扎下来。次日,卢苏、王受将自己绑起来,与数百头目到城内王阳明那里投顺,声泪俱下,诉说冤情,希望朝廷免其一死,获赦后自当竭力报效朝廷。王阳明也有自己的判断,他

① [清]汪森辑,黄盛陆等校点,黄振中审订:《粤西文载校点》卷一二《土司志(苏濬)》,广西人民出版社1990年版,第296页。
② 《明世宗实录》卷八六,嘉靖七年三月乙未条,第1954—1959页。

认为卢苏、王受所言与自己走访探查所知大致相同，多属实情，便依照此前纸牌中所说，向卢苏、王受等人宣布朝廷恩威。但卢苏、王受等人负险作乱两年有余，上扰君父，下搅数省黎民，死罪可免，活罪难逃，如此，才能舒泄军民之愤。最终，下令将卢苏、王受各杖一百。① 杖毕，将卢苏、王受等人释放，王阳明也是一身胆气，随卢苏、王受到其大营中，抚定其众七万余人，让林富等人负责安插，责令二月二十六日让其全部复业。②《奏报田州思恩平复疏》递到朝廷，嘉靖皇帝览后甚慰，派行人冯恩前去犒军，冯恩借此机会拜师，成为王阳明的弟子。③

嘉靖七年四月初六日，王阳明上《处置平复地方以图久安疏》，详细说明自己处置平复地方的策略，包含以下几点：

一、"特设流官知府以制土官之势"。王阳明认为思恩府、田州府刚刚臣服，朝廷威德尚在，虽仍设土官，数年之间，是没有再度反叛的顾虑的。但十余年之后，各土司所辖人口渐多，实力渐渐恢复，又将战事不免。因此，必须设立流官加强管理，但管理方式可因地制宜。

二、"仍立土官知州以顺土夷之情"。鉴于"岑氏世有田州，其系恋之私恩久结于人心。今岑猛虽诛，各夷无贤愚老少，莫不悲怆怀思，愿得复立其后"，王阳明建议从田州府四十八甲中割八甲地设土田州，"立岑猛之子一人，始授以署州事吏目；三年之后，地方宁靖，效有勤劳，则授以为判官；六年之后，地方宁靖，效有勤劳，则授以为同知；九年之后，地方宁靖，效有勤劳，则授以为知州。使承岑氏之祀而隶之流官知府"，立岑猛第四子岑邦相为田州吏目。

三、"分设土官巡检以散各夷之党"。王阳明说，朝廷既然批准仍设土知州，如果仍以各土目兵马归土知州掌管，各股势力渐渐合并势众，易生骄岑之心。数年之后，一定会挟怨报复，吞并弱小。如此一来，土司隐患仍然如故。而且，土目属土司管辖，土司掌握生杀大权，土目必然会言听计从，这样一来，还会听从流官知府的命

---

①《全集》卷一四《别录六·奏疏六·奏报田州思恩平复疏》，第527—529页。

②《明史》卷三一八《广西土司二》，第8251页。

③ 乾隆《华亭县志》卷一三《忠孝》，乾隆五十六年刻本，叶3a。

令吗？知府即使想控制他们，想施加朝廷恩义，却难以直接与各土目建立联系，建议众建土司。思恩府也采取同样的策略，这一建议得到朝廷的许可，析其地添设凌时、砦马、大田、万洞、阳院、思郎、累彩、怕何、武龙、桄甲、床甲、娄凤、下隆、县甲、篆甲、砦桑、思幼、候周共十八土巡检，在思恩府添设兴隆、白山、定罗、安定、古零、旧城、那马、下旺、都阳九土巡检。

除此，还释放田州、思恩二府各官、土目等人的家属。建议设学以兴教化，"田州新服，用夏变夷，宜有学校"，虽然刚刚经历战争的创伤，人民流离失所，很难找到入学之人，办学经费也没有着落，要建立学校是难上加难，但学校是"风化之原"，建学校之事刻不容缓。王阳明建议从附近府州县学教官中拣选一人，暂管田州府学事务，附近府州县学学生愿意改到田州府学的都应允。教官施教的方式也要随宜调整，可以约定时间到田州来授学，也可以到乡里坊间施教，或者倡导兴起乡约，用具体的事情作为教学案例。休养生息一两年后，流离之民渐渐回到家乡，商旅也渐次到来贸易，物阜民丰，然后再请求上官遵照朝廷规制建立儒学、阴阳学、医学等学校，选派教官。如此一来，学校渐兴，民众未受其扰，教化亦得以在潜移默化中实现。据《年谱》记载，在南宁兴学时，王阳明担心自己不能亲临，便委任合浦县丞陈近主教灵山县学，揭阳县主簿季本主教宣化县敷文书院，据嘉靖《南宁府志》记载，该书院是王阳明在嘉靖七年创建的。另外，宣化县社学也建于该年，建者不详，应该受王阳明兴学令的影响。王阳明所定课士之法又极严格，常所学，包括儒家经典、策论等，该赴考者按期送考，不该赴考的仍学习不辍，务求祛除学子身上的陋习，渐习善风善习。

还有一个眼下必须解决的问题：思恩府、田州府距离两广总督驻地梧州府水陆一月之程，不利于两广总督掌控。而且，思恩府、田州府虽然新设府治，但规模未备，虽然设置了流官，其职责却未敲定，战后新定，满目疮痍，人心惶惶。基于这些情况，必须选派重臣处理善后工作。王阳明此前已请求加广西右布政使林富都察院官，仍任原职，副总兵张祐往来思恩、田州二府之间，随时处理突发情况。现如今，他请求朝廷赐下敕书，让林富节制南宁、宾州等府卫州县及东兰、南丹、泗城、那地、都康、向武等土司。同时,还请求朝廷诏命到日,将自己的善后措施让林富负责具体施行。①

总之,明代将田州、思恩两大土司改流,广西辖境内府一级建置的土司只剩镇安府和思明府,土司势力大大衰落,为清代大规模的改土归流创造了条件。②

平定桂北断藤峡、八寨之乱

王阳明的使命是平定思恩府、田州府土司之乱,又顺带解决了桂北断藤峡、八寨之乱。断藤峡在广西浔州府桂平县西北五十里,绵亘数百里,两崖间有大藤如虹,因名"大藤峡"。③ 大藤峡山深林密,盗贼屡发,如洪武八年(1375),大藤峡贼作乱,被柳州卫官军剿灭。④ 其后,朝廷屡屡派大军征剿,却难收长效,正如韩雍诗中所言,"数十年来肆猖獗,三广生民苦骚扰。五征不克势益张,处处孤城未能保"。成化元年(1465),都御史韩雍、都督同知赵辅等人率十六万大军,五路并进,先破修仁城,生擒一千二百余人,斩首七千三百余级,荔浦县也顺带被平定。当年十二月,攻至横石塘及九层楼诸山,先后攻破贼寨三百二十四处,生擒贼首大狗及其部众七百八十人,斩首三千二百余级,坠落溺死者不计其数。韩雍抽刀砍断横贯如虹的大藤,改名"断藤峡",刻石纪功而还。

八寨是指柳州府辖区内思吉、周安、古卯、古蓬、古钵、都者、罗墨、剥丁八个瑶民村寨,本是迁江八屯及上林二里民地,后增入龙哈、咘咳二寨为十寨。八寨地区

① 《全集》卷一四《别录六·奏疏六·处置平复地方以图久安疏》、卷三五《年谱三》,第532—546、1452、1454、1455页;嘉靖《南宁府志》卷四《学校》,《天一阁藏明代方志选刊续编》第67册,第199、120页。

② 崔继来:《改土归流与清代广西土司社会》,硕士学位论文,陕西师范大学,2015年,第14—21页。

③ 道光《桂平县志》卷三《地理二·山川》,道光二十三年刻本,叶13b—14a。

④ 《明史》卷三一七《广西土司一》,第8217页。

东达柳州三都、皂岭、北四诸峒,西连东兰等州及夷江诸峒,南界思恩及宾州上林、铜盘、渌毛诸峒,北抵庆远忻城、东欧、八仙诸峒,周围有五百里之广。贼寇盘踞日久,每寨多达上千人,据险难制。成化初年,参将马义等人进讨,未获成功。正德中,八寨寇气焰日炽。[①] 王阳明平定田州之乱后,左右两江百姓拦住他诉说断藤峡贼寇扰害之惨状[②],卢苏、王受等人初降,也愿意立功赎罪,王阳明遂疏请兴兵讨伐,获准。

据王阳明《八寨断藤峡捷音疏》、高岱《鸿猷录》等史料记载,嘉靖七年(1528)三月,王阳明至南宁,与文臣武将商讨平叛之策,定议由湖广金事汪溱、广西副使翁素、广西金事吴天挺、参将张经、都指挥谢珮率湖广土兵分道进击断藤峡,永顺土司兵进剿牛肠等寨,保靖土司兵进剿六寺等寨,约定各路大军于四月初二到达驻地,四月初三发起攻击。这次调集大军很隐秘,王阳明曾督率数省大军进剿卢苏、王受,各寨贼寇听闻后纷纷逃匿深山密林。但听闻王阳明没有兴兵进剿,而是遣散诸军后,放松了警惕。这下突然杀了个回马枪,各寨贼寇被打了个措手不及,但还是负隅顽抗,土司彭明辅、彭九霄、彭宗舜及头目田大有、彭辅等人督率部众,奋勇冲杀,力败贼寇,生擒斩获贼首等六十九名颗,俘获男女及夺回被俘人口、牲畜、器械无数。余贼败退至仙女大山,据险结寨。官军攀崖而上,四月初四再破之,生擒斩获贼寇六十二名颗。四月初五,破石壁、大陂等寨,生擒斩获贼寇七十九名颗,俘获男女、牛只、器械无数,余贼溃退至断藤峡、横石江等处,被官军死死咬住,争渡时溺死六百多人,官军乘胜攻击,生擒斩获六十五名颗,俘获男女、牛只、器械数多,零星漏网残寇逃往他处。官军没有立即撤退,而是展开搜山行动,直至初十才结束,然后奉命退至浔州府。随后,王阳明命令各军突袭仙台等地的贼寇。

四月十一日深夜,各路大军遵照既定方案到达攻击位置:永顺土司兵从磐石、大黄江登岸,进剿仙台、花相等处;保靖土司兵从乌江口、丹竹埠登岸,进剿白竹、古

---

① 《读史方舆纪要》卷一〇九《广西二》,第4919页。
② 《明史》卷三一七《广西土司一》,第8222页。

陶、罗凤等处。约定在十三日寅时(凌晨三点到五点)发起攻击。贼首黄公豹、廖公田等率部众在沿途埋设竹签,合兵抵抗,十分凶狠,幸得各路官军奋勇冲杀,生擒斩获贼寇等四百九十名颗,缴获无算,余贼逃至永安边界立山地方,凭险驻寨。王阳明调指挥王良辅及土兵彭恺等人于二十四日分路进剿,再获胜利,生擒斩获贼寇等一百七十二名颗,缴获无算,余贼溃逃,被追杀者数多。此后,官军又多次取胜,斩获颇多,如四月二十八日攻破周安等寨,五月初一日攻破古钵等寨,五月初十日攻破都者峒等寨,五月十七日,卢苏、王受率部攻破黄田等寨,六月初七攻破铁坑等寨……八寨贼寇基本被荡平,虽有零星逃散者,仅数十人而已。① 按《年谱》的记载,八寨贼寇基本被荡平是在嘉靖七年七月②,前后历时一个多月,王阳明有诗抒志:"见说韩公破此蛮,貔貅十万骑连山。而今止用三千卒,遂尔收功一月间。岂是人谋能妙算?偶逢天助及师还。穷搜极讨非长计,须有恩威化梗顽。"③王阳明的善后政策主要体现在《处置八寨断藤峡以图永安疏》中:

一、移驻南丹卫城于八寨。南丹卫置于洪武二十八年(1395),该年八月,朝廷派左军都督府左都督杨文佩征南将军印为总兵官、广西都指挥使韩观为左副将军、右军都督府都督金事宋晟为右副将军、刘真为参将,率京卫精壮马步官军三万人至广西,会同广西各处军马讨龙州土官赵宗寿及奉议、南丹、向武等州叛贼。④ 叛乱平定后,废南丹州,置南丹卫,还设置奉议、庆远二卫。⑤ 因南丹州地区多瘴气,正统七年(1442),迁卫于宾州治所东。迁卫后不久,有土民作乱,遂于南丹州故地重置南丹州,以南丹州故土司莫金之子莫禄为土知州。⑥ 叛乱平定之后,王阳明建议移驻南丹卫城于八寨。理由是:

---

① 《鸿猷录》卷一五《再平蛮寇》,第187—191页;《全集》卷一五《别录七·奏疏七·八寨断藤峡捷音疏》,第555—566页。

② 《全集》卷三五《年谱三》,第1455页。

③ 《全集》卷二〇《外集二·平八寨》,第878页。

④ 《明太祖实录》卷二四〇,洪武二十八年八月丁卯条,第3485页。

⑤ 《明史》卷三一七《广西土司一》,第8208页。

⑥ 《明史》卷三一七《广西土司一》,第8211页。

八寨东连柳州陇哈、三都岭、三北四等处贼峒数十处,北连庆远忻城、东欧、莫往等处贼峒数十处,西连东兰等州及夷江、土者等处贼峒数十处,南接思恩及宾州上林县等处贼村数十处,是柳州府和庆远府贼寇的根基。八寨贼寇数量多,各处贼峒和贼村声息相通,实难平定,今天幸得平定,应该赶紧置卫,以便控御。至于南丹卫,是因为南丹州是极边穷苦之地,才将卫城迁至宾州,但宾州本来就有守御千户所,南丹卫自远处迁来反而造成了很多麻烦,屯田不在宾州,军粮却由宾州供给,军士占据城内,州民反居城外,导致州之政令在州城之内无法贯彻。南丹卫官军虽不满五百人,加上家属则不下两千人,两千人屯聚一城,气势渐盛,足当守御。而且,将南丹卫移驻八寨,将八寨地区的屯田及贼寇侵占的田地清理出来,让官军耕种,可以节省俸禄和月粮,官军是乐意前往的。南丹卫移驻八寨后,宾州城空间充裕,可让城外州民移居城内,修复宾州各衙门官署,便于州官施政。

还将迁江八所迁于八寨,以壮声势。迁江屯田千户所置于洪武二十五年(1392),直隶广西都司,治所本在宾州上林县东。迁江八所武官都是土司世职,且有狼兵数千人,分置八寨,以制贼势。后来,八寨地区贼势日炽,迁江八所武官不敢前去驻扎,反而与贼寇勾结,声息相通,官府察觉之后,却惮于这些武官背后的贼寇势力,难以采取行动。等到王阳明率军平定八寨贼寇后,这些武官被绑赴军门,本要斩首示众,以为远近之戒,但这些武官声泪齐下,只求免死,也愿意杀贼立功赎罪。鉴于时势,王阳明让他们率领部众入屯八寨,与南丹卫官军分工筑城。八所官兵虽有消耗,但还有四千多人,让其中战斗力稍弱者在外屯田,战斗力强悍者调入南丹卫新城中,加上南丹卫官军,总计四千余人。这样一来,南丹卫新城就成为柳州府、庆远府之间的重镇,可以截断各贼寨之间的联系,再遇反叛,便可以依险出兵剿杀。①

二、改筑思恩府城于荒田。迁治所之事,王阳明从嘉靖七年春便开始考虑。思

---

① 《读史方舆纪要》卷一〇九《广西二》,第4921页;《全集》卷一五《别录七·奏疏七·处置八寨断藤峡以图永安疏》,第567—570页。

恩府旧治砦城,按《读史方舆纪要》所载,正统十年(1445),土司岑瑛移治桥利①,王阳明在奏疏中则说是岑濬移治桥利。桥利四面都是悬崖峭壁,新治建在怪石之中,四周乱石丛生,治所像处于刀枪剑戟之中一样。岑濬伏诛,其后二十余年反者数起,岁岁不得安宁,很多人说是风水所致。王阳明认为这一说法虽然不可全信,但顽石之上草木不生,背阴处的山崖下必有狐狸、老鼠之类,并非善地。而且,桥利地区烟瘴甚浓,每天中午时分才散开,中原人到此地,往往染疾。在平定八寨之乱过程中,发现桥利六十里外有一开阔之地叫荒田,此地皆膏腴之地,山环水绕,是建治所的好地方。当地土民听说后,也欢欣鼓舞,愿意为建新治所出力,王阳明便命桂鳌负责建治事宜。

三、改凤化县治于三里。思恩府旧辖凤化县,但该县没有城郭、官署,历任知县或借居民房,或让家眷居于宾州,自己往返于宾州和凤化。上司怜悯他们,或者让他们管理别的官印,或者派他们出公差,苟延度日,由此,凤化县如同虚设。王阳明在平定八寨叛乱过程中发现上林县有一处地方,名叫三里,在八寨之间,地势平坦,周围有山环绕,以前有很多民居被贼寇占据,现在贼寇已灭,是建凤化新县治的好地方。王阳明建议,割上林县上、下无虞乡三里之地属思恩,凤化县新治即建在其中。迁建新县治一事传开,仅仅三四个月,流离之民便纷纷返回家乡,修复房屋田产,供办粮差,此地已成为一方保障。而且,凤化新县治距南丹新卫只有五六十里,声息相通,互为犄角。

四、在思龙添设流官县治。王阳明说,从南宁府宣化县到田宁府沿河逆流有十天的路程,宣化县所属思龙十图距离田宁府则只有五六天的路程。思龙地区土夷村寨错处,距宣化县治较远,民人又害怕见官,导致粮差由县中奸猾吏员承办,这些吏员剥削勒索,民人深受其害,近年,思龙民人屡屡要求在其地添设县治以方便供办粮差。再者,思龙地方交通也算便利。由此,王阳明建议割宣化县思龙一、五、六、七、八、九、十、十二图及西乡六、八图新设县治,一来便于民人供办粮差,二来可

---

① 《读史方舆纪要》卷一一一《广西六》,第4968页。

以控扼要害之地,除此,原本被土民占据德那茄、三颜、那排等村落、田地也可以渐渐清出,归属流官管理。新设凤化县地近田宁府,可将该县划归田宁府。①

五、在五屯增筑守镇城堡。断藤峡平定后,地方官建议调土、汉官军数千人驻扎在浔州府,以防不测。但断藤峡新定,纵然有小股贼寇漏网,却难以再成气候。当下更需要做的事情,是剿抚并行,对贼寇要严惩,对向化的土民要加意抚恤,劝导向善。朝廷大军扑灭贼寇各寨已是惩戒,若要抚恤劝导向化土民,需要派军卫、府州县官到向化村寨中去,宣布朝廷恩威,赏赐鱼盐等物,为之选立酋长。向化之地中,断藤、牛肠等处靠近浔州卫,没有必要新设官署,其余地方中,五屯屯田千户所在藤县西北百里,直面大藤峡、风门、佛子等贼寨,西通府江,北接荔浦各处贼寇,最为紧要,需要增置城堡以便控御。早在洪武初年,朝廷便以壮族首领覃福为桂林右卫中所千户,率军镇守此地。覃福去世之后,部众散去,沦为贼巢。成化时,督臣韩雍请照迁江屯田千户所之例建所,遂在成化二年(1466)建五屯屯田千户所,直属广西都司。至此,王阳明请增筑城堡。②

王阳明在两广地区多建功勋,但此时的他已经病体沉疴,他于嘉靖七年(1528)十月初十日上《乞恩暂容回籍就医养病疏》,希望朝廷批准他回余姚老家就医休养。他的这身病,从南赣巡抚任上便愈加沉重起来,因为在南赣地区被湿热的瘴气侵害。奉命总督两广时,跟随王阳明的医生因为水土不服,称病离去。随身医生离开后,王阳明不敢轻易用药,病情日见沉重,每天只能吃几勺粥,多了便会呕吐。想到思、田未平,没敢疏辞重任。现在思恩、田州已平,断藤峡、八寨亦平,且新任太监、总兵已经到任,希望朝廷批准他回原籍养病。③ 就在上《乞恩暂容回籍就医养病疏》的当月,王阳明未经批准便离任归乡,并举荐巡抚郧阳都察院右副都御史林富代替

①　《全集》卷一五《别录七·奏疏七·处置八寨断藤峡以图永安疏》,第570—574页。

②　《读史方舆纪要》卷一〇八《广西三》,第4883页;《全集》卷一五《别录七·奏疏七·处置八寨断藤峡以图永安疏》,第574—576页。

③　《全集》卷一五《别录七·奏疏七·乞恩暂容回籍就医养病疏》,第580—582页。

自己,不成想,十一月二十九日辰时,卒于江西南安府大庚县青龙铺①,即今江西省赣州市大余县青龙镇赤江村。此地建有"落星亭",笔者曾数次前去拜谒。

---

① 《全集》卷三五《年谱三》,第 1460—1463 页。

第七讲　王学的形成与发展（上）

王阳明百死千难始悟得

　　王阳明的学术思想发展主要分为两大阶段：一、思索与实践宋儒"格物致知"理论阶段。弘治二年在广信府拜师娄谅可视为其起点，娄谅教他宋儒格物之学并激励他"圣人必可学而至"，即圣人的境界可以通过学习达到，也就是说没有天生的圣人，圣人也是通过学习和修炼而成的。这一阶段，"阳明格竹"是一个重要转折点，但格竹失败并未动摇王阳明对朱子学说的信心，他没有怀疑朱熹的方法有误，反而怀疑自己的天分不够，无法像朱熹一样通过格物致知的方式真正达到圣贤的境界。二、创立自己的学术思想体系。按目前学术界普遍认同的观点，龙场悟道可以视为王阳明创立自己思想理论体系的起点。

　　正德三年龙场悟道揭示自己的"格物致知"论即"心即理"之学，这是阳明学理论体系的根基所在。次年揭"知行合一"之旨。在经过较长时间的社会实践和学术积淀之后于正德十六年时揭"致良知"之奥，用"知行合一"搭建起"心即理"和"致良知"之间的桥梁。

語錄一

先生於大學格物諸說悉以舊本為正蓋先儒所

謂誤本者也愛始聞而駭既而疑已而殫精竭思

參互錯縱以質於先生然後知先生之說若水之

寒若火之熱斷斷乎百世以俟聖人而不惑者也

先生明睿天授然和樂坦易不事邊幅人見其少

時豪邁不羈又嘗泛溢於詞章出入二氏之學驟

聞是說皆目以為立異好奇漫不省究不知先生

居夷三載處困養靜精一之功固已超入聖域粹

"圣人必可学而至":拜师娄谅与对"格物致知"的思索

中国传统社会,学习儒家经典并科举仕进是人们的追求项或者说必选项,王阳明自然也不能例外。我们在第一讲中已经讲到,五岁的王阳明随其祖父开始学习儒家经典,成化十五年(1479),祖父王伦教给八岁的王阳明《曲礼》,但王阳明还有一颗成圣之心。成化十九年(1483),王华让十二岁的王阳明到私塾读书,但王阳明豪迈不羁,让王华深感忧虑。在京师私塾读书期间,王阳明曾问塾师:"何为第一等事?"塾师答曰:"惟读书登第耳。"王阳明心生疑惑,说:"登第恐未为第一等事,或读书学圣贤耳。"王华听后笑了笑说:"汝欲做圣贤耶?"①王阳明或许有自己的疑惑和思考,我们也可视之为一个十几岁孩童的狂妄之语,就像自己小时候老师问班里同学长大以后的梦想是什么,很多人回答想成为科学家一样。但关键就是这个成圣之心,成圣是有其方法和途径的,要想成为儒家的圣人,研读儒家经典、实践儒家经典的理论自是不二法门。

怀着一颗成圣之心或者说总角小儿的狂言,王阳明渐渐长大,结婚成家,在弘治二年(1489)时,遇到那位对自己影响极为深远的老师娄谅,由此开始了成圣之路径的第一阶段的探讨,那就是宋儒的格物致知。

一个人学术思想和理论的形成需要数年乃至数十年的积累与积淀。王阳明的家学渊源不可谓不深,其父王华能够在万千士子中脱颖而出,高中状元,儒学造诣更是不浅,对王阳明的影响是不能忽视的,但娄谅的引导对王阳明的影响无疑也是巨大的,黄宗羲所谓"则姚江之学(阳明心学),先生(娄谅)为发端也"②,或并非过

---

① 《全集》卷三三《年谱一》,第 1346、1347 页。
② 《明儒学案》卷二《崇仁学案二·教谕娄一斋先生谅》,第 44 页。

誉之词。《年谱》也说王阳明"始慕圣学"是在弘治二年(1489)。该年,新婚燕尔的王阳明偕夫人诸氏从南昌出发回浙江余姚老家,到江西广信府时拜见大儒娄谅。娄谅教给他宋儒格物致知之学,并鼓励他说"圣人必可学而至",即圣人的境界可以通过学习达到的,也就是说没有天生的圣人,圣人也是通过学习和修炼而成的,学习的内容,儒家经典肯定居于重要的地位,这对二十刚刚出头的王阳明来说是一个大大的激励。拜师娄谅之后,王阳明便开始了省言、省行的进一步的学习之路。弘治三年(1490),王华回乡丁父忧,召集堂弟王冕、王阶、王宫及女婿牧相前来受学,王阳明也在其中。王阳明白天听课,晚上则经常苦读经史子集至深夜,学问日进,王冕等人自愧弗如。而且,嬉笑怒骂、爱开玩笑的王阳明确实变得中规中矩,开始"端坐省言",他的堂叔和姑丈问起来,王阳明很严肃地回答:"吾昔放逸,今知过矣。"意思是我之前放荡不羁,现在知道错了。这一下子让王冕、王阶等人不好意思起来,也开始重视一言一行了。①

　　王阳明又深一层次地研学宋儒格物之学是在弘治五年(1492),大家耳熟能详的"阳明格竹"的故事便发生在这一年,王阳明思想的又一次巨变也是在这一年。该年,王阳明随父亲王华来到北京,"是年为宋儒格物之学。先生(王阳明)始侍龙山公(王华)于京师,遍求考亭遗书读之"②。考亭在福建建宁府建阳县,是"望考亭"的简称。五代南唐人黄子稜和父亲到福建,见建阳县山水秀丽,便在此地安家。父亲去世后葬于三桂里,黄子稜在半山筑亭以远望父亲之墓,遂名望考亭。朱熹居处近望考亭,"考亭"便成为朱熹的代称,但不能误认为是朱熹所建。③ 南宋宁宗庆元六年(1200),朱熹卒,门人黄幹率诸生在考亭西侧筑勉斋草堂用以服丧。④ 读了很多宋儒的书之后,王阳明思索着"众务必有表里粗精,一草一木,皆涵至理"这句

---

①　《全集》卷三三《年谱一》,第1348页。

②　《全集》卷三三《年谱一》,第1348页。

③　[清]周亮工:《闽小记》卷二《考亭》,康熙间刻本,叶19a—19b。

④　康熙《建宁府志》卷四六《古迹》,康熙三十二年刻本,叶21a—21b。

话的意思，见官署中有很多竹子，便前去"格"之，却因此病倒了①，《传习录》中记载了王阳明自叙早年"格竹"致病的故事。

从中可知，此时的王阳明对宋儒格物致知之学深信不疑，并亲身实践，"众人只说格物要依晦翁，何曾把他说的去用？我着实曾用来"，结果格了七天竹子一无所得，反而大病了一场。② 正如王传龙所说，不少观点认为格竹失败是王阳明质疑朱子学说的转折点，其实不然。王阳明格竹失败，却没有动摇他对朱子学说的信心。"先生自委圣贤有分，乃随时就辞章之学"，王阳明自认为"圣贤有分"，即自己的天分不够，无法像朱熹一样通过格物致知的方式真正达到圣贤的境界，便转向"辞章之学"，追求科举仕进了。其实，王阳明"格竹"的举动说明他没有真正理解朱熹"格物致知"的方法，王阳明似乎将"即物而穷理"理解为"到物跟前去，竭力思索，以通彻物理之极"，所以才会做出坐在竹子对面、穷思冥想数日不成的"滑稽"举动。明人高攀龙对此也有一番评说："因一草一木之言，格及官舍之竹而致病，旋即弃去，则其格致之旨未尝求之，而于先儒之言亦未尝得其言之意也。"③

"格物致知"一词源于《礼记·大学》，"致知在格物。物格而后知至，知至而后意诚，意诚而后心正，心正而后身修，身修而后家齐，家齐而后国治，国治而后天下平"，其含义已经讨论上千年而不绝。细读原文，"格物"乃可"致知"，成为修身、齐家、治国、平天下的基础，是后儒后人学习儒家理论的途径，后儒后人自会有自己的解释。例如东汉经学家郑玄解释说："知，谓知善恶吉凶之所终始也……格，来也。物，犹事也。其知于善深则来善物，其知于恶深则来恶物，言事缘人所好来也。此'致'或为'至'。"唐代经学家孔颖达解释说："'致知在格物者'，言若能学习招致所知。格，来也。已有所知，则能在于来物。若知善深则来善物，知恶深则来恶物。言善事随人行善而应来之，恶事随人行恶亦来之。言善恶之来缘人所好也。"④乐爱

---

① 《全集》卷三三《年谱一》，第 1348、1349 页。
② 《全集》卷三《语录三》，第 136 页。
③ 王传龙：《阳明心学流衍考》，厦门大学出版社 2015 年版，第 35、36 页。
④ 《礼记正义》卷六〇《大学第四十二》，第 1592 页。

国认为郑玄、孔颖达从伦理学角度诠释"格物致知"之义,"物"是指善恶之事物,"知"指善恶之知;"格物致知"指善恶事物之来与人的善恶之知的关系,认为善恶事物之来源于人的善恶之知,只有"知至",才能行善不行恶。①

因受宋儒推崇,《大学》篇被单列出来,与《论语》《孟子》《中庸》并称为儒家经典之"四书",对"格物致知"的解释日渐缜密。北宋理学家程颢和程颐先释"理"(包括伦理道德之理和自然界事物之理),再解作为知"理"途径的"格物":"格犹穷也,物犹理也,犹曰穷其理而已也。穷其理,然后足以致之,不穷则不能致也。格物者适道之始,欲思格物,则固已近道矣。"②二程的格物对象非常广泛,自然界的事物都在其中。同时,二程反对一味地格物之理,还强调自身的体察和观物理二者的统一。格物的途径有多种,有读书以求探明言辞、文章的含义和观点之法,有谈论古今人物分别是非之法,还可以接触事物,将它们用在合适的地方。至于格物的方法,二程较多地强调"类推",指出格物穷理不是要穷尽天下的事物,需要在一事上穷尽,然后类推出相关的事理。③

朱熹认为《大学》的"格物致知"部分有缺文,遂依据"程子(程颐)之意"做出新的解释:"所谓致知在格物者,言欲致吾之知,在即物而穷其理也。盖人心之灵,莫不有知,而天下之物,莫不有理。惟于理有未穷,故其知有不尽也。是以大学始教,必使学者即凡天下之物,莫不因其已知之理而益穷之,以求至乎其极。至于用力之久,而一时豁然贯通焉,则众物之表里精粗无不到,而吾心之全体大用无不明矣。"④朱熹用以论证"格物致知"理论的前提是肯定人的主观能动性,即人是有一定的认知能力的,同时,天下万事万物也是有自己的规律的。但人的认识是有限的,万事万物的规律却是无穷无尽的,人要认识这些规律,就要通过"格物"这一途径。朱熹的格物致知论是一种知识论,格物致知是一种获取知识的过程,他又将格物致知完

---

①　乐爱国:《朱子格物致知论研究》,岳麓书社 2010 年版,第 10、11 页。

②　[宋]程颢、程颐:《二程集》卷二五《伊川先生语十一·畅潜道录》,中华书局 2004 年版,第 316 页。

③　乐爱国:《朱子格物致知论研究》,第 16—18 页。

④　[宋]朱熹集注:《宋本大学章句》,国家图书馆出版社 2016 年版,第 35、36 页。

全融合于道德修养中,使其格物论成为道德论,一种融合了知识论的道德论。朱熹的格物论强调格物致知对道德修养的根本作用,实际上就承认了获取知识的过程是道德修养的一个重要阶段,或者,任何知识只要处于一定的知识结构中,并作逐步的提升,达到"豁然贯通",就能具有道德修养的功能。①

　　程颢、程颐、朱熹等宋儒演绎"格物致知"之意,实际是在探求心性与天道的关系,这是孔子提出来却没有解释的问题,是孔子留给后人的一个悬念,孔子的学生子贡慨叹道:"夫子之文章,可得而闻也。夫子之言性与天道,不可得而闻也。"②王阳明要想成为圣人,是不能脱离他所处的时代的,他要读的是"四书五经"等儒家经典,他要思索的也是人生与宇宙、人性与天理、致知与格物的关系,用王阳明自己的话说,就是"吾心"和"物理"二者之间到底是什么关系。③ 历代儒学大家都是在演绎儒家经典,也可以说是解释儒家创始人孔子的思想学说,无论是汉晋隋唐时期的经学家郑玄、马融、服虔、孔颖达,抑或是程朱理学、陆王心学,还是王阳明之后的阮元、惠栋等人,这是其共通之处。王阳明一直思考"吾心"和"物理"的关系,其实是在构建自己解释经典的方法。在不断思考"吾心"和"物理"二者的过程中,完成了由格致之学到心学的转变,标志便是为时人、后人所推重的"龙场悟道"和那句最简练的话:"圣人之道,吾性自足,不假外求。"

"圣人之道,吾性自足":龙场悟道与阳明心学的根基"心即理"

　　阳明心学体系糅合了儒、释、道诸家学说,是逐步建立起来的,非一朝一夕之功,但龙场悟道却是一个重要的转折点。正德三年(1508)龙场悟道是王阳明揭示

---

① 乐爱国:《朱子格物致知论研究》,第 178、179 页。
② 程树德撰,程俊英、蒋见元点校:《论语集释》卷九《公冶上》,中华书局 1990 年版,第 318 页。
③ 方志远:《千古一人王阳明》,第 75 页。

自己的"格物致知"理论即确立起了自己的"心即理"思想,这是阳明学理论体系的根基所在。王阳明去世之后,其弟子、时任南京礼部侍郎的黄绾将王阳明的学术思想概括为"致良知""亲民""知行合一"的"三大要"①,从学术层次来说,王学三大要"致良知""亲民""知行合一"皆由"心即理"而出,与"心即理"并不在一个层面上②,而且,王阳明揭示"三大要"的时间是不同的。王阳明早年曾对朱熹的格物致知说是深信不疑的,但天下万物不可尽数,如何可以格尽天下万物之理? 这是让王阳明一直感到困惑的地方,直到他被贬龙场才得到解决。

但《年谱》中对王阳明的龙场悟道,却描写得近乎神秘莫测了,仿佛有一种神秘的力量引导着王阳明,"忽中夜大悟格物致知之旨,寤寐中若有人语之者,不觉呼跃。从者皆惊。始知圣人之道,吾性自足,向之求理于事物者误也。乃以默记《五经》之言证之,莫不吻合,因著《五经臆说》"。③ 其"圣人之道,吾性自足,不假外求"仍是有根基的"吾性自足",有根基的"不假外求",这个根基便是儒家经典。我们决不能跳脱出"心学"产生的具体时空简单地将其认定为唯心主义,"心学"之"心"不是作为人体脏器之一的"心",不一定是实在之物质,在中国传统哲学中"心"可指意识和意念。由此,王阳明的龙场悟道实际是他对宋儒"格物致知"的再解释,实为陆九渊"心即理"之翻版,是王阳明正式有了要独立与儒家经典、圣贤沟通的想法。我为什么必须向世间万事万物那里求得圣学之道? 我为什么必须用先儒的解释去读懂儒家经典? 我可以独立地解释儒家经典,我可以独立地与圣贤沟通,我可以在解释孔子之道、先儒之道的基础上创立自己的"道"。由此,王阳明没有也不可能抛弃所有成说,用扬弃成说更为合理。《五经臆说》今已不存,《五经臆说序》作于"戊辰"年,结合明朝纪年与王阳明的生平,该"戊辰"年只能是王阳明龙场悟道的正德三年(1508)。由此,《五经臆说序》和十三条具体文本可定为王阳明之原本,从中正

---

① [明]黄绾撰、张宏敏编校:《黄绾集》卷三二《奏疏·明是非定赏罚疏》,上海古籍出版社 2014 年版,第 626、627 页。

② 方志远:《"亲民":王学要义所在》,2020 年 12 月 28 日《光明日报》第 14 版《理论·史学》。

③ 《全集》卷三三《年谱一》,第 1354 页。

可窥得王阳明龙场所悟之道：

> 得鱼而忘筌，醴尽而糟粕弃之。鱼醴之未得，而曰是筌与糟粕也，鱼与醴终不可得矣。五经，圣人之学具焉。然自其已闻者而言之，其于道也，亦筌与糟粕耳。窃尝怪夫世之儒者求鱼于筌，而谓糟粕之为醴也。夫谓糟粕之为醴，犹近也，糟粕之中而醴存。求鱼于筌，则筌与鱼远矣。
>
> 龙场居南夷万山中，书卷不可携，日坐石穴，默记旧所读书而录之。意有所得，辄为之训释。期有七月而《五经》之旨略遍，名之曰《臆说》。盖不必尽合于先贤，聊写其胸臆之见，而因以娱情养性焉耳。则吾之为是，固又忘鱼而钓，寄兴于曲蘖，而非诚旨于味者矣。呜呼！观吾之说而不得其心，以为是亦筌与糟粕也，从而求鱼与醴焉，则失之矣。①

这里已经讲得很明白了。第一，如何求圣人之道的理论依据：自己的臆说有本，那就是儒家"五经"，"五经，圣人之学具焉"。进而提出求圣贤之道要有本，必须要重视这个本，即儒家经典，不能做无本之解释，"求鱼于筌，则筌与鱼远矣"等语说的便是这个意思。第二，自己求圣人之道的新实践：他在少书可读的情况下默记"五经"，并作出自己的解释，不一定要依据成说，"默记旧所读书而录之。意有所得，辄为之训释。期有七月而"五经"之旨略遍，名之曰《臆说》。盖不必尽合于先贤，聊写其胸臆之见"。但此时的王阳明虽已悟得如何求圣人之道的方法，对自己悟到的方法非常自信却也很谨慎，不想引发与朱子学派的论争，他在序中所谓"聊写其胸臆之见"便见其意。后来，学生钱德洪想获读《五经臆说》，王阳明笑着说"付秦火久矣"。

笔者猜度其中暗含了两重意思：表层意思是《五经臆说》一书已经被我烧了。为何不说"付火"而是说"付秦火"则是深层意思，秦火烧掉的不仅仅是一部分儒家

经典，更是烧出了大混乱，导致秦朝以降万千之计的解经之说，既然解经之家万千计，解经之说万千计，我自可扬弃成说成一家之言。钱德洪大概是没理解老师的意思，便继续追问，王阳明进一步回答说："只致良知，虽千经万典，异端曲学，如执权衡，天下轻重莫逃焉，更不必支分句析，已知解接人也。"①以王阳明对《春秋》"元年春王正月"的解释为例。"元年春王正月"是孔子删述的《春秋》的第一句话，现存"《春秋》三传"《左传》《公羊传》《穀梁传》都解释了首书此语的原因，因为这是周天子的元年，是《春秋》一书记载的开始，汉儒公羊高《公羊传》更由此引申出"大一统"之意。王阳明解释为"人君即位之一年，必书'元年'。元者，始也，无始则无以为终"，与《春秋》三传的解释无二致，但王阳明凸出"正心之始"即为君者教化万方的重要性："'……故元年者，人君正心之始也。'曰：'前此可无正乎？'曰：'正也，有未尽焉，此又其一始也。改元年者，人君改过迁善，修身立德之始也，端本澄源，三纲五常之始也；立政治民，休戚安危之始也。呜呼！其可以不慎乎？'"②

其后，王阳明又有对圣人标准和圣人有等第之分的阐述。蔡宗兖问："圣人可以学而至，然伯夷、伊尹与孔子才力终不同，其同谓之圣者安在？"意思是说，既然说圣人的境界是可以通过学习而达到的，但伯夷、伊尹与孔子的才华是不一样的，为什么他们都能被称作圣人呢？王阳明答曰：

> 圣人之所以为圣，只是其心纯乎天理，而无人欲之杂。犹精金之所以为精，但以其成色足而无铜铅之杂也。人到纯乎天理方是圣，金到足色方是精。然圣人之才力亦有大小不同，犹金之分两有轻重。尧、舜犹万镒，文王、孔子犹九千镒，禹、汤、武王犹七八千镒，伯夷、伊尹犹四五千镒。才力不同而纯乎天理则同，皆可谓之圣人。③

---

① 《全集》卷二六《续编一·五经臆说十三条》，第 1075 页。
② 《全集》卷二六《续编一·五经臆说十三条》，第 1075、1076 页。
③ 《全集》卷一《语录一》，第 31 页。

　　学生刘德章又问:"闻先生以精金喻圣,以分两喻圣人之分量,以锻炼喻学者之工夫,最为深切。惟谓尧、舜为万镒,孔子为九千镒,疑未安。"王阳明回答说:

　　　　此又是躯壳上起念,故替圣人争分两。若不从躯壳上起念,即尧、舜万镒不为多,孔子九千镒不为少;尧、舜万镒只是孔子的,孔子九千镒只是尧、舜的,原无彼我,所以谓之圣。只论精一,不论多寡。只要此心纯乎天理处同,便同谓之圣。若是力量气魄,如何尽同得! 后儒只在分两上较量,所以流入功利。①

　　王阳明的回答说得很多,但其核心意思却说得很明白:第一,他定义了何为圣人。"圣人之所以为圣,只是其心纯乎天理,而无人欲之杂""才力不同而纯乎天理则同,皆可谓之圣人""所以为圣者,在纯乎天理而不在才力也。故虽凡人而肯为学,使此心纯乎天理,则亦可为圣人""后世不知作圣之本是纯乎天理",判断一个人是否为圣人的标准是他心中是否有天理,与才智聪慧与否并无太大关系,圣人的才智也是不同的。圣人的心中几乎都是天理,是没有人的私欲的,任何人只要肯学习,让自己心存天理,那他就是圣人。第二,圣人有等第之分,"所以谓之圣。只论精一,不论多寡。只要此心纯乎天理处同,便同谓之圣",结合第一点,用心求理、心存天理便是圣人,但有大圣人、小圣人,第一等、第二等圣人乃至第九十九等圣人,而其为圣人则一,他们都是心中存天理。

　　龙场悟道看似神秘,但王阳明顿悟了解释儒家经典的途径,顿悟了与先贤先圣沟通的途径,这是王阳明心学的根基所在。其后,龙场悟道的次年即正德四年(1509),王阳明又"始论知行合一""是年,先生始论知行合一。始席元山书提督学政,问朱陆同异之辨。先生不语朱陆之学,而告之以其所悟。书怀疑而去。明日复来,举知行本体证之《五经》诸子,渐有省。往复数四,豁然大悟,谓:'圣人之学复睹

①　《全集》卷一《语录一》,第35页。

于今日;朱陆异同,各有所失,无事辩诘,求之吾性本自明也。'"①王阳明告诉席书"以其所悟",杂糅了"圣人之道,吾性自足,不假外求"和"知行合一",席书跑了四趟才明白,与其讨论朱熹、陆九渊的不同,与其辨析古人观点的异同,不如去明辨自己心中的是非。但对于王阳明悟得的"知行合一"具体有哪些内容,《年谱》中没有记载,从以后的师生问答等材料中可窥得一斑。

徐爱问很多人都知道要孝敬父亲、尊敬兄长,却没人做到孝敬父亲、尊重兄长,由此来看知和行是不是两回事。王阳明指出问题的关键是知道该怎么做却不这样做,是被人的私欲隔断了,知和行的关系本是一体的,中间没有隔断。其实暗含这样一个意思:人如要实现知行合一,就必须去除一己之私欲。他举《大学》"如好好色,如恶恶臭"来说明知行本一体,中间本无隔断之理:见到美色是"知",喜欢美色是"行",见到美色时就立刻喜欢上了,而不是见到美色后才生出好色之心;闻到恶臭是"知",厌恶恶臭是"行",闻到恶臭之时就立刻心生厌恶了,而不是闻到恶臭之后才生出厌恶之心。对于鼻塞之人,虽然看到恶臭之物,因为没有闻到臭味,便不会觉得很恶心。说某人知道孝敬父亲、尊重兄长,是要见到具体行动,只说一些孝悌的道理,是不能称之为孝悌的。徐爱又问那为什么古人还要将"知"和"行"分为两件事。王阳明回答说古人之所以既说一个知,又说一个行,因为世间有一种人只知道盲目去做事情,却不知道为什么要去做这件事,不知道自省自查,所以圣人告诫世人要知道为什么去做,然后去做。又有一种人,只是在思考我要做什么,却没有付诸实际行动,所以圣人告诫世人不仅要知道怎么做,更要实际去做。由此,知行还是没有分离的。②

当然,学生没有完全理解王阳明的意思,又拿儒家经典中的一些话来质疑王阳明的"知行合一"。如一个学生以《尚书》"知之匪艰,行之惟艰"两句发问,王阳明回答说"良知自知,原来是容易的。只是不能致那良知,便是'知之匪艰,行之惟

---

① 《全集》卷三三《年谱一》,第 1355 页。

② 《全集》卷一《语录一》,第 4、5 页。

艰'",意思知道某一个道理很容易,自己不愿去做反而抱怨很难做到便是"知之匪艰,行之惟艰"。又有学生问"知行如何得合一? 且如《中庸》,言'博学之',又说个'笃行之',分明知行是两件",王阳明回答说"博学只是事事学存此天理,笃行只是学之不已之意",意思是说"博学之"是在学圣人写成的文字以及其中蕴含的天理,"笃行之"只是由书本知识向实践层面知识的延伸。又有学生问"孔子言'知及之,仁不能守之',知行却是两个了",王阳明回答说:"说'及之'已是行了,但不能常常行,已为私欲间断,便是'仁不能守'。"①在笔者看来,王阳明的解释在"知及之"和"仁不能守之"中嵌入了"知不及之",并解释"知不及之"即不能事事践行的原因是没有守住"仁",即有了私欲。

总之,从举"如好好色,如恶恶臭"之例到解释学生所举《中庸》《论语》之问是王阳明知行合一论的发展,从人最基本的喜美恶臭或者恶丑的与生俱来的意识发展到心中要时刻"存天理"的高层次阶段,其实是在批判宋儒知行二分说,要想知行合一,必须心存圣人之理,不能被私欲所扰,但求理存理的目的不是空谈性理,而是要躬身实践,将圣人之道用于具体事务之中,下文要讲的"政在亲民"便是王阳明对于心学的贡献,也是王阳明区别于程朱理学的重要特征。无论程朱陆王之说,在一定的范畴内都可视为有用之学,都没有脱出儒家经世致用之论,都有其实践论内容。王阳明的弟子黄绾评价说"盖古人为学务实,知之所在即行之所在也。故克己则礼复矣,未尝分知行为二之。他日孔子又自语其学曰'吾十有五而志于学',以致'七十从心所欲不逾矩',亦为分知行而二之也。守仁发此,无非欲人言行必顾,弗事空言如后世之失也"②,恰得其分。只不过,随着时间的推延,一种学说被弟子你解我释,士人你传我播,渐成束之讲坛、供之圣坛的高头讲章,失掉了其中的实践论内容,这门学问也就走到尽头,基本没有实用价值了。

---

① 《全集》卷三《语录三》,第137页。
② [明]黄绾撰、张宏敏编校:《黄绾集》卷三二《奏疏·明是非定赏罚疏》,第627页。

一生精神：贯通"心即理"与"政在亲民"的"致良知"

王阳明的思想体系是很驳杂的，《明史·王守仁传》谓"其（王阳明）为教，专以致良知为主"①，特别指出了"致良知"的重要性。方志远也说，王阳明的学说只有在"致良知"提出之后，才真正形成了自己的体系，真正有了自己的"精神"。② 王阳明对自己悟出这番理论极为兴奋，竟至手舞足蹈："吾'良知'二字，自龙场已（以）后，便已不出此意，只是点此二字不出，于学者言，费却多少辞说。今幸见出此意，一语之下，洞见全体，真是痛快，不觉手舞足蹈。学者闻之，亦省却多少寻讨功（工）夫。"③按《年谱》记载，正德十六年（1521），五十岁的王阳明正式揭示了"致良知"之教。④ 这是王阳明经过较长时间的学术积淀和实践经历之后才提出的，《年谱》所系之正德十六年（1521）可以作为一个标志性的年份。至嘉靖六年（1527）时又有"天泉证道"，王阳明与弟子钱德洪、王畿在天泉桥上谈论学问，已经提到了著名的心学"四句教"："无善无恶是心之体，有善有恶是意之动，知善知恶是良知，为善去恶是格物。"⑤"致良知"之学至此可谓完备。

其实，"良知"概念并非王阳明首创，方志远指出："良知"概念出自《孟子》。《孟子·尽心》篇说："人之所以不学而能者，其良能也；所不虑而知者，其良知也。孩提之童，无不知爱其亲也；及其长也，无不知敬其兄也。亲亲，仁也；敬长，义也。无他，达之天下也。"孟子提出两个并列的概念：一、"良能"，这是人与生俱来的能力

---

① 《明史》卷一九五《王守仁传》，第 5168 页。

② 方志远：《"亲民"：王学要义所在》，2020 年 12 月 28 日《光明日报》第 14 版《理论·史学》。

③ 《全集》卷四一《刻文录叙说（钱德洪）》，第 1747 页。

④ 《全集》卷三四《年谱二》，第 1411、1412 页。

⑤ 《全集》卷三五《年谱三》，第 1442、1443 页。

或功能,如手能握、足能走、目能视、耳能闻;二、"良知",这是人与生俱来的感知和认知。这是孟子性善论的依据。《孟子·告子》篇又说:"恻隐之心,人皆有之;羞恶之心,人皆有之;恭敬之心,人皆有之;是非之心,人皆有之。"孟子认为,恻隐之心即是"仁",羞恶之心即是"义",恭敬之心即是"礼",是非之心即是"智",仁、义、礼、智是人们与生俱来的感知,不需要学,不需要想。但在物欲横流的社会中,人性中的恻隐之心、羞恶之心、恭敬之心、是非之心常常被泯灭。①

王阳明继承了孟子的观点,又加入了自己的阐释,强调良知"是乃天命之性,吾心之本体,自然灵昭明觉者也。凡意念之发,吾心之良知无有不自知者"②,"良知"是生来具有的,这一点与孟子的观点实无二致。孟子的"良知"论是其"性善论"的一种表现,在孟子"性善论"的逻辑中,人人皆有善端,但先天性善之人不一定就是善人,因为具备"善"之意识,知晓"善"之意涵并不能等同于他会去行善,也不等于他知道怎样去行善。孟子认为,要从先天性善到知道如何行善,心存仁礼之道,不断修身省己是其中重要的方法。只有自反自省才能求得自己的良心本心,只有求得自己的良心本心才能听到道德本体的命令,只有听到道德本体的命令才能知道如何去做,只有知道如何去做才能合于伦理,成就道德。③

如《孟子·离娄》篇便提到君子与普通人的不同之处在于心存仁和礼,心中存仁之人就会爱他人,心中存礼之人就知道尊敬他人,久而久之,爱人之人就会被爱,敬人之人也会受到他人尊敬。如果有人对我施以暴虐,我就要反思是不是因为我不仁不礼,才导致这样的恶果?自我反思后证明自己心存仁礼,还是有人向我施以暴虐,我就要反思自己是否不忠,自我反思证明是忠的,那就可以说明向我施以暴虐之人便是狂悖之人,他的做法便是胡作非为了。④ 王阳明融合《大学》的"格物致知"论和孟子"良知"论用以讨论如何"致良知",讨论该致的"良知"到底是什么。

① 方志远:《王阳明:心学的力量》,第 168 页。
② 《全集》卷二六《续编一·大学问》,第 1070 页。
③ 杨泽波:《孟子性善论研究(再修订版)》,上海人民出版社 2016 年版,第 153 页。
④ 《孟子注疏》卷八下《离娄章句下》,北京大学出版社 1999 年版,第 233、234 页。

其意是在说"良知"虽然人人皆有,但会被私欲、邪念所阻,行用不畅。"致良知"之法,黄绾概括得甚好,"其云'致'者何也? 欲人必于此用力以去其气习之私、全其天理之真而已矣"。① 在"知行合一"理论指导下,"致良知"命题一经提出,便贯通了"心即理"与"政在亲民"。"致良知"理论的作用是很大的,即所谓"修身齐家治国平天下"。

王阳明本着儒家经典,用自己的理论和实践贯通之,尧、舜、禹、汤、周文王等上古的圣君贤王的言行能让万民信服,是因为他们的"言"是"致良知"而后言,"行"是"致良知"而后行,"致良知"成为圣人治理天下的不二法门。② 王阳明又在思索了,人人都有良知,人人都可以"致良知",圣君贤王可以"致良知"治国理民,那我的"致良知"又将有何具体功用? 事事依良知行诚然可逐步提升道德修养,但不能流于空谈,"真知即所以为行,不行不足谓之知","'致知'之必在于行,而不行之不可以为'致知'也明矣"。既然是"格物致知",由此"有知而后有意,无知则无意矣。知非意之体乎? 意之所用,必有其物,物即事也。如意用于事亲,即事亲为一物;意用于治民,即治民为一物;意用于读书,即读书为一物;意用于听讼,即听讼为一物"。③ 可见,王阳明的"致良知"有很强的实践目的,须得"事上磨炼",正如钱穆的评价:"朱子言格物穷理,未免偏重'知'上说,而阳明言格物穷理,则根本脱离不了一'行'字。天理在实践中,良知亦在实践中。天地万物与我一体亦在实践中。不实践,空言说,则到底无是处。"④我虽居于江湖之远,可以传学布道,教给世人如何"致良知",我为官一任,要纾民难,解民困,自己有很多弟子入仕了,我也可以把这一理念传授给他们,并期许他们践行。

---

① [明]黄绾撰、张宏敏编校:《黄绾集》卷三二《奏疏·明是非定赏罚疏》,第626页。
② 《全集》卷二《语录二·答聂文蔚》,第89、90页。
③ 《全集》卷二《语录二·答顾东桥》,第48、56、53页。
④ 钱穆:《阳明学述要(新校本)》,九州出版社2010年版,第76页。

"政在亲民"：王学要义及其为政实践

　　黄绾将王阳明的学术概括为"三大要"："致良知""亲民""知行合一"。① 方志远认为黄绾所说的王阳明学说"三大要"，和人们通常所说的有些不同，没有人们所熟知的"心即理"，却突出了被大家忽略的"亲民"。黄绾这样概括，是有充分理由的。虽然无论是"知行合一"，还是"致良知""亲民"，都是王阳明对前贤学说的继承，但都在"成说"基础上进行了整合和推进，并重新予以界定。虽然王阳明称"致良知"是其"一生之精神"，后人也多将"知行合一"视为其思想核心，但在王阳明自己看来，无论是"知行合一"还是"致良知"，都是为着"亲民"，并特别提出"政在亲民"。"亲民"成为王阳明政治思想的核心命题，既是王阳明对于心学的贡献，也是王阳明区别于程朱理学的重要特征，体现着王阳明一生的执政理念。②

　　那么，阳明心学"明德亲民"的含义是什么？可以从王阳明与徐爱的师生问答说起。宋刻本《大学》开篇一句为"大学之道，在明明德，在亲民，在止于至善"，宋儒程颐解释说"亲，当作新"。朱熹作出的解释是"新者，革其旧之谓也，言既自明其明德，又当推以及人，使之亦有以去其旧染之污也"。③ 王阳明的弟子徐爱对"亲民"还是"新民"有疑惑，师生遂有问答。当然，"新"还是"亲"都是儒家学者对经典作出的解释。徐爱问王阳明，朱熹认为"在亲民"应当作"在新民"，您却认为该作"亲民"，依据是什么？王阳明解释说，朱熹认为是"新民"，"新者，革其旧之谓也，言既自明其明德，又当推以及人，使之亦有以去其旧染之污也"。实际是认为"民"没有自新的可能和必要，强调百姓的革新需要依赖于圣人，依赖于他人。也是在关心百

---

① [明]黄绾撰、张宏敏编校：《黄绾集》卷三二《奏疏·明是非定赏罚疏》，第626、627页。
② 方志远：《"亲民"：王学要义所在》，2020年12月28日《光明日报》第14版《理论·史学》。
③ [宋]朱熹集注：《宋本大学章句》，第13—15页。

姓的"精神"即教化百姓,使百姓恢复与生俱来的明德本性,意在强调他的"存天理,灭人欲",让百姓人人都遵从三纲五常。王阳明认为是"亲民",则兼具教、养二途,所谓"亲民",就是"爱民",就是安定百姓,就是关心百姓的生计。① 这与阳明心学"人人皆可为圣贤""人欲即天理"的理念相通,朝廷和官员不能一味地强迫百姓接受某种理念,而要真正知道百姓需要什么,尽量满足他们的需要,就会得到百姓的支持和拥护。

当然,王阳明的"政在亲民"理念是不断发展的。嘉靖四年(1525)②,晚年的王阳明在回答弟子南大吉问政时,融入"天地万物为一体"理念,将"政在亲民"的内核详解一番:第一,"明明德"就是为了亲民,有很强的实践性,反对空洞地坚持"明明德","昔之人固有欲明其明德矣,然或失之虚罔空寂,而无有乎家国天下之施者,是不知明明德之在于亲民",同时也反对"功利"和"霸术"之学,"固有欲亲其民者矣,然或失之知谋权术,而无有乎仁爱侧怛之诚者,是不知亲民之所以明其明德"。③ 第二,"明明德"就是要恢复人的仁心,"明德、亲民无他,惟在止于至善,尽其心之本体"④,这和前文提到的王阳明由《春秋》"元年春王正月"解释出"故元年者,人君正心之始也"是一以贯之的思想。南大吉认同王阳明的看法,将自己的理政之所命名为"亲民堂",并立下誓愿:"吾以亲民为职者也,吾务亲吾之民以求明吾之明德也夫!"⑤"政在亲民"既然是王阳明百死千难所悟之道,他自然要传授给自己入仕的弟子,不论阁老尚书等高官还是主簿等微官末吏,南大吉是其中之一,再如季本。

季本,字明德,号彭山,会稽人,正德十二年(1517)进士。季本对王阳明非常敬重,王阳明去世后,他在祭文中写道:"某(季本)立门墙,沾教为沃,义则师生,恩同

---

① 《全集》卷一《语录一》,第1、2页。
② 按万历《绍兴府志》卷二《职官志二》,万历十五年刻本,叶12a,南大吉任绍兴知府是在嘉靖二年。由此,《亲民堂记》中的"乙酉"应是嘉靖四年。
③ 《全集》卷七《文录四·亲民堂记》,第280页。
④ 《全集》卷三二《补录·大学古本傍释》,第1316页。
⑤ 《全集》卷七《文录四·亲民堂记》,第281页。

骨肉。"①季本所任官职官品不高,最高仅是正五品长沙知府,但他施政有方,深得百姓爱戴,在汉土民众中威望甚高,这与阳明"政在亲民"的教育不无关系。试举两例说明:嘉靖二年(1523),季本因言获罪,被贬为广东揭阳县主簿,但当时知县出缺,季本得以配堂印,署理县政。嘉靖七年、八年(1528、1529),揭阳县遭饥荒,县民流离失所、饿死者多,季本希望督抚官上奏朝廷请求蠲免赋税,但其希望落空了。不得已,季本拿出官钱赈济百姓,并劝谕富户拿出粮米贷给贫困之家,约定三个月的利息,等到秋成后偿还。但粮米还是不够用,他便设法从外地籴米赈济百姓。在季本的努力下,揭阳百姓赖以活者无算。季本由揭阳主簿升弋阳知县时百姓"遮留不得",足以说明他深受百姓爱戴。他在出任辰州府通判时,永顺、保靖两家宣慰司相互仇杀,听说季本在辰州,双方便带着金银前来相赠,季本没有收,给双方都写了一封信,希望他们和睦相处,两家果真解了仇恨。② 王阳明任两广总督期间,时任揭阳县主簿的季本推行乡约之事也深得王阳明之心,王阳明赞曰:"足见爱人之诚心,亲民之实学,不卑小官,克勤细务,使为有司者,皆能以是实心修举,下民焉有不被其泽,风俗焉有不归于厚者乎!"③

---

① [明]季本:《季彭山先生文集》卷三《祭阳明先师文》,《北京图书馆古籍珍本丛刊》第106册,第898页。

② [明]徐渭:《徐渭集》卷二七《行状·师长沙公行状》,中华书局1999年版,第644—650页;乾隆《揭阳县志》卷四《宦迹》,乾隆四十四年刻本,叶4a。

③ 《全集》卷一八《别录十·揭阳县主簿季本乡约呈》,第700页。

　　王门后学又称阳明后学，是兴起于明代中叶后以王阳明为宗师、以王学为志向的一群读书人，他们人数众多，人才辈出，从正德年间出现，直到明朝末年，百余年间传承不断，遍及域中，流派纷呈。明清之际著名思想家、史学家黄宗羲在《明儒学案》以师承地域为界，将阳明学派粗略地分为七大支系，即浙中王门、江右王门、南中王门、楚中王门、北方王门、粤闽王门、泰州学派。《明儒学案》未载滇黔王门，这是王阳明龙场悟道后形成的学派，在王门后学系统中最早学习和传播其学说，其重要性不言而喻。日本学者冈田武彦依据学术思想主张将阳明学派分为现成派（主张良知先天自足，不需要外求，代表人物是王畿、王艮等）、归寂派（强调"主静归寂"的修养功夫，代表人物是聂豹、罗洪先等）、修正派（主张"事上磨炼"，代表人物是钱德洪、邹守益等）。

儒林宗派卷十五

明

王守仁 伯安陽明
餘姚文成

王氏學派

徐愛 曰仁橫山
餘姚

周怡 順之訥溪
太平

魏良弼 師説水洲
新建

張榮 士儀本庵
潭溪縣

鄒守益 謙之東廓
安福

鄒善 穎泉

鄒德涵 汝海聚
所善子

鄒德溥 汝光潤
山

鄒德泳 善從子

首沐良知之学:王阳明谪居龙场与滇黔王学之传播

　　黔中王门是王阳明龙场悟道后形成的一个学派,在王门后学系统中最早学习和传播阳明心学,其重要性不言而喻。结合《中国历史地图集》和王阳明的诗词,王阳明从湖广辰州府出发后,沿驿路到了沅州府,有《罗旧驿》《沅水驿》可证①,然后从平溪卫(今贵州玉屏县)入贵州,道经偏桥卫(今贵州施秉县)、兴隆卫(今贵州黄平县)、清平卫(今贵州清平县),除偏桥卫,其他三地有《平溪馆次王文济韵》《兴隆卫书壁》②《清平卫即事》为证。③　钱明、束景南等人认为王阳明经过偏桥卫时收得贵州籍弟子钱凤翔,钱凤翔及门是有明确记载的:"正德中年,王守仁过偏桥,翔方年幼,慕其学,执贽请为弟子,守仁深器之。"嘉靖年间钱凤翔袭指挥使,因招抚有功,升洞庭守备,再升任福建行都司署都指挥佥事,至隆庆二年(1568),获掌广西都司事。④　但需要注意的是钱凤翔是哪里人,清代方志或写作"湖广人"⑤,其子钱中选则被写为"偏桥卫人"⑥,因为明代偏桥卫在贵州镇远府自然境内,却属湖广都司。⑦　根据现在的行政区划将钱凤翔定为贵州人是合理的,但依据现有史料我们无法确定钱凤翔的祖籍及移入偏桥卫的时间,遽然定为贵州人有不合理之处。一种比较稳妥的说法,钱凤翔是王阳明谪居龙场途中在云贵湖广地区所收较早之弟子。

---

①　《全集》卷一九《外集一·罗旧驿》、《沅水驿》,第766、767页。

②　《全集》卷一九《外集一·兴隆卫书壁》,第767页。

③　《全集》卷一九《外集一·清平卫即事》,第768页。

④　乾隆《镇远府志》卷二四《乡贤传》,乾隆五十六年刻本,叶7b—8a;民国《施秉县志》卷一《乡贤》,1965年油印本,叶56b—57a。

⑤　如康熙《建宁县志》卷一九《武职》,康熙三十二年刻本,叶2b。

⑥　乾隆《镇远府志》卷一八《选举志·外任》,乾隆五十六年刻本,叶39a。

⑦　《明史》卷九〇《兵志二》,第2214页。

　　汤𬀪也是王阳明谪居龙场期间的亲传弟子。《正德十六年进士登科录》汤𬀪家状谓汤𬀪"贯贵州宣慰司民籍，直隶桃源县人"，其父汤轸①，徐樾《承德郎汤轸墓志铭》谓"世系淮北清河县赤鲤湖籍，国初流寓贵竹，而奕叶至今"②，莫友芝《太守汤伯元先生𬀪》谓"其先自直隶桃源来籍"③，乾隆《陈州志》汤𬀪之孙汤师项本传中直谓"其先桃源人，后以军官调黔，遂为贵阳人"④。这里的"直隶桃源县"即明代南直隶淮安府桃源县，"淮北清河县"是指明代南直隶淮安府清河县⑤，"赤鲤湖"在桃源县治北六十里。⑥ 汤𬀪家状、汤轸墓志的记载稍有偏差，但桃源、清河二县相邻，我们可以说汤𬀪祖上是南直隶淮安府桃源县人。

　　汤𬀪，字伯元，"王守仁谪龙场，𬀪往师事，得知行合一之学"。王阳明受贵州提学副使席书之邀到贵阳文明书院讲学时，汤𬀪、陈宗鲁等人前去听学，"得其传者首推陈宗鲁及先生，宗鲁得阳明之和，先生得阳明之正。文章吏治，皆有可称"。汤𬀪中正德十六年（1521）辛巳科进士，仕至南京户部员外郎，出为潮州知府。潮州是两广地区事务繁多的大府，商旅络绎，税收事务繁杂，当地士大夫又好走后门，多任地方官行政不畅。汤𬀪到任后核检商税，在旧额的基础上稍有增加，如有假借成规之名收受贿赂的，便要求立刻归还，自己更是清正廉明，秉公办事。因此，各项政务慢慢得以理顺。在任三个月，便调巩昌知府（当时属陕西布政使司），不幸的是，汤𬀪在潮州知府任上得罪了一有势力的人家，被恶意中伤，竟被罢官。归乡后，汤𬀪以创作诗歌自乐，著有《逸老闲录》《逸老续录》等，卒年八十一岁。

　　汤𬀪是至孝之人，在京官任上几十年，潮州知府任上三个月，无法奉养母亲，每

---

　　① 《正德十六年进士登科录》，《明代登科录汇编》第六册，第3164页。

　　② 嘉靖《贵州通志》卷一二《艺文·墓表类·承德郎汤轸墓志铭（徐樾）》，《天一阁藏明代方志选刊续编》第69册，第812页。

　　③ ［清］唐树义审例、黎兆勋采诗、莫友芝传证，关贤柱点校：《黔诗纪略》卷三《太守汤伯元先生𬀪》，贵州人民出版社1993年版，第116页。

　　④ 顺治《陈州志》卷一四《宦绩志·良牧·汤师项》，顺治十七年刻本，叶16b。

　　⑤ 《明史》卷四〇《地理志一·淮安府》，第915、916页。

　　⑥ 乾隆《重修桃源县志》卷一《舆地》，民国六年刻本，叶17a—17b。

每向着西南方向流泪。为人兄，又关爱弟弟。兄弟三人年幼时，因继母韩氏待之苛刻，弟弟汤邦、汤鼎离家出走。后来，汤昮和父亲汤轸等多方找寻，只在贵州普安找到汤邦，汤鼎终是没了下落。每提到这件事，不免涕泪沾裳。汤昮子孙多入仕者，子汤克俊，嘉靖三十四年（1555）举人，仕至云南澂江府新兴州知州。孙汤师顼，字启英，万历十六年（1588）举人，任广西永福县教谕（即顺治《陈州志》谓"典教粤西永福"，下同），留心学校教育，捐置学田，崇祀名宦。转任北京国子监（"北成均"），万历二十年（1592）四月任顺天府通判（"京兆别驾"），再为南京刑部主事，升顺天府治中，被府尹排挤，出为陈州知州，任上赏罚分明，为政清平不扰民。孙汤师炎，字子农，万历三十一年（1603）举人，官至大理府推官。时值贵州奢崇明、云南沾益土妇设科等叛乱，屡败官军，道路受阻，新任云南巡抚闵洪学从广西田州辗转到任，命汤师炎为监军。汤师炎后不幸被贼所执，辱骂不屈，遂被害。赐祭葬，赠光禄寺少卿，荫一子入国子监读书。[①]

再有陈文学，字宗鲁，他也应是卫所军事移民后裔，例如嘉靖《贵州通志》谓"前卫人"[②]，嘉靖《耀州志》谓"贵州卫人"[③]，道光《贵阳府志》谓"贵州宣慰司人"，史料阙如，暂时无法考清陈文学的祖上迁入贵州的时间，我们暂以之为贵州人。陈文学于正德十一年（1516）中举，嘉靖《耀州志》本传说他于嘉靖八年（1529）任陕西耀州知州，喜欢和文人打交道，平日里以诗酒自娱，政事多疏，其后因不小心杖人至死，被仇家告发不得已辞官归乡。《明分省人物考》本传所谓"知耀州三年，调简，不果赴"，应该和闹出人命被人告发一事相关。

陈文学十多岁的时候便能作诗文，他"以诸生事王守仁于龙场，潜心理学"，成

---

①　道光《贵阳府志》卷七三《明耆旧传一·汤昮》，咸丰二年刻本，叶 9a—10a；乾隆《新兴州志》卷六《官师·知州·汤克俊》，乾隆十五年刻本，叶 7a；道光《永福县志》卷二《宦绩·汤师顼》，抄本，叶 21a；顺治《陈州志》卷一四《宦绩志·良牧·汤师顼》，顺治十七年刻本，叶 16b；乾隆《陈州府志》卷一三《职官·知州·汤师顼》，乾隆十二年刻本，叶 8a；万历《顺天府志》卷四《政事志》，《存目》史部 208 册，第 137 页；道光《贵阳府志》卷七四《明耆旧传二·汤师炎》，咸丰二年刻本，叶 7a—7b。

②　嘉靖《贵州通志》卷六《科目》，《天一阁藏明代方志选刊续编》第 69 册，第 852 页。

③　嘉靖《耀州志》卷六《官师·明知州》，光绪十六年刻本，叶 4a。

为王阳明的弟子。王阳明后来有诗相赠，"学文须学古，脱俗去陈言。譬若千丈木，勿为藤蔓缠。又如昆仑派，一泻成大川。人言古今异，此语皆虚传。吾苟得其意，今古何异焉？子才良可进，望汝师圣贤。学文乃余事，聊云子所偏"，对自幼聪慧的陈文学提出很高的期望，希望他要师学古人，师学圣贤，以成大器。从耀州知州任上辞官归乡后，陈文学不再关心世事，潜心学问，"精究学业，证以师说"，颇有所得，还作诗怀念老师王阳明："不拜先生四十年，病居无事检遗编。羲文周孔传千圣，河汉江淮会百川。"读书治学之外，还收藏晋唐时期的楷书、行书字帖，时时临摹，甚是逼真。有客人来，便谈诗论文。六十岁时遇到一个算命先生，说年岁不利，陈文学便自撰《五栗先生墓志铭》，宽心待尽，但十六年之后去世。著有《耀归存稿》《余历续稿》《蠮螉录》，其门人统编为《陈耀州诗集》，贵州普安人、终官四川按察金事邵元善为作序，称赞说："其诗触趣而发，不强作，冲澹如栗里（陶渊明），萧散如苏州（韦应物），沉郁如少陵（杜甫），而平生落落不偶于时，偃蹇寂寥以终其身，大都与诗相似，盖理学而兼能诗者。"①

又有叶梧，有关他的记载比较零散，结合康熙《贵州通志》、康熙《宝庆府志》、同治《新化县志》、雍正《镇安县志》等方志中可以相互核实的信息如下，叶梧是正德八年（1513）举人，正德十四年（1519）时任湖广宝庆府新化县教谕，他性格温和，但教学方面却很严苛，学生都惧怕他。叶梧见新化县学学宫祭器短缺，便竭尽全力补充完备。嘉靖四年（1525）任陕西商州镇安知县。②

史料阙如，叶梧拜王阳明为师或许也是王阳明在龙场之时。叶梧任新化县教谕后，王阳明有书信一通谆谆教诲之，殷切期望之，希望叶梧不要因位卑而不尽职

①　道光《贵阳府志》卷七三《明耆旧传一·陈文学》，咸丰二年刻本，叶 8b—9a；《全集》卷二九《续编四·诗·赠陈宗鲁》，第 1182 页；《明朝分省人物考》卷一一五《贵州全省·陈文学》，第 2542 页；[明]郭子章：《黔记》卷四七《乡贤列传四·陈文学》，《中国地方志集成·贵州府县志辑》第 3 册，巴蜀书社 2006 年版，第 297 页；嘉靖《耀州志》卷六《官师·明知州》、卷三《建置》，光绪十六年刻本，叶 4a、4a、7b。

②　康熙《贵州通志》卷一六《选举·举人》，康熙三十六年刻本，叶 20b；同治《新化县志》卷一五《官师志二·治绩》，同治十一年刻本，叶 6b；道光《宝庆府志》卷一〇六《政绩录二·黄汝显传附叶梧传》，叶 19a；雍正《镇安县志》卷三《官师·知县》，雍正四年刻本，叶 2a。

尽责:"消息久不闻。徐曰仁(徐爱)来,得子苍书,始知掌教新化,得遂迎养之乐,殊慰,殊慰。古之为贫而仕者正如此,子苍安得以位卑为小就乎! 苟以其平日所学熏陶接引,使一方人士得有所观感,诚可以不愧其职。今之为大官者何限,能免窃禄之讥者几人哉? 子苍勉之,毋以世俗之见为怀也。寻复得邹监生乡人寄来书,又知子苍尝以区区之故,特访宁兆兴,足仞相念之厚。兆兴近亦不知何似,彼中朋友亦有可相砥砺者否? 区区年来颇多病,方有归图。人还,匆匆略布闲阔,余俟后便再悉也。"①结合道光《宝庆府志》叶梧正德十四年任湖广宝庆府新化县教谕的记载,可将此封书信系于正德十四年前后。

值得一提的是,叶梧和陈文学曾整理校对王阳明的诗文著作,刻成《阳明先生文录》3 卷(影印本收入四川大学出版社 2015 年影印本《阳明文献汇刊》第 20 册)、《新刻阳明先生文录续编》3 卷),与嘉靖十四年闻人诠刻本《阳明先生文录》22 卷、嘉靖二十六年范庆刻本《阳明先生文录》17 卷等都是嘉靖时期刻本,早于隆庆六年谢廷杰刻 38 卷本《王文成公全书》,文献传承之功甚大。

贬谪期间,王阳明没有一直在龙场驿待着,其收徒授学范围自然不限于各地来龙场问学之学子。正德四年(1509),贵州提学副使席书聘请他到省城贵阳书院讲学,"是年先生始论知行合一"②,对贵州全省都有很大的影响。《年谱》中提到的"贵阳书院"实际是文明书院,早在 1987 年谭佛佑已有辨证,王阳明去世时贵阳仅有文明书院。贵州还有正学书院在提学道署右,嘉靖二十一年(1542)提学副使蒋信建;阳明书院在治城东,嘉靖年间巡按监察御史王杏建。③ 文明书院系提学副使毛科建。④ 毛科,字应奎,浙江余姚人,成化十四年(1478)进士。⑤ 弘治十六年(1503)四月,命贵州按察司副使毛科提调学校兼督理屯田。⑥ 其继任者是席书,正

① 束景南:《阳明佚文辑考编年·寄叶子苍》,第 401、402 页。
② 《全集》卷三三《年谱一》,第 1355 页。
③ 谭佛佑:《王阳明"主贵阳书院"辨证》,《贵州文史丛刊》1987 年第 1 期。
④ 嘉靖《贵州通志》卷六《学校·文明书院》,《天一阁藏明代方志选刊续编》第 68 册,第 762 页。
⑤ 光绪《余姚县志》卷一九《选举表》,光绪二十五年刻本,叶 40b。
⑥ 《明孝宗实录》卷一九八,弘治十六年四月壬寅条,第 3657 页。

德四年(1509)正月,升河南按察司金事席书为贵州按察司副使①,正德六年(1511)正月升河南布政司右参政。② 毛科在任上曾邀请王阳明到文明书院讲学,时间不晚于正德四年四月,其时,毛科致仕归,王阳明有《送宪副毛科致仕归桐江书院序》相赠,"正德己巳夏四月,贵州按察司副使毛公承上命,得致其仕而归"。③ 正德六年(1511)五月,毛科才被起复为山东按察司副使。④

　　针对毛科之请,王阳明有《答毛拙庵见招书院》诗婉拒:"野夫病卧成疏懒,书卷常抛旧学荒。岂有威仪堪法象? 实惭文檄过称扬。移居正拟投医肆,虚席仍烦避讲堂。范我定应无所获,空令多士笑王良。"⑤"笑王良"典出《孟子·滕文公》,说的是赵简子让王良为自己的宠臣嬖奚驾车打猎,第一次按规矩驾车却无所获,第二次不按规矩驾车反而有收获,但王良不愿意破坏规矩,于是辞去驾车的差事。王阳明言自己正在病中,学问亦久已荒疏,最后再抛出王良的典故,拒绝了毛科的请求。但据陆永胜研究,正德四年春,王阳明还是应毛科之请去了一趟贵阳,毛科于四月致仕,王阳明也就回到龙场。⑥

　　席书到任后两次修书,邀请王阳明到贵阳讲学,第一封信中写道:"切惟执事(王阳明)文章气节海内著闻,兹谪贵阳,人文有光,遐土大庆。曩者应光毛先生在任之日,重辱执事,旅居书院,俯教承学,各生方仰有成,不意毛公偶去,执事遂还龙场,后生咸失依仗。兹者书(席书)以凡材滥持学柄(以贵州按察副使之职提调贵州学校),虽边镇不比中州,而责任之重,则一兹欲再屈文饰,过我贵城(贵阳),振扬吾

　　① 《明武宗实录》卷四六,正德四年正月辛酉条,第1058页。
　　② 《明武宗实录》卷七一,正德六年正月丁丑条,第1572页。
　　③ 《明孝宗实录》卷七五,正德六年五月辛亥条,第1647页。
　　④ 嘉靖《贵州通志》卷一六《艺文·序类·送宪副毛科致仕归桐江书院序》,《天一阁藏明代方志选刊续编》第68册,第602页。
　　⑤ 《全集》卷一九《外集一》,第778页。
　　⑥ 陆永胜:《王阳明龙冈书院讲学考论》,《中山大学学报(社会科学版)》2017年第1期。

道之光,用副下学之望。"①稍晚时候,又修书信一通,洋洋洒洒千余言,言辞恳切。②

席书被任命为贵州提学副使是在正德四年(1509)正月,席书建议王阳明"再逾旬日,候书遣人至彼,然后命驾",建议王阳明在十月初一前后动身前往贵阳。席书在信中提出教育的根本目的在于学习圣人之道,抨击当时为了功名利禄而读书的不良社会风气,圣人之道被忽略,更不要谈修身、齐家、治国、平天下的志向了。但席书是进士出身,熟读儒家经典,是不可能完全舍弃举业的,针对当时的不良社会风气,提出将圣贤之学与举业之学融合为一,教者在讲学过程中要兼顾二者。席书的这封书信显然是对了王阳明的口味,王阳明也是进士出身,又有为圣贤之志,对儒家经典往往有独到的解释,欣然赴讲席之约便是自然之事了,于是便有了"守仁既就书院,书公余则往见,论学或至夜分。诸生环而观听者以数百,自是贵人士始知有心性之学"③的盛大景象。对于席书,王阳明自是感敬有加。嘉靖六年(1527)二月,六十七岁的席书在京师去世④,当年,王阳明有祭文,回忆了受邀在贵阳讲学的日子,"又忆往年与公论学于贵州,受公之知实深",但已多年未见,不料阴阳两隔,又无法亲自前去拜祭,只能"千里设位,一恸割心",并立下誓愿,即使不能有益于国,也要勤于学问,不能辜负了知己的心。⑤

值得一提的是,在束景南、邹建锋等人的努力开掘下,让我们知道王阳明谪居贵州龙场时,心学还传播到了云南,代表人物有云南蒙化人朱光霁、朱光弼兄弟二人。朱光霁的祖上是北直隶永平府滦州人,明初被选为某卫所军,驻应天府句容县,迁滇始祖朱德林从沐英镇守云南,调云南蒙化卫,便在此地落地生根,故《成化二十三年进士登科录》朱玑家状书写为"贯直隶永平府滦州人,云南蒙化卫军籍"。朱德林子朱福成袭世职,朱福成子朱玑,字文瑞,号恒斋,成化二十三年(1487)进

---

① [明]席书:《元山文选》卷五《书札·与王阳明书》,《明别集丛刊》第1辑第76册,第497页。
② [明]席书:《元山文选》卷五《书札·与王阳明书》,《明别集丛刊》第1辑第76册,第497—499页。
③ 道光《贵阳府志》卷五六《录三·明总部政绩录二》,咸丰二年刻本,叶12b。
④ 《国朝献征录》卷一五《内阁四·席书墓志铭(杨一清)》,第539—542页。
⑤ 《全集》卷二五《外集七·祭远山席尚书文》,第1060、1061页。

士,授大理寺评事,累至正三品贵州按察使。朱玑之子朱光霁,字克明,号方茅,正德八年(1513)举人,嘉靖十一年(1532)授重庆府通判,减轻百姓赋役负担,清理冤狱,深得百姓爱戴。嘉靖十五年(1536)迁绵州知州,雷厉风行,清理州中富豪之家私役民人之事。三年任满,迁西安府同知,将修复河套地区的劳役征派以及边塞防秋工作处理得妥妥当当。又不畏权贵,不给管理织造事务的权珰下跪,因此得罪了权珰,权珰想中伤他却无隙可乘。治理冤狱更是得心应手,西安人将他比作包拯。在西安府同知任上,朱光霁乞致仕,上官挽留不得,西安知府派人送去升任金都御史的官凭,但终归还是没有留住他。归乡后,布衣蔬食,安贫乐道,卒于隆庆四年(1570)十月初五。

朱光霁的师承,《朱光霁墓志铭》《蒙化县志稿》朱玑本传都有记载。《朱光霁墓志铭》谓"及恒斋公历官为贵州宪长,适阳明王先生谪居龙场,公(朱光霁)与二兄(朱光弼)投学,得闻良知之说"。这一记载并不准确,其时,朱玑任贵州按察副使(别称宪副)。《蒙化县志稿·朱玑传》中说得很明确,"出为四川按察司佥事,升贵州按察司副使,时王阳明先生谪龙场驿,玑遣子从学,声气相洽",这又可证于《黔记》和《明武宗实录》,《黔记》谓弘治十八年(1505)朱玑任贵州按察副使,《明武宗实录》谓正德五年(1510)四月,由贵州按察司副使升任贵州布政司左参政,正德六年(1511)七月,由贵州布政司左参政升任贵州按察使(别称宪长)。订正《朱光霁墓志铭》中的这处错误之后,我们才能更好地讨论朱光霁与王阳明的关系。

龙场问学后,王阳明于正德四年(1509)闰九月离开龙场,师生关系并未中断,《蒙化县志稿·朱光霁传》所收王阳明赠朱光霁南归时书札一通可为证:"朱光霁克明,廉宪朱公之子也,尝与其兄光弼从学于予。举于乡,来游太学,已而归省,请学之要……道经湖贵,从吾游者多,或有相见,亦出此致勉励之意。"这通书信的书写时间值得一究,民国《新纂云南通志·朱光霁传》也收录这通书信,同时提到"其自太学南归也,守仁赠以序云:'朱光霁克明,廉宪朱公之子也,尝与其兄光弼从学于予。举于乡,来游太学,已而归省,请学之要'"。结合其他记载可以厘清这封书信的来历:正德八年(1513),朱光霁中举,其后进京参加会试,次年会试落第,南归途中前去拜见王阳明并问学,王阳明遂有此答信。① 但拜见地点是南京还是滁州,依据现有史料难以断定。正德七年(1512)十二月,王阳明升任南京太仆寺少卿,次年二月抵达余姚老家,十月到南京太仆寺少卿驻地滁州,正德九年(1514)二月升任南京鸿胪寺卿②,五月份到南京。一般而言,明代会试是二月十五日考完,三月初三日就要殿试。朱光霁知道考试结果后,假定于二月底或三月初动身南归,最有可能是沿着京杭大运河一路南下的,到南京或者滁州都是有可能的。

看似小众实不小:以东昌、兖州二府为传学中心的山东王门

北方王门主要是指山东、陕西、河南三省的王门弟子。黄宗羲在《明儒学案·北方王门学案》中评价说:"北方之为王学者独少,穆玄庵既无问答,而王道字纯甫者,受业阳明之门,阳明言其'自以为是,无求益之心',其后趋向果异,不可列之王门。非二孟嗣响,即有贤者,亦不过迹象闻见之学,而自得者鲜矣。"③王阳明的再传弟子张元忭则给出另一种评价,北方王门人的数量确实比不上南方,但也有不少有很深学术造诣之人,"有明正嘉之际,王文成公倡道于姚江,维时及门之士,自大江以南无虑千百人,而淮以北顾寂寥寥,诚阻于地也。既一再传,诸高第门人,各以其

---

① 《国朝献征录》卷九四《朱光霁墓志铭(李元阳)》,第 4120、4121 页;《巍山朱氏历代宗支族谱》,大理白族自治州白族文化研究所编《大理丛书·族谱篇》,云南人民出版社 2008 年版,第 713—738 页;《成化二十三年进士登科录》,《天一阁藏明代科举录选刊·登科录》上,第 618 页;民国《蒙化县志稿》卷二三《人和部卷八·耆旧志上》,民国九年铅印本,叶 4a—6a;道光《云南通志稿》卷一四八《人物志二·卓行》,道光十五年刻本,叶 44a—44b;[明]郭子章撰《黔记》卷二八《总督抚按藩臬表》,《中国地方志集成·贵州府县志辑》第 2 册,巴蜀书社 2006 年版,第 578 页;《明武宗实录》卷六二,正德五年四月丙午条,第 1366 页;《明武宗实录》卷七七,正德六年七月乙卯条,第 1685 页;民国《新纂云南通志》卷二〇七《名贤传五·景东直隶厅》,民国三十八年铅印本,叶 16a—17a。
② 《明武宗实录》卷一〇九,正德九年二月乙巳条,第 2237 页。
③ 《明儒学案》卷二九《北方王门学案》序言,第 635—653 页。

学流布于四方,然后一二杰者,始兴起于齐、鲁、燕、赵之间,而其毅然自树,超然独得,顾有出于及门诸士之上,何哉?"①《明儒学案·北方王门学案》载有穆孔晖、王道、张后觉、孟秋、尤时熙、孟化鲤、杨东明、南大吉八位弟子,有亲传,有再传、三传者。邹建锋《阳明夫子亲传弟子考》认为北方王门阳明亲传弟子是穆孔晖、王道、南大吉、路迎、梁谷、陈鼎、南逢吉、南轩八人。②

山东王门是北方王门的一个分支,较早的亲传弟子是王阳明主试弘治十七年(1504)甲子科山东乡试时取中的举人,他们是路迎、穆孔晖、王道、陈鼎,不晚于正德七年(1512),四人已成为王阳明的弟子,《同志考》载有四人的名字。③ 正德六年(1511),王阳明在北京,梁谷此时及门。张后觉非亲传弟子,他私淑于江右王门弟子颜鑰(或作"颜钥",江西吉安永新人)和徐樾(江西贵溪人,师从王艮),孟秋是张后觉的弟子。

路迎,字宾旸,汶上人,正德三年(1508)进士,历南京兵部主事、兵部郎中、襄阳知府、松江知府、淮安知府、宣府巡抚、山西巡抚、兵部右侍郎、兵部左侍郎等,累官至兵部尚书,是阳明亲传弟子中官位较高的。他在各官任上政绩颇不凡,如在宣府巡抚任上核实兵马钱粮数额,用不到两年的时间便查清了宣府地区骄横不法的军士用改名换姓、虚报兵员等手段冒领钱粮的贪污腐败大案,军中上下震慑叹服,再也不敢以身试法。在陕西巡抚任上,与宣大总督翟鹏、延绥巡抚张瀚整军备战,抵御河套地区的蒙古军队。

嘉靖二十五年(1546)六月,给事中何光裕上疏弹劾时任兵部尚书路迎怠废戎务,路迎没有等弹章批复下来便上疏自劾乞休,嘉靖帝很恼火,责问他为什么不等弹章批复下来便乞休,并让他说明理由。路迎说自己的才能不能胜任兵部尚书之职,有请辞的想法也不是一天两天了,还请皇上天恩浩荡,放自己归乡。世宗看到

---

① [明]张元忭撰、钱明编校:《张元忭集》卷一三《墓表·荏平弘山张先生墓表》,上海古籍出版社2015年版,第335页。

② 邹建锋:《阳明夫子亲传弟子考》,社会科学文献出版社2017年版,第229—239页。

③ 《全集》卷三三《年谱一》,第1362页。

路迎的自陈后很不高兴,责备了一番,将其革职闲住。回乡之后,路迎隐居于田园,生活俭朴无华,"角巾野服,优游独乐园……艺圃、灌花、弈棋、命酌,泊如也……居常以风俗日摩(引者注:应为靡)为忧,厅事寝阁才取完朴,弗假雕镂丹碧为饰,服饰雅淡,殊无袭锦错珍之风"。卒于嘉靖四十一年(1562),卒年八十八岁。

笔者参引的数种史料中,康熙《兖州府志》中"与堂邑穆孔晖、武城王道同师事王守仁"的记载弥足珍贵,可与《明儒学案》相印证补充,给出更多北方王门的信息。① 我们知道,王阳明不仅自己践行为政亲民之道,还将为政亲民之道传授给弟子,鼓励出仕的弟子践行此道。路迎在各官任上实心政务,自然不免受老师的影响,这有多封书信可以为证。按万历《襄阳府志》,路迎于正德十二年(1517)出任襄阳知府,正德十五年(1520)时已由东乡人吴华接任。② 王阳明有一封署日期"十一月廿七日"的信写给路迎,或是写于正德十二年,其谓:"闻有守郡之擢,甚为襄阳之民喜。仕学一道,必于此有得力处方,方是实学;不然,则平日所讲尽成虚语矣。'有民人焉,有社稷焉,何必读书,然后为学?'子路之言,未尝不是。宾阳质美而志高,明德亲民之功,吾见其有成也。"③对路迎提出殷切的期望,希望他践行明德亲民之道。路迎确实做到了,他在任上明令禁止胥吏胡作非为,限制地方豪强,与民休息,丁忧解任后,襄人立碑思之。万历《襄阳府志》更谓"尝从王阳明先生讲论明体适用之学,故教士必究明德之本,为政必求新民之效,以故士诵而怀之"④。

穆孔晖,字伯潜,号立菴,堂邑人,弘治十七年(1504)甲子科山东乡试解元,次年中进士,选翰林院庶吉士,正德二年(1507)授翰林院检讨,参修《明孝宗实录》,但

---

① [明]吴岳:《兵部尚书路迎墓志铭》,李恒法、解华英编著:《济宁历代墓志铭》,齐鲁书社 2011 年版,第 125—130 页;万历《汶上县志》卷六《人物志》,康熙五十六年刻本,叶 10ab;《正德三年进士登科录》,中华古籍资源库,叶 22b;康熙《兖州府志》卷二八《人物志六》,康熙二十四年刻本,叶 15b;《明世宗实录》卷二七六,嘉靖二十二年七月庚戌条,第 5406 页;卷三一二,嘉靖二十五年六月癸巳条,第 5846 页。

② 万历《襄阳府志》卷二〇《秩官表二》,万历十二年刻本,叶 26b。

③ 束景南:《阳明佚文辑考编年·与路宾阳书(四首)》,第 385、386 页。

④ [明]吴岳:《兵部尚书路迎墓志铭》,《济宁历代墓志铭》第 126 页;万历《襄阳府志》卷三七《宦迹》,叶 16a—16b。

因为忤逆权监刘瑾,调南京礼部主事,刘瑾伏诛得还旧职。正德六年(1511)充会试考试官,历南京国子监司业、北京国子监司业,嘉靖四年(1525),预修《武宗实录》成,升左春坊左庶子兼翰林院侍讲学士,参修"武官续黄"即明代卫所武官《武职选簿》,累至南京太常寺卿。朝臣多次推举他为侍郎,终未能实现。嘉靖十三年(1534)七月致仕归乡,"闭门静养,与世相忘"。穆孔晖生于成化十五年(1479),卒于嘉靖十八年(1539),卒年六十一。① 世宗诏谥文简,又念其讲读之劳,赐祭葬,恤典从厚。② 穆孔晖对王阳明学说的态度是有变化的,"天性好学,虽王守仁所取士,未尝宗其说而非薄宋儒,晚年乃笃信之"③,《明世宗实录》也总结评价说"孔晖夙有俊才,好古文辞,行己端雅,士论甚重之,晚乃好佛学,其卒,棺敛如西竺法云"④,在其《玄庵晚稿》中有一部分关于佛经的诗,如《病忆涅槃经不能看》谓"四十九年说法人,犹如月照万方新。要知月落今何在,他处方看月满轮"。⑤ 由此可见,穆孔晖在晚年才笃信阳明学说。

王道,字纯甫,武城人,正德六年(1511)进士,被选为翰林院庶吉士。恰逢山东贼寇攻掠州县,王道上疏说自己想带着老母亲到江南去避难,恳请朝廷让自己改任南方地区的学职,朝廷答应他的请求,让他出任应天府教授,两年后升为正六品南京礼部主事,其后在吏部验封司、考功司、文选司任职十年。⑥ 其同门时任武英殿大学士、吏部尚书方献夫说太子东宫官员有缺,希望从两京科道官中推举,并褒赞王道"学行纯正,识度宏远,可备宫僚劝讲之职",拟改为从五品左春坊左谕德。这是嘉靖十一年(1532)九月时的事,此时的王道已是正五品吏部文选司郎中。单从官

---

① 《国朝献征录》卷七〇《穆孔晖墓志铭(王道)》,第3055、3056页;《弘治十八年进士登科录》,《天一阁藏明代科举录选刊·登科录》点校本·中,第176页。

② 《明世宗实录》卷二三二,嘉靖十八年十二月甲戌条,第4767页。

③ 《国朝献征录》卷七〇《南廱志·穆孔晖(黄佐)》,第3056、3057页。

④ 《明世宗实录》卷二三二,嘉靖十八年十二月甲戌条,第4767页。

⑤ [明]穆孔晖:《玄庵晚稿》卷一《七言绝句》,清抄本,中国国家数字图书馆·中华古籍资源库,叶12a。

⑥ 《国朝献征录》卷二六《吏部三·侍郎·吏部右侍郎王公道[神]道碑(严嵩)》,第1099—1110页。

品来看,正五品的吏部文选司郎中到从五品的左春坊左谕德,不升反降。①

此事件的背后,却不简单。明朝规制,非翰林官要想入选讲官,必须获得翰林院和宫坊的资格才予考虑。② 前面已讲到,王道中进士后被选为翰林院庶吉士,但他未赴任,此时让王道稍降官品出任左春坊左谕德,是为进阶讲官做准备。张珩上疏请辞获允,嘉靖十一年十月时王道被任命为南京太仆寺少卿。③ 王道也坚辞不任,他说"朝廷以名器为重,不轻假人以不次之官,而人臣惟义分是安,当致谨于非分之获",意思是说职官是朝廷名器,要按照次序升迁,做臣子的应谨守本分,不该得的不能安求,希望朝廷收回成命。此举在士大夫那里赢得了一个好名声。在王道的请辞之下,朝廷批准他回乡养病一年。④

从《明世宗实录》的记载看,朝廷已经授以王道左春坊左谕德之职,当是王道以病坚辞未任。《实录》谓嘉靖十二年(1533)五月,"升养病左春坊左谕德王道为南京国子监祭酒"⑤,与《神道碑》养病一年的记载相合。嘉靖十三年(1534)三月,王道再次以病辞官归乡,从此居家十三年,"读书讲学,种树灌园以自适,盖不通仕籍者十有三年"。⑥ 直至嘉靖二十一年(1542)十月,起为国子监祭酒,丁忧回籍⑦,至嘉靖二十五年(1546)六月,起为南京太常寺卿,未赴任便改为南京户部侍郎,不久改任礼部右侍郎,掌国子监事⑧,嘉靖二十六年(1547)五月改吏部右侍郎,七月卒于官,年六十一,赐祭葬⑨,隆庆二年(1568)赠礼部尚书,谥文定。⑩

---

① 《明世宗实录》卷一四二,嘉靖十一年九月癸丑、辛酉条,第3303、3310页。

② 谢贵安:《明代经筵和日讲讲官的选任条件》,《明清论丛》第十五辑,故宫出版社2015年版,第25—52页。

③ 《明世宗实录》卷一四三,嘉靖十一年十月辛丑条,第3346页。

④ 《国朝献征录》卷二六《吏部三·侍郎·吏部右侍郎王公道[神]道碑(严嵩)》,第1099—1110页。

⑤ 《明世宗实录》一五〇,嘉靖十二年五月癸丑条,第3437页。

⑥ 《明世宗实录》卷一六一,嘉靖十三年三月癸未条,第3590、3591页,《国朝献征录》卷二六《吏部三·侍郎·吏部右侍郎王公道[神]道碑》,第1099页。

⑦ 《明世宗实录》卷二六七,嘉靖二十一年十月庚子条,第5289页。

⑧ 《明世宗实录》卷三一二,嘉靖二十六年五月壬辰条,第5846页。

⑨ 《明世宗实录》卷三二三,嘉靖二十六年五月丁卯条,第5993、5994页。

⑩ 《明穆宗实录》卷一九,隆庆二年四月壬寅条,第536页。

陈鼎,字文相,其先南直隶宣城人,高祖礼部尚书陈迪死于建文之难,陈迪的祖父陈宥贤在明初随明太祖打天下,以功授抚州守御百户,陈家遂为军户,《弘治十八年进士登科录》陈鼎家状、《嘉靖二十三年进士登科录》陈其学家状都谓"贯山东登州卫,军籍,直隶宣城县人"。

陈鼎中弘治十八年(1505)进士,正德四年(1509)授礼科给事中,曾弹劾镇守河南中官福建人廖堂的堂侄廖铠冒籍中河南乡试,廖铠被除名,陈鼎也因此遭到廖堂记恨。遇有流贼叛乱,陈鼎上疏言平叛机宜,廖堂让党徒指摘奏疏中不当之处。武宗被激怒,陈鼎被逮下诏狱。有人诬陷说,此前陈鼎抄没平江伯陈江家产时,曾与刘瑾一起增佑物价,有侵盗之嫌。幸得尚书杨一清极力救之,被贬为民。正德十六年(1521)五月,即位不久的世宗以之为陕西布政司右参议,剿平扰乱陕西地区很久的贼寇,升陕西按察副使,兵备延绥,抚绥有方,嘉靖五年(1526)二月升浙江按察使,再升应天府尹,未任卒,时为嘉靖六年(1527)六月二十九日。①

梁谷,字仲用,东平人,正德二年(1507)举人,正德六年(1511)进士。据王阳明的弟子黄绾记载,正德六年,王阳明、湛若水与黄绾在京师讲学,梁谷听说后来到王阳明府上,执弟子礼拜师,遂与黄绾、顾应祥(号箬溪)等人研讨学问,形影不离。一天,王阳明问他:"天下何物至善?"梁谷回答说:"惟性为至善。"王阳明听后赞叹不已。又一日,梁谷与王阳明同寝,聊到深夜,王阳明感慨说当今社会世风日下,圣学不明,梁谷听后落泪了。由此可见,梁谷对阳明学说是深信不疑的,也有改变世风、学风的志向。正德七年(1512)二月,授吏部稽勋司主事,当年六月调考功司,对群

① 宣统《山东通志》卷一五九《人物十一·历代名臣·明一》,民国四年铅印本,叶18ab(志谓嘉靖复陈鼎官河南参议,误,《明世宗实录》卷二,正德十六年二月丙寅条,第98页谓"陕西布政司右参议",《明分省人物考》等史料谓陕西参议);《明史》卷一四一《陈迪传》、卷一八八《张文明传附陈鼎传》,第4025、4026、4994、4995页;《弘治十八年进士登科录》,《明代登科录汇编》第五册,第2526页;《嘉靖二十三进士登科录》,《天一阁藏明代科举录选刊·登科录》点校本·中,第793页;《明朝分省人物考》卷九八《山东登州府莱州府辽东附·陈鼎》,第2119页;《明世宗实录》卷六一,嘉靖五年二月庚申条,第1429页。黄仁生:《日本现藏稀见元明文集考证与提要·大竹文集三卷大竹遗考三卷(陈鼎)》,岳麓书社2004年版,第107页。

臣的考核评议工作做得很好,时任吏部尚书杨一清很器重他,吏部同僚对他也很钦佩。没想到,在吏部考功司任上的梁谷因鲁藩归善王朱当沺(鲁庄王朱阳铸之子)谋反一事被贬为寿州同知。

在寿州同知任上,寿州遭遇暴雨,淮河水上涨致灾,知州、富人都想要出逃避难,只剩下穷人嗷嗷无助。梁谷当时在亳州地区公干,听闻后第一时间赶回寿州,组织百姓伐木培土抗洪,城民皆赖以完。大水过后,梁谷组织民众改建寿州城,花费却不多,寿州人非常感激,为梁谷立了生祠。迁郧阳府通判,转太仓州知州,该州遭遇瘟疫,梁谷组织地方士绅掩埋去世无葬之人,又组织设立粥厂施粥,民赖以活者无算。其后,又遇海盗劫掠海上,杀掠官军,梁谷有招安之策,果收其效,由此获得应天巡抚李充嗣的极力推荐,但因母病归乡,丁忧期满后,转任德王(朱祐榕)府长史。王府长史是正五品官,其职责是掌王府之政令,王府诞子请名、王府请婚、进献表章等都是长史职责所在,王有过错长史要匡正之。梁谷为德王所重,在朱祐榕的请求下,朝廷赐梁谷穿四品官服。但梁谷多次向朱祐榕请辞未获允,便向朝廷上了一道奏疏,不等命下便离任而去。嘉靖十二年(1533)四月十九日卒,年五十一。

张后觉,字志仁,号弘山,山东茌平人。张后觉为诸生时,先受业于江右王门弟子颜鑰,其时,颜鑰任茌平县学教谕,"发阳明、白沙之旨以授宏山"(此处"宏山"即张后觉,康熙《茌平县志》作"宏山"),与门人孟秋所作《弘山张先生传》中张后觉"获闻良知之旨,欣然有省,辄以斯道为己任"恰合,明末大学士朱延禧称赞他"早潜理学,学得姚江正脉"。颜鑰离任后,张后觉又遭科举落第,便在十里之园结草庐读书授学,茌平人赵维新、恩县人王见虞、东阿人陈铁峰(陈职)等人"翕然宗之","山东兴起者益甚众"。又逢徐樾(江西贵溪人,师从王艮)为山东布政司参政,张后觉率门人弟子等前去受学,良知之学又有精进。张后觉后以岁贡生出任华阴县教谕(宣统《山东通志》作训导),署理县务,为政很得民心,致仕还乡之时,县民泣送载道。归乡后,时任提学副使邹善(邹守益第三子)为他建立愿学书院,教习山东六府的士子,东昌知府罗汝芳(师从颜鑰之弟颜钧)建有见泰书院,"时相讨论,凡吏于其土及道经茌平者,莫不造庐间问业",山东巡抚也两次到访,尚在病中的张后觉不能施礼,两人便促膝长谈,粗茶淡饭后归去。张后觉"平生不作诗,不谈禅,不事著述",但茌平一县之地,成为传授阳明心学的一个中心。张后觉卒于万历六年(1578)七月,年七十六。①

赵维新,字素衷,一字文野,茌平人。二十岁时拜张后觉为师,"宗阳明心学"。赵维新将与张后觉的问答言语记录下来,成书《弘山教言》。赵维新是至孝之人,居丧时什么也吃不进去,骨瘦如柴,拄着拐杖才能勉强站起来。乡里之人要推举他的孝行,却被拒绝。妻子去世,五十年没再娶。家里筑墙时,做工之人从中发现一箱金子,任由做工之人拿走但没做声。总之,赵维新家境贫寒,每天只吃两顿饭,却能超然物外,怡然自得。后以岁贡生任长山县训导,九十二岁时无疾而终,祀乡贤。②

陈职,字汝受(《人物志下·卓行》作汝寿),号铁峰,其家世代以力田为业,家业渐渐丰厚起来。他是嘉靖三十三年(1554)岁贡生。(《人物志下·卓行》作嘉靖癸卯,即嘉靖二十二年,1543年)因母亲年迈,将朝廷文书藏起来,没有去做官。母亲去世后,陈职丁忧期满,仍未出仕,邻里之人劝他,他说自己已是迟暮之人,读书授学便很快乐,何必要去做官。他接受阳明学说的经历是"得阳明先生语,悦之",后与邢文举、张后觉于每月初一集会讲学,"谈说名理,终夕不倦",周边地区闻风而来的士子有数十百人,威望越来越高。有一次到庐陵去,邹善专门为他设立了讲坛,请他讲学,从此威望日重,途经茌平的士子官员都会去拜访他。陈职生于弘治十六年(1503)正月十五日,卒于隆庆四年(1570)八月二十二日,卒年六十八岁。③

①　《明儒学案》卷二九《北方王门学案·教谕张弘山先生后觉》,第636页;[明]张元忭撰、钱明编校:《张元忭集》卷一三《墓表·茌平弘山张先生墓表》,第335—337页;[明]张后觉撰,邹建锋、李旭等编校:《北方王门集》张弘山集卷四《弘山张先生传(孟秋)》,上海古籍出版社2017年版,第666、667页;康熙《茌平县志》卷二《人物·儒林》、卷三《艺文·张宏山议谥事实(朱延禧)》,康熙四十九年刻本,叶39a、又25ab;宣统《山东通志》卷一六二《人物志十一·历代儒林》,民国四年铅印本,叶34b;《明史》卷二八三《张后觉传》,第7287、7288页。

②　《明史》卷二八三《张后觉传附赵维新传》,第7288页;康熙《茌平县志》卷二《人物》,康熙四十九年刻本,叶44a;民国《茌平县志》卷二《地理志·故宅》,民国二十四年铅印本,叶43a。

③　道光《东阿县志》卷一四《人物志下·卓行》、卷二二《艺文·墓表·明经刘铁峰先生墓表(于慎行)》,民国二十三年铅印本,叶14b、16a—17a。

阳明思想的多元与丕变——以泰州学派、唐顺之、蒋信为例

一、泰州学派:中国思想史上最早的启蒙学派

泰州学派因创立者王艮是南直隶扬州府泰州人而得名。学界对于泰州学派的归属一直有不同的声音,如侯外庐认为该学派的创始人王艮虽是王阳明的弟子,但他所开创的泰州学派却是一个有别于阳明心学的独立学派。目前人们似乎默认这样一种处理方法:一方面承认王艮在思想上渊源于王阳明,一方面把泰州学派视为一个专门的研究对象。[①] 明末清初以来对该学派一直有不同的评价。黄宗羲认为"阳明先生之学,有泰州、龙溪而风行天下,亦因泰州、龙溪而渐失其传"[②],认为王艮和泰州学派失掉王阳明学说之传。侯外庐则评价说王艮是"早期启蒙思潮的先驱者",泰州学派"是中国封建社会后期的第一个启蒙学派"[③],对其多有褒扬。明代中叶以后是中国思想史的转型时期,学术思想活跃,学术流派纷呈,出现各种进步的社会思潮,泰州学派便是其一,我们有必要挖掘泰州学派的价值。

王艮,初名银,字汝止,号心斋,人称心斋先生,南直隶扬州府泰州安丰场(今江苏东台)人,生于成化十九年(1483)六月十六日。七岁的时候入私塾读书,后因家贫,于十一岁时辍学。虽然受教育的时间只有短短的四年,但王艮很聪明,塾师都难不倒他。十九岁时,奉父亲之命经商,因经营得法,家道日裕,于是拿出部分钱财接济四邻乡亲,实为可贵。二十三岁时,客居山东的王艮病倒了,从医家学得倒仓

---

① 吴震:《泰州学派思想研究》绪论《泰州学案的重新厘定》,中国人民大学出版社 2009 年版,第 1 页。

② 《明儒学案》卷三二《泰州学案一》序,第 703 页。

③ 侯外庐:《中国思想史纲》,上海书店出版社 2008 年版,第 324、325 页。

法。病愈之后,遂潜心医道。二十五岁时,王艮在阙里谒孔子、颜回、曾子、子思、孟子等先圣之庙,"奋然有任道之志"。谒庙归来,每天勤奋攻读《孝经》《论语》《大学》,并将书放在袖筒里,逢人便讨论这些经典的含义。王艮在学问上有了真正的觉悟,却有一番神秘色彩,正德六年(1511),二十九岁的王艮做了一个梦:

> 六年辛未,先生二十九岁。先生一夕梦天坠压身,万人奔号求救,先生独奋臂托天而起,见日月列宿失序,又手自整布如故,万人欢舞拜谢。醒则汗溢如雨,顿觉心体洞彻,万物一体,宇宙在我之念,益真切不容己。自此行住语默,皆在觉中。题记壁间,先生梦后书"正德六年间,居仁三月半"于座右。时三月望夕,即先生悟入之始。①

这个梦确实是神奇了一些,学界于此也多讨论。吴震认为,这场梦对王艮的思想形成有重大的影响,但其思想的最终形成则要等到他拜师王阳明以后,王阳明的良知学说才是决定其思想之性格的基本要因。在明代心学史上,由梦而悟之类的经验之谈很常见,王阳明龙场顿悟便解决了缠绕他心头多年的思想困惑,得出阳明心学的标志性口号——心即是理。王艮此梦并没有点出学理上的问题意识之所在,梦中的王艮只是把自己想象成一位"救世主",为世人救苦救难、为整顿社会失序,奋起担当,并受到万人"拜谢"。但重要的是,我们从中看出王艮所抱有的担当社会、拯救世界的精神,与王阳明的"万物一体"观念是一脉相通的。正德十五年(1520),王阳明在南昌讲良知之学,四方学子云集。此前,吉安人黄文刚在王艮的家乡当塾师,有一次听王艮讲《论语》第一章,对王艮说你的见解和王阳明十分类似。王艮对此非常惊讶,已有前往投见辩学的想法。王艮说,"有是哉? 方今士大夫汩没于举业,沉酣于声利,皆然也。信有斯人论学如我乎,不可不往见之,吾将就

---

① [明]王艮:《重镌心斋王先生全集》卷二《年谱附出处事略》,《明别集丛刊》第 2 辑第 17 册,第 349、350 页。

其可否,而无以学术误天下",当即便买了船只准备动身。行前要征得父亲的意见,没想到父亲不同意。于是,王艮在父亲窗前跪到半夜,最终是其继母唐氏说服其父,便立刻登船前往南昌了。登船后,又具神秘色彩的事情发生了,王艮刚睡下,竟然梦到了王阳明,醒来后自言自语道:"此神交也。"进入长江后,不幸遭遇贼寇劫掠,王艮给贼寇作揖,听凭他们拿走所有东西,不料,贼寇被王艮的言行打动,离开了。进入鄱阳湖之后,又遭遇大风,王艮一番祈祷之后,风才停了。经历几番波折,总算是到了南昌,二人反复论难,直到王阳明讲到致良知之学,王艮才深深折服,感慨说:"简易直截,予所不及!"遂拜王阳明为师。王阳明对王艮也是赞不绝口,与门人说:"吾擒宸濠,一无所动,今却为斯人动。""舍斯人,吾将谁友?"并给他改名艮,字汝止。

嘉靖元年(1522),王阳明因丁父忧回到家乡余姚,四方学者云集其门,道观寺庙都住满了人,但还是不能应求。王艮也随之来到余姚,组织建起了书院,调度一批房屋供四方学者们居住,并在他们中间宣传阳明学说,又觉得这样做没法让阳明学说传遍天下。一天,王艮对王阳明说:"千载绝学,天启吾师倡之,可使天下有不及闻此学乎?"读王艮此语,知其有向天下广泛传播阳明学说的想法。王艮又问王阳明当年孔子周游列国所乘之车是什么样子,但王阳明笑而未答。这件事情之后,王艮便辞归了,辞归之后的他做了一件很大胆的举动,大家为之瞠目结舌。他做了一辆蒲轮车,车上挂了一条长幅标语:"天下一个,万物一体,入山林求会隐逸,过市井启发愚蒙,遵圣道天地弗违,致良知神鬼莫测。欲同天下人为善,无此招摇做不通,知我者其惟此行乎! 罪我者其惟此行乎!"[①]

嘉靖二年(1523)癸未年是会试之年,无疑是王艮北上京师讲学的契机。在京师,王艮遇到大批阳明弟子,如黄直、欧阳德等人。这些阳明弟子认为王艮此举太过张扬,担心有可能惊动政府,纷纷劝他停止讲学,尽快南返。[②] 按《明儒学案》的记

---

① 《重镌心斋王先生全集》卷二《年谱附出处事略》,《明别集丛刊》第 2 辑第 17 册,第 352—354 页。
② 吴震:《泰州学派思想研究》,第 54 页。

载,"当是时,阳明之学,谤议蜂起",同门的担心是有道理的。而且,王阳明也来信责怪,王艮不敢违背师命,便回到了会稽。回到会稽后,王阳明狠狠地责备了他一通,说他意气太高,行事怪异,接连三天都不见他。恰逢王阳明送客出门,王艮长跪道旁,说"艮知过矣",但王阳明还是没有理他。王艮随王阳明来到屋檐下,大声说道"仲尼不为已甚",意思是孔子不做太过分的事。这句话有些要挟的味道了,但王阳明听后将王艮扶了起来。① 这件事情之后,王艮朝夕侍奉在王阳明跟前。这一年的四月,淮扬大饥,王艮从他的朋友王姓商人那里贷了两千石米,从官府那里拿来人丁册,依册赈济;其年秋又遭疫,王艮又向百姓施药,民赖以活者无算。

嘉靖三年(1524),到会稽拜访王阳明的学者越来越多,王艮建议王阳明在城中建书院以妥居来者。王艮也借机发表自己的见解,以百姓日用解释良知之学,"百姓日用条理处,即是圣人条理处,圣人知便不失,百姓不知便会失"。这句话是王艮思想的核心内容之一,我们在下文会有讲解。也就是在嘉靖三年(1524),王艮在王门之中获得殊荣。"阳明公谢诸生不见,独先生侍左右。或有谕诸生,则令先生传授",王艮成为王阳明的得意门生。之后的几年中王艮四出讲学,拜会学友,如嘉靖四年(1525),同门邹守益被贬谪为广德州通判,建复初书院,大会同门,并邀请王艮前来讲学。这年七月,又应孝丰知县郭治之请前去讲学,并在学宫刻诗,以示诸生。次年八月,时任泰州知州王臣在安定书院召集诸生,聘请王艮前来讲学。嘉靖六年(1527),王艮到了南京,与湛若水、吕楠、邹守益、欧阳德等人在新泉书院论学,写下《天理良知说》。该年,扬州人王俊、泰州人宗部、朱辄、朱恕、殷三聘等人前来受学。嘉靖七年(1528),王艮在会稽讲学,该年十一月,听闻王阳明过世的消息,到桐庐迎丧,并与同门一起料理丧事。也就是在这个月,江西贵溪人徐樾、张士贤前来受学。②

王阳明去世后,王艮于嘉靖八年(1529)再往会稽会葬王阳明,并与同门在书院

---

① 《明儒学案》卷三二《泰州学案一·处士王心斋先生艮》,第710页。
② 《重镌心斋王先生全集》卷二《年谱附出处事略》,《明别集丛刊》第2辑第17册,第356—359页。

聚众论学,次年,在南京鸡鸣寺与邹守益、欧阳德、万表、石简等人聚讲。据年谱记载,从嘉靖十年(1531)也就是王艮四十九岁那年开始,王艮在南京、泰州等地讲学,传播自己"百姓日用即道"之学说,弟子也越来越多,如嘉靖十一年(1532)道州周良相、泾县吴标、王汝贞、南昌程伊、程俸先后来学,次年,缙云人丁惟宁来学,嘉靖十五年(1536),抚州人董燧、吉安人聂静、婺源人董高、丹徒人朱锡、南昌人喻人俊、喻人杰、罗楫来学。① 王艮在王阳明过世后开门授徒,但在阳明心学圈内却招来一些负面的说法,说王艮是别开门户,如王阳明的弟子陈九川曾指责王艮有"门户之心""门户之私"。② 对于自己的老师王阳明及其思想学说,王艮也是很敬重的,"时有不谅先生者,谓先生自立门户。先生闻而叹曰:'某于先师,受罔极恩,学术所系,敢不究心以报?'"③而且,王艮思想体系的影响无疑是深远的,其思想体系主要有以下内容:

第一,天理良知。王艮师从王阳明,就是从服膺他的"致良知"学说开始的,以后又不遗余力地加以发展,使此说成为自己思想体系的基石,"天理良知"则是王艮提出的一个独创性概念。王艮认为,"天理"与"良知"是同一的,但其同一的结合点主要不是湛若水、王阳明所说的伦理道德秩序,而是"天然自有之理"。这一理论包含两个层面:第一个层面,王艮用孔子"入太庙,每事问"之例阐释自己的观点,孔子"每事问"便是"知之为知之,不知为不知",即使像孔子这样的圣人也都有一般人的知觉本能,人的知觉本能是"不虑而知,不学而能"的,没有一点假作的"知之为知之,不知为不知"的自然而然的行为,这就是"良知",而"良知"是天然合理的,所以也就是"天理"。第二个层面,他以"天理"为"天然自有之理","天然自有之理"就是承认人的知觉本能,人的生理生活本能的天然合理,宋明理学中的"去人欲"实际是干扰、破坏这种本能的实现。因此,反对"人欲",就是反对干扰和破坏这种本能

---

① 《重镌心斋王先生全集》卷二《年谱附出处事略》,《明别集丛刊》第 2 辑第 17 册,第 360—364 页。
② 吴震:《泰州学派思想研究》,第 56 页。
③ 《重镌心斋王先生全集》卷二《年谱附出处事略》,《明别集丛刊》第 2 辑第 17 册,第 365 页。

的实现,以便使其"亭亭当当""顺着天性去做"。①

　　第二,日用良知。此一理论在"天理良知"基础上发展而来的。在此再次提到王艮的那句名言"百姓日用条理处,即是圣人条理处,圣人知便不失,百姓不知便会失"。这里所说的"条理"可以理解为事物的秩序性,实质是心、理或良知的本来意义。"百姓日用条理,即是圣人条理处"可以相应地理解为百姓日用也是合秩序性的,这种秩序性和圣人没有区别,都是良知本来状态的呈现。这样,百姓日用便不是一种纯粹的世俗行为,它也是良知的表现,具有天然的合理性。② 王艮又根据《大学》"物有本末"的思想,认为"良知"有体有用,赋予日用良知极强的实践性。"良知之体"主要指人的生理生活本能及其天然合理,故叫作"天理良知","良知之用"主要指人的生理生活本能在日常生活中的体现,故称之"日用良知"。"良知"的体用关系也就是"天理良知"与"日用良知"的关系,前者是"天理"的内在状态,后者是"天理"的外在表现,因此,二者是"体用一原"的,符合《论语·里仁》中"一以贯之"之道。如此,就应该把"良知"从理论上"一以贯之"到实践中去,把人的"天理良知"发展为人的"日用良知",说明人的饮食男女之类的家常事就是"良知"的体现,借以启迪人们为争取和维护自身利益的觉悟。③ 这种百姓日用论对于整个阳明学在内涵上的拓展和它长远的发展都具有十分重要的意义。阳明学由于强调在心上格物,因而往往被斥责为脱离外在事物而走向空虚无用,王艮的百姓日用论是对异见的回击,更是对阳明学的维护和推扬。④

　　教育方法上,王艮经常讲的一句话是"学是不累人的",这是中国教育史上发前人之所未发的至理名言。王艮修正了理学教育的传统做法,寓教于简,寓教于乐。"学是不累人的"这句话既亲切,又严厉。对于下层群众来说,这句话具有鼓励的意思,因而是亲切的。下层群众由于受经济、文化、习惯等因素的影响,往往把学习看

---

①　龚杰:《王艮评传》,南京大学出版社 2001 年版,第 57—68 页。

②　阮春晖:《阳明后学现成良知思想研究》,广西师范大学出版社 2017 年版,第 72 页。

③　龚杰:《王艮评传》,第 70 页。

④　阮春晖:《阳明后学现成良知思想研究》,第 73 页。

成是比劳作更为苦累的事。王艮作的《乐学歌》,实际上是劝学歌,鼓励下层群众把学习看作是乐,在乐中求学,学中求乐,借以解除学上的思想压力,提高自己的精神生活水准。对于受朱子学说影响的人来说,这句话具有批评的意思,因而是严厉的,因为朱熹教导学生读书做学问都必须严守规矩,坐要像接受祭祀的神像那样端庄沉默,立要像士兵排阵时那样整齐严谨。①

《年谱》记载,嘉靖十七年(1538)的某一天,王艮从东淘精舍出来之后遇雨,想回去取木屐,门人弟子争相前去,但王艮还是自己前去取来。次日,学生吴从本问道:"昨天取木屐时,随行的门人弟子都愿意代劳,老师为何还要亲自去取?"王艮回答说:"昔日周文王讨伐崇国进至黄竹墟,鞋带开了,环顾左右都是贤能之士,不能指使他们,便自己系好了鞋带。昨天自己回精舍取木屐,不让大家代劳,也是因为大家都是贤能之士。"说完之后,又开心地笑着说:"言教不如身教之易从也。"王艮以自己的行为为教材,生动地给学生上了礼贤一课。在生命的最后两年时间里,病重的王艮依然授学不辍。嘉靖十八年(1539),王艮五十七岁,"时先生多病,四方就学者日益众。先生据榻讲论,不少厌倦"。但终归是病重了,卒于嘉靖十九年(1540)十二月初八子时,卒年五十八岁。门人董高、王汝贞、朱锡、罗楫、朱恕等人负责治丧,邹守益、王畿等率同门在南京设位哭祭,门人聂静、董燧等率同门在北京哭祭。次月,葬于安丰场之东其父墓旁,四方会葬者数百人。②

关于泰州学派,历来是褒贬不一,但清修《明史》给予王艮很高的评价:"王氏(王阳明)弟子遍天下,率都爵位有气势。艮以布衣抗其间,声名反出诸弟子上。"③的确,有不少亲传、再传以致三传弟子将其教育思想贯彻下去,影响了很多人。如兴化人韩乐吾。他是一名窑匠,家境贫寒,先师从朱光信,朱光信去世后师从王艮次子王襞,"久之,学有得,毅然以倡道化俗为任。无问工贾佣隶,咸从之游,随机因质诱诲之,愿化而善良者以千数。每秋获毕,与群弟子班荆趺坐,从容论学,数日兴

①　龚杰:《王艮评传》,第130、131页。

②　《重镌心斋王先生全集》卷二《年谱附出处事略》,《明别集丛刊》第2辑第17册,第356—368页。

③　《明史》卷二八三《王畿传附王艮传》,第7275页。

尽,则挐舟偕之,赓歌互咏,往别村聚讲如前。逾数日,又移舟随所欲往,盖遍所知交而还,见者欣赏,若群仙嬉游于瀛阆间也"。韩乐吾的秋收后乡村大讲堂不妨农时,在打谷场上就能讲课,灵活生动,吸引了很多人。随着名气的日渐增长,大学士李春芳居家,多次召见他,还多次被知县举为乡饮大宾。卒年七十七,官府建专祠,又祀入乡贤祠。① 当然,泰州学派是一个规模很大的学派,我们不再一一讲解,王艮及门人弟子在乡间讲学,启迪无数,"中国封建社会后期的第一个启蒙学派"的赞誉还是当之无愧的。

二、心学向实学的丕变:唐顺之及其实学思想

唐顺之,字应德,号荆川,南直隶武进人。嘉靖八年(1529),二十三岁的唐顺之高中二甲第一名进士,选翰林院庶吉士。大学士张璁是他的座师,但张璁"疾翰林",大概是怕翰林们乱说话,便把庶吉士们调到其他衙门任职,想只留下唐顺之一人。唐顺之坚决不同意,便出任兵部主事,称病归乡,后改吏部主事。嘉靖十二年(1533)时被任命为翰林院编修,校定历朝实录。校定工作将毕,唐顺之又以病上疏请求归乡,张璁不同意。恰恰有人乘机进言,说唐顺之此举是为了远离张璁,张璁大怒,拟旨将唐顺之以吏部主事身份罢归,永不叙用。嘉靖十八年(1539),以翰林院编修兼任太子春坊右司谏,这是负责教导太子的官。不幸的是,因为和罗洪先、赵时春请求让太子朱载壑到文华殿,接受百官的朝见,触怒明世宗,被罢职为民归乡。归乡后,在阳羡山中筑室读书十余年,不少官员疏请起复,均无果。

直到倭寇蹂躏长江南北,赵文华前去视察军队,又疏请起复唐顺之,这才起复为南京兵部主事,却因丁父忧没有结束,不能赴任。丁忧结束之后,出任兵部职方司员外郎,进郎中,前往蓟镇查核兵马钱粮,以缺兵数多,兵不习战之情上奏,总督王抒以下因此被降职。又命到南直隶、浙江一带视师,为时任浙直总督胡宗宪出了很多御敌良策,在其中一次战役中,明军斩杀倭寇一百二十人,击沉敌船十三艘。

----

① 《二曲集》卷二二《观感录》,第280—282页。

唐顺之因功擢太仆寺卿，胡宗宪说这样职权太轻，遂升通政使司右通政。在其后的御倭过程中，多建勋劳。会凤阳巡抚李遂改任兵部侍郎，便升唐顺之为都察院右佥都御史，巡抚凤阳。当时，唐顺之已是病体沉重，但因军务紧急，没有辞官，实心政务。嘉靖三十九年（1560）春，汛期至，仍拖着病体渡海巡视，卒于南通州，年五十四。世宗听闻后，赐祭葬。按照规定，四品官只能赐祭，唐顺之的右佥都御史恰恰是正四品，但能以功劳获赐祭葬，崇祯时，又谥襄文，也是赢得身后名了。①

　　唐顺之为人耿介，为官实心，学问也不错，他的思想受王畿和罗洪先影响很大。王畿，字汝中，绍兴府山阴人。他是嘉靖十一年（1532）进士，《嘉靖十一年进士同年序齿录》中说"己卯乡试五十六名，丙戌（戌）会试十八名，廷试三甲二百二十七名"。② 可知，王畿在嘉靖五年（1526）时参加会试并中第，《明儒学案》里说"时当国者不说学"，王畿便对钱德洪说这不是咱们出仕的时候，两人因此都没有参加殿试③，这个"不说学"应该是当时的内阁次辅费宏压制王阳明，压制阳明学说。其后，嘉靖七年（1528）王阳明卒，王畿本来正要赴京师参加嘉靖八年（1529）己丑科殿试，听闻王阳明去世的消息，便到广信府奔丧，治理完丧事后，"持心丧三年"，直至嘉靖十一年才参加殿试，成为进士。如《明史》本传所谓"嘉靖五年举进士"的说法是不准确的。王畿拜师受学于王阳明是在嘉靖二年（1523）会试落第归乡后，嘉靖五年会试王畿本来是不想去的，王阳明劝他说第一名不是你的荣耀，很多人怀疑我的良知之学，你到了京师后，可以借机讲学传道。王畿听从师命，便去应试，随后便有前文讲到的弃殿试而归之事。王畿和钱德洪是王阳明的高徒，能代师授学，"文成门

---

　　① 《明史》卷二〇五《唐顺之传》，第5422—5424页；《明儒学案》卷二六《南中王门学案二·襄文唐荆川先生顺之》，第597、598页；《嘉靖八年进士登科录》，《天一阁藏明代科举录选刊·登科录》点校本·中，第402页。按《明史》卷一七《世宗本纪一》，第229页，嘉靖十八年二月初一，立朱载壑为皇太子，同时封朱载垕为裕王、朱载圳为景王。

　　② 《嘉靖十一年进士同年序齿录》，《天一阁藏明代科举录选刊·登科录》点校本·中，第541页。

　　③ 《明儒学案》卷一二《浙中王门学案二·郎中王龙溪先生畿》，第237页。

人日进,不能遍授,多使之见先生(王畿)与绪山(钱德洪)"。① 嘉靖十一年,唐顺之出任翰林院编修,恰逢王畿入京参加殿试,在京师传授阳明心学,唐顺之前往拜访,"一见之,尽叩阳明之说,始圣贤中庸之道矣"②,此后,唐顺之与王畿交往二十余年。唐顺之去世之后,王畿撰《祭唐荆川墓文》,深情地回忆了二人游山玩水、交流学术的情形,两人相互参悟经史子集中的道理,儒释道玄无所不谈,无书不谈。③

另外一位老师是其同年罗洪先。罗洪先,字达夫,号念庵,江西吉水人。罗洪先年轻时仰慕罗伦的为人,便有了学习圣学的志向。十五岁时读到王阳明的《传习录》,非常喜欢,打算前去拜师问学,但被父亲罗循制止,便拜同乡李中为师。李中,字子庸,正德九年(1514)进士,累官至副都御史,光宗时追谥庄介。李中被人称为谷平先生,门人除罗洪先外,还有王龟年、周子恭。李中的族人李楷"传洪先之学"。而且,李中和王阳明也是有交往的,王阳明为南赣巡抚时,李中时遭贬为广东通衢驿丞,王阳明曾调李中参与军务。罗洪先是嘉靖八年(1529)状元,中状元时才二十六岁。④ 唐顺之说"一见知其人品甚高,因定为石交",二人多相聚讲论学术,交往三十年之多。⑤

唐顺之的思想很驳杂,其心学思想的核心内容是"天机说"。"天机"一语见于《庄子》,如《庄子·秋水》中说"今予动吾天机,而不知其所以然……夫天机之所动,何可易耶?"《庄子》中的"天机"指人的天然本能的体性,即人的天性,与生具有,不可强求,不可更改。唐顺之在给聂豹的信中说到"天机即天命。天命者,天之所使也",在给王遵岩的信中说"近年来痛苦心切,死中活求,将四十年来伎俩头头

---

① 《明儒学案》卷一二《浙中王门学案二·郎中王龙溪先生畿》,第237—239页;《明史》卷二八三《儒林传二·王畿》,第7274页。

② 《国朝献征录》卷六三《都察院十·巡抚·金都御史荆川唐公顺之言行录》,第2745页。

③ 吴震编校整理:《王畿集》卷一九《祭唐荆川墓文》,凤凰出版社2007年版,第573页。

④ 《明史》卷二八三《儒林传三·罗洪先》,第7278—7279页;《嘉靖八年进士登科录》,《天一阁藏明代登科录选刊·登科录》点校本中,第402页;《明史》卷二〇三《李时传》,第5361—5363页。

⑤ 《明朝分省人物考》卷二八《南直隶常州府二·唐顺之传》,第582页;《国朝献征录》卷六三《都察院十·巡抚·金都御史荆川唐公顺之言行录》,第2745页。

放舍,四十年前意见种种抹杀,于清明中稍见些影子,原是彻天彻地灵明混成的东西。生时一物带不来,此物却原自带来;死时一物带不去,此物却要完全还他去"。唐顺之所谓"天命"、生带来死还去的"彻天彻地灵明混成的东西",就是"天机",即王阳明所说的"良知",指人的自然本性。"天机"作为人的自然本性,具有自然之妙,非人力可为,不能以人力强求"天机"。唐顺之"天机说"一个鲜明的特点是"天机"的障碍是人欲,要想使"天机"自然流行,不被遮挡,只有洗尽欲根,"彻底澄净"。若要做到无欲,需要"自悟本心","慎独"是"自悟本心"、消除欲障、保持"天机"灵明的功夫途径。这里所说的"慎独"就是持守或牢固地保持自我的道德本性和本心,面对自我的身心如何以心治身,面对外部世界,如何不被外物所左右而保持道德自觉。①

值得一提的是,唐顺之还是明代中后期开始出现的实学思潮的重要弄潮者之一,这一点却被学界忽视,向燕南、周焕卿研究颇详。从明代中后期开始,学术思想界开始出现一个值得重视的倾向,即将儒家的道德哲学与经世意识相会合,在赋予经世致用思想形而上意义的同时,开始注意到其形而下的实践意义,表现出"体用并重""内圣外王兼治"的思想路径,形成涌动一时的实学思潮。在时代大背景下,唐顺之的思想发展可以分为两个时期:第一个时期是融贯朱、王之学,崇尚经世之学。最迟在嘉靖二十年(1541)至二十二年(1543)左右,唐顺之开始按照王学右派(归寂派)的方式修养身心,该派强调"主静归寂"的修养功夫,要收聚精神、存养本心,致力于性命之学。尽管认识到性命之学为治学之本,也曾一度尝试放弃"象纬地形种种诸家之学",但并未彻底舍弃事功技艺。

第二个时期是心学思想的逐渐成熟与学术思想转向。至迟在嘉靖二十三年(1544)左右,唐顺之的学术思想发生重大变化,接受了王学右派的心学思想,稍后又吸收左派(现成派)的学术观点,形成了独具特色的心学思想。在此过程中,其学术思想出现了两次转向。嘉靖二十三年左右,唐顺之较为彻底地接受了归寂派的

---

① 张慧琼:《唐顺之研究》,凤凰出版社 2016 年版,第 95—101 页。

学术思想,以去欲为修养方式,以存养本心为修行目的,将性命之学与事功技艺置于对立的位置。嘉靖二十四年(1545)左右,唐顺之形成了独具特色的"以天机为宗,以无欲为工"的心学思想,心学思想至此成熟。就是在嘉靖二十四年,唐顺之的学术思想发生第二次转向,重燃经世致用的热情,同时还将事功技艺之学纳入性命之学中,将其视为磨炼心性的一种方式,完成了对心学思想理论困境的突围,重返经世之学。阳明心学因唐顺之的理论发展完成了向实学的丕变。唐顺之之所以屡建事功,其思想实根源于其所倡之实学。①

三、出入于王、湛两门的蒋信

蒋信,湖广常德府武陵县人,字卿实,号道林。蒋信的祖上本是凤阳人,其五世祖蒋文举于洪武初年任常德府通判,遂家常德府。蒋信生于成化十九年(1483)八月,十四岁丧父,由母亲万氏抚养成人,但家境贫寒,都不敢保证每顿饭能吃上稀饭。十八岁的蒋信开始攻举子之业,被提学湖广副使欧阳旦选为县学生员,次年又补为廪膳生员,这是府州县学员额内享有食廪待遇的生员,简单说即是公费生。嘉靖元年(1522),蒋信第一次参加乡试,内外帘官一致认可其答卷,可惜的是,参加考试时蒋信的右胳膊肘受伤了,字写得不甚工整,主试官认为蒋信不恭敬,将其黜落。嘉靖八年(1529),四十六岁的蒋信中举。嘉靖十一年(1532)中进士,当年八月授户部福建司主事,奉命督解军饷到陕西。当时,很多督饷官员会从中牟利,但蒋信将军饷原封不动地交给陕西官员,分文不取。嘉靖十五年(1536)春,升兵部车驾司员外郎,是年冬升四川按察司佥事,次年到任。任上拒绝收受播州土官的贿赂,又请复建关堡,驻兵戍防,保一方平安,凡是利民之事都会尽全力去争取,比如建议革除岷江一带的水路驿递红马船只、人夫,每年能省出很多原本冒滥之费,再如辖区内各卫所的养马场多被豪强侵占,蒋信责令清丈,还草场于养马之人,牧政因之好转。

---

① 向燕南:《"技艺与德岂可分两事":唐顺之之实学及其转向的思想史意义》,《西南师范大学学报(人文社会科学版)》2006 年第 3 期;周焕卿:《从心学到实学之丕变——论唐顺之对王学左、右两派的突围》,《徐州师范大学学报(哲学社会科学版)》2012 年第 4 期。

嘉靖十九年(1540)九月,升贵州提学副使,任上讲明圣谕,又在公署左右两侧修建文明、正学两所书院,择全省向学之士到书院中读书,给以廪饩,还会亲自授课,对于家中有困难的士子还会给以医药,不时督其学问。蒋信确实算得一位尽职尽责的提学官,除修建书院课士之外,还奏请按照中原地区之例设置普定等卫的廪膳生员额数,奏请湖广都司清浪卫等五卫的生员在贵州参加乡试。清浪等卫治所在当时的贵州辖境内,却属湖广都司管辖,如果到湖广省府武昌府参加乡试,自然是路途遥远,多有不便。经蒋信奏改之后,本于阻于险远难以参加湖广乡试的士子可就近到贵阳府参加乡试,中第之人也因此越来越多。蒋信在当地土司、土民中的威望也是很高的,有不法之徒逃到土司那里,巡按御史赵大佑欲行逮治,但土司手底下的一帮土民聚集在城外演武场,扬言要叛乱,闹得城中居民人心惶惶,逃避者数多。四川巡抚要派人前去招抚,蒋信很硬气地说宁肯让叛民杀了我,但招抚绝不可行。随即派人拿着宪牌,对土民晓以国法,土司听说蒋信来了,举手仰道:“蒋公来了,我们还敢不听命?”一场危机就此化解。

嘉靖二十二年(1543),蒋信想告病归乡,这让四川巡抚刘彭年很为难,因为重复请病假不符合朝廷规定。恰逢总督要求四川、贵州两省各选派一名贤能之官到辰州、沅州商讨边防事务,蒋信被派前往。一个月之后,军务讨论完了,蒋信的病也好了,顺便回到了武陵老家。嘉靖二十二年是农历癸卯年,恰是乡试之年,刘彭年以乡试事务繁重,多次派人前去催促蒋信回职理事,当年七月,蒋信回到贵阳,并没有耽误八月份的乡试。没想到的是,御史魏洪冕未明其中原因,便参了蒋信一本,说蒋信有病乞休,不待批复便擅自回籍,蒋信被革职为民。因为此事,朝廷还下了一道诏命,要求地方官有疾,经巡抚、巡按题奏获批后才允许回籍,若有违反,连坐治罪。嘉靖二十六年(1547),奉恩例,冠带闲住。次年,湖广巡按御史王忬荐于朝,不报。嘉靖三十八年(1559)十二月,蒋信以七十七岁高龄卒于家。居家十多年,蒋信多以讲学为务。①

蒋信先后师从王阳明、湛若水，两位老师对蒋信都有一定的影响，"信初从守仁游时，未以良知教。后从若水游最久，学得之湛氏为多"②。蒋信拜师王阳明的时间需要讨论一下。蒋信在《明乡进士冀闇斋先生墓表》回忆说："岁正德庚午（五年），阳明子起谪道常，与某（蒋信）同请见而师拜之，遂荷装从之庐陵。"③《王阳明年谱附录》谓"师（王阳明）昔还自龙场，与门人冀元亨、蒋信、唐愈贤等讲学于龙兴寺，使静坐密室，悟见心体"。④《明儒学案》说"阳明在龙场，见先生（蒋信）之诗而称之，先生遂与闇斋（冀元亨）师事焉"。⑤《明史·蒋信传》"与同郡冀元亨善，王守仁谪龙场，过其地，偕元亨事焉"。⑥ 我们以蒋信的回忆为准，认为王阳明从龙场起复途经常德府，蒋信拜师。拜师湛若水的时间稍晚一些，且基本无异议。嘉靖二年（1523），蒋信入京参加岁贡考试，前去拜访湛若水，成为其弟子。⑦

那么，蒋信从王阳明那里学习了哪些内容？王阳明赴庐陵知县任在常德见到蒋信、冀元亨等当地诸生之后，以"静坐"为教，并有如下一番话："谪居两年，无可与语者，归途乃幸得诸友！悔昔在贵阳举知行合一之教，纷纷异同，罔知所入。兹来乃与诸生静坐僧寺。使自悟性体。顾恍恍若有可即者。"钱德洪总结王阳明教人之法凡有三变，即"知行合一、静坐、良知"。此时的王阳明尚未悟得"致良知"宗旨，又有感于在贵阳书院以"知行合一"教学所产生的问题。这套"端居澄默，以求静一"

---

① 《国朝献征录》卷一〇三《贵州·副使·蒋信行状（柳东伯）》，第4648—4653页；[清]黄宗羲：《明文海》卷四四二《哀文·儒林·正学先生道林蒋公墓志铭（孙应鳌）》，中华书局1987年版，第4691—4694页；《明世宗实录》卷二七八，嘉靖二十二年九月丙午条，第5424页。蒋信参加嘉靖七年应天府乡试之事参《天一阁藏明代科举录选刊·乡试录·嘉靖七年应天府乡试录》，第1288页及《中国科举制度通史·明代卷》，第238—241页。

② 《明史》卷二八三《蒋信传》，第7268页。

③ [明]蒋信撰、刘晓林校点：《蒋道林文粹》卷五《志铭表·明乡进士冀闇斋先生墓表》，岳麓书社2010年版，第163页。

④ 《全集》卷三六《年谱附录一》，第1476页。

⑤ 《明儒学案》卷二八《楚中王门学案·金宪蒋道林先生信》，第627页。

⑥ 《明史》卷二八三《蒋信传》，第7268页。

⑦ [明]蒋信撰、刘晓林校点：《蒋道林文粹》卷八《书类·简罗念庵内翰三首》，第210页。

的方法是王阳明在龙场时的学术体悟——刚刚经历贬谪且被追杀的王阳明深感在对抗宦官刘瑾的斗争中,士大夫丧失了礼义廉耻。他由此认为当时学者存在的问题,在于不能去除一己私心,因而希望通过"静坐"功夫来达到圣人的道德境界。①但无论如何,王阳明的"静坐"之教和"格致"之训都对蒋信的早期学术影响重大,《明儒学案》将蒋信列为楚中王门第一人,认为他"实得阳明之传"②。蒋信也没有忘掉老师王阳明,他任贵州提学副使时,"龙场故有守仁祠,为置祠田"③。

　　蒋信出入于王、湛两门,据陆永胜研究,他曾尝试调和王、湛两家学说,这在当时入王门而卒业于湛门,或入湛门而卒业于王门的弟子中并不是少数。周冲与蒋信一样出入王、湛,他曾说:"湛之体认天理,即王之致良知也。"正是蒋信这种调和的思想成就了其成为阳明心学实学发展中的重要一环:更多地将气引入心学本体论和功夫论中,以气的化通作用,实现其心学思想中心、学、政三者的沟通与互动。"心"是蒋信心学思想体系构建的哲学基础和逻辑起点,不但形而上层面的道、理、命、诚、太极、仁、性,而且形而下层面的人、物皆是气,心也是气,但对气的体认还需从自心开始,作为本源的心通过气的化通作用呈现为万事万物,从而确立其本体性地位。在此基础上,蒋信建立起自己的功夫论,其功夫向度是内求心体,在本心上做功夫。

　　蒋信的实践论是以政为中心的实践论,将为政与求心、修德、为学联系起来。其心政思想在根本上还是要回到心,然后由心出发,由己及人,依心行政;所谓德政,则是将道德教化作为为政的手段,其中饱含的亲民的人文意义,与王阳明的亲民理念有相契处;其学政思想离不开明代中后期的社会文化背景,具有明显的价值指向性和现实意义,反对朱学末流的文道为二,也反对王门后学的空疏虚高之谈。蒋信认为为学并不是单纯的学术,圣学之内本身就包含着外王,关涉着事业,是内

---

① 刘训茜:《明儒蒋信的学派归属及其对阳明学的接受》,《原道》第34辑,湖南大学出版社2018年版,第142、143页。

② 《明儒学案》卷二八《楚中王门学案》序,第627页。

③ 《明史》卷二八三《蒋信传》,第7268页。

圣外王的合一；为学对于明人伦、善风俗具有重要作用，因此他大力提倡建学设教，风化社会，他任贵州提学副使任上建书院等事便是在践行其学政思想。为学与举业的关系上，王阳明主张习于举业，但不以举业为志，而以举业为达于圣学的阶梯，蒋信某种意义上对王阳明的观点有所继承，认为既要工于举业，又要出于举业，举业对为学没有损益可言，关键在于学者的为学之志。当然，蒋信还是儒非佛，具有为心学辩护、承续道统、迎合政统的现实价值和意义。①

亲传弟子入仕——以方献夫、龙翔霄、孙堪为例

一、王门首位内阁大学士：方献夫的仕途和学术思想

方献夫是王阳明亲传弟子文秩最尊者，嘉靖十一年（1532）五月，已是太子太保、吏部尚书兼翰林院学士的方献夫兼武英殿大学士。② 至此，方献夫成为内阁成员，跻身大明王朝权力核心。方献夫，初名方献科，字叔贤，广东南海人，生于成化二十一年（1485）三月二十日，卒于嘉靖二十三年（1544）六月七日。因读书讲学于西樵，因以为号，遂有"西樵先生"之称，后更号蒤翁。③

方献夫于弘治十七年（1504）中举，弘治十八年（1505）中进士，以三甲第一百五十六名选翰林院庶吉士，但方献夫希望回乡迎养自己的母亲孙夫人，正要准备出发，不承想，孙夫人于正德元年（1506）卒，方献夫必须按规制回家丁忧守制。服阕，授礼部祠祭司主事，历吏部验封司、文选司主事，升员外郎。正德七年（1512）时请

---

① 陆永胜：《心·学·政：明代黔中王学思想研究》，中华书局 2016 年版，第 182—223 页。

② 《明世宗实录》卷一三八，嘉靖十一年五月丙子条，第 3250 页。

③ ［清］方菁莪纂修：《南海丹桂方谱·祠墓·明故光禄大夫柱国少保兼太子太保吏部尚书武英殿大学士赠太保谥文襄方公神道碑铭（李本）》，广西师范大学出版社 2014 年版，第 1179—1189 页。

求归乡养病，在西樵山中读了十年书。嘉靖二年（1523）春，起为吏部考功司员外郎，调吏部文选司员外郎。[①] 方献夫起复得可真是时候，因为大明朝遇上一件大事——大礼议事件，简单说就是毛澄、杨廷和等人为嘉靖皇帝找了个爹——他的伯父孝宗皇帝，亲爹兴献王朱祐杬成了叔父，嘉靖皇帝自然不会同意。

毛澄、杨廷和等人举出汉定陶王、宋濮王之例。定陶王刘欣是刘康之子、汉成帝刘骜侄，刘骜无子，以刘欣为子，育于宫中。刘欣继位后（是为汉哀帝）只能以刘骜为父，并立宗室楚思王刘衍之子刘景为定陶王，承嗣刘康。濮王赵宗实是赵允让之子、宋仁宗的堂侄，宋仁宗无子，以赵宗实为子，改名赵曙，育于宫中。赵曙即位为宋英宗之后，经过一番争论，赵曙以仁宗为父，立濮王赵允让园庙，以赵宗朴为濮国公以奉濮王之祀。宋儒程颐将之上升到继统又继嗣的理论高度，"为人后者，即所后为父母，而谓所生为伯、叔父母，此生人之大伦也。然所生之义，至尊至大，宜别立殊称。曰皇伯、叔父某国大王，则正统既明，而所生亦尊崇极矣"，即是说改做他人后嗣的人，就是他人的儿子，这是伦理纲常，但父母生养也是至尊至大之礼，对于自己的亲生父母则特称为"皇伯、叔父某国大王"，由此，可以兼顾礼法、亲情。新科进士张孚敬则不这么认为，其奏疏很长，简单点说就是嘉靖皇帝可以认亲生父亲朱祐杬，因为汉哀帝和宋英宗都是预先养于皇宫之中然后才即位的，给别人当儿子是应该的，但嘉靖皇帝不是预立为祀，是依照祖训来即位的，不需要给孝宗当儿子。[②]

除张孚敬外，方献夫、桂萼、席书、霍韬等人支持嘉靖皇帝追尊生父兴献王朱祐杬为兴献帝。方献夫拟好支持嘉靖皇帝的奏疏后，但廷臣抵制之声汹汹，便没敢上奏。桂萼见到这份奏疏后，便将此和席书的奏疏一起奏上去，嘉靖皇帝见后甚喜，将奏疏下廷议，很多反对追尊生父兴献王朱祐杬为兴献帝的大臣遂视方献夫为奸邪，都耻于与之同行。方献夫没办法，想乞休闭门不出，但未获准，只得上《大礼》上

① 《南海丹桂方谱·祠墓·方献夫神道碑铭》，第1180、1181页；[明]方献夫撰，问永宁、周悦点校：《方献夫集》西樵遗稿卷七《先考允成公行状》，上海古籍出版社2016年版，第191页。

② 《明史纪事本末》卷五〇《大礼议》，第734页；《明史》卷一九一《毛澄传》，第5055、5056页。

下两论,更详细地阐明自己的想法。最终,张孚敬、桂萼被任命为翰林学士,方献夫则被任命为侍讲学士。惮于攻击之人,方献夫力辞侍讲学士一职,但嘉靖帝还是用张孚敬、桂萼、席书、霍韬等人的意见议定大礼,方献夫也因此受到赏识,于嘉靖四年(1525)升正四品詹士府少詹事。但方献夫自觉不安,以病辞归乡。

嘉靖六年(1527)诏修《明伦大典》,此书直至次年修完,是对"大礼议"事件的总结。方献夫和同乡霍韬一起应诏赴京,两人合写了一道奏疏,旨在彻底推翻反对派"继嗣说"的正当性。嘉靖皇帝看后非常高兴,将二人的奏疏交付史馆。八月,命方献夫署理大理寺事务、张孚敬署理刑部事务、桂萼署理都察院事务;九月,升任礼部右侍郎。不久之后,代桂萼为吏部左侍郎,很快又升任礼部尚书。《明伦大典》修成后加太子太保。这一时期,方献夫力荐自己的老师王阳明出任两广总督,以冀平定思恩府、田州府连年的动乱。思、田平定后,王阳明疏请在新定地区筑城,遭到桂萼的抵制,方献夫力主得行。

嘉靖九年(1530),方献夫再度致仕。嘉靖十年(1531),有诏召还,方献夫上疏推辞,并举荐梁材、汪铉、王廷相代替自己。嘉靖帝亲自书写诏命褒奖,并遣行人蔡瑷催促他尽快动身至京。蔡瑷到了,方献夫却躲到西樵山,称疾推辞,但嘉靖帝再次派人催促,说另有任用,方献夫这才应诏赴京。次年五月至京,以故官兼武英殿大学士入阁辅政。当年十月,彗星见于东井,御史冯恩弹劾方献夫凶狠狡诈,播弄威福,于社稷不利,他掌管吏部导致彗星见于东井。盛怒之下的嘉靖帝将冯恩投入监狱,方献夫想称疾隐退,嘉靖帝安慰了他一番,驳回其隐退之请。但接下来的朝局越来越复杂,朝臣福祸不常,方献夫见嘉靖皇帝恩威难测,便于嘉靖十三年(1534)致仕,命驰驿归乡,给道里路费。① 居家十年,卒于嘉靖二十三年(1544)六月,赠太保,谥文襄。②

方献夫是王阳明的亲传弟子。王阳明从龙场北归后,正德六年(1511)正月任

---

① 《明史》卷一九六,《方献夫传》,第5185—5191页。
② 《明世宗实录》卷二八七,嘉靖二十三年六月甲戌条,第5542页。

北京吏部验封司主事，方献夫时任吏部郎中，二人交往两年，方献夫渐渐接受了王学思想，王阳明的赠序总结得很好。正德六年（1511），方献夫称病辞官归隐，王阳明写下《别方叔贤序》，其中说到"予与叔贤处二年，见叔贤之学凡三变：始而尚辞，再变而讲说，又再变而慨然有志圣人之道。方其辞章之尚，于予若冰炭焉；讲说矣，则违合者半；及有志于圣人之道，而沛然于予同趣。将遂去之西樵山中，以成其志，叔贤亦可谓善变矣。圣人之学，以无我为本，而勇以成之。予始与叔贤为僚，叔贤以郎中故事位吾上。及其学之每变，而礼予日恭敬，卒乃自称门生而待予以先觉"。① 方献夫既为王阳明的亲传弟子，在传承王门学问方面有一定的贡献，《明儒学案》称之曰："岭海之士，学于文成者，自方西樵始。"② 方献夫此次辞官归隐家乡西樵山中达十年之久，据任建敏、温春来研究，方献夫曾于正德十五年（1520）前后给王阳明写了一封书信，说到自己"构学舍数十于山中，以延学者，将来必有成就"，阳明学说是学习的重要内容，却苦于"未见有实得力者"。现存文献中，他未找到确切是在石泉精舍中授业的士子。③

方献夫的学术思想与王阳明有分歧，但也有很多共通之处，而且，学术思想的变动是一个相对长期的过程，至少在王阳明任南赣巡抚期间，师徒二人尚有较频繁的书信往来论学，方献夫还是服膺阳明学说的。例如，方献夫给王阳明的一封书信中写道："自去冬在赣两书，久不奉教，生亦久落无言，非敢如是阔略。方在默里寻求，无可言者耳。生近来见得此学，稍益亲切，比往日似觉周便，似觉妥帖，然实不出先生当时潜我之源也。"④ 抑朱（熹）和吾性自足也是二人思想的相同之处，王阳明的思想在演变过程中也有一个信朱到疑朱的环节。方献夫在给湛若水的书信中表达了他崇陆抑朱的观点，他认为陆九渊的学术思想源于孟子，"象山之学即是孟子之学，其一言一行，无一毫不似孟子处，其气象亦然"。又认为本性难能可贵，本

---

① 《全集》卷七《文录四·别方叔贤序》，第 258 页。

② 《明儒学案》卷三〇《闽粤王门学案》，第 654 页。

③ 任建敏、温春来：《西樵山与岭南理学的传承》，广东人民出版社 2017 年版，第 69、70 页。

④ ［明］方献夫：《西樵遗稿》卷八《书·柬王阳明》，广西师范大学出版社 2014 年版，第 510 页。

性可以自足,无需依靠外力,为学要从根本上着力,不必向"章句"即经文注解中寻求,"其论学只是一句,欲其自得之也,都是要由中出,学问思辨只是讲明此而已,辩证此而已,安有后世许多章句,口耳外面劳攘工夫","莫道《六经》虽千编万卷,吾此中自有个建诸天地而不悖的道理,如明镜照物,妍虽黑白,自然了了"。最后提出朱陆之学"如冰炭相反,如黑白相悬,安能相入"。①

至于王、方二人思想的不同,龙伟明认为,正德十四年(1519)至十六年(1521)在王阳明《大学古本》及《傍释》、湛若水《大学测》《中庸测》的刺激下,写成《大学原》《中庸原》,从此与王阳明在学术思想上分道扬镳。② 以零星记载看,方献夫似乎没有完全理解王阳明的格物说,正德十四年(1519)前后,方献夫写信给王阳明,其中说"惟格物、博文之说,生尚有未释然者,但难以纸笔陈当,俟面见请益先生之说"③,但面见王阳明的愿望未能实现。几乎在同时,方献夫又有书信写给王阳明,谈到自己对《大学》的理解,其中较为集中地体现了王阳明、方献夫思想的不同之处。④

方献夫在这封书信中首先还是反对朱熹的格物论,认为朱熹的格物论"皆支离,而非本旨",赞同"格物"与"致知"同时进行,不是两截功夫,"物格即知致,故曰致知在格物""盖自物而言谓之格,自心而言谓之知,非格物之外,而有所谓知至也",无疑是受王阳明格物说影响。王、方的冲突根源在于方献夫坚持经文互训的诠释方式,被王阳明认为是"牵滞文义"。方献夫认为只需从《大学》经文"物有本末""致知在格物""物格而后知至""自天子以至于庶人,一是皆以修身为本"互训,便知"格物"之意,不必另立新说。由此出发,王阳明认为《大学》之要在诚意,不本于诚意而徒以格物,便是支离。⑤

---

① ［明］方献夫:《西樵遗稿》卷八《书·复湛太史》一、三,第493、494、497、501 页。
② ［明］方献夫:《西樵遗稿》龙明伟"评介",评介第23页。
③ ［明］方献夫:《西樵遗稿》卷八《书·柬王阳明(二)》,第516页。
④ ［明］方献夫:《西樵遗稿》卷八《书·柬王阳明(四)》,第518—521页。
⑤ ［明］方献夫:《西樵遗稿》龙明伟"评介",评介第17页。

再者，徐爱在《传习录》跋中记述了王阳明征南赣之前的基本思想："格物是诚意的工夫，明善是诚身的工夫，穷理是尽性的工夫，道问学是尊德性的工夫，博文是约礼的工夫，惟精是惟一的工夫"。这里所说的"工夫"是指手段、方式、途径，"主意"是指工夫所服从的统帅、目的，是与工夫相对的范畴。这个思想是说诚意是格物的主意，格物是诚意的工夫。诚意是"头脑"，是中心，格物则是服务于这一目的的手段和措施。① 但方献夫认为《大学》之要在"知本""知止"，即所谓"明德为本，至善为止，欲明明德，必在知本，欲止于至善，必在知止"。又从《孟子》中找到格物致知的方法和途径，"《孟子》曰'万物皆备于我，反身而诚，乐莫大焉'便是知本，曰'强恕而行，求仁莫近'便是知止"，即至诚立身行事便是知本，勉力于恕道便是知止。方献夫并没有解决如何"反身""强恕"的问题，其工夫论难免粗糙。②

但二人思想上的分歧似乎没有到水火不容的地步。正德十四年（1519），王阳明派弟子杨骥（字仕德）给方献夫送去《答方叔贤》回信，对方献夫及其言论称赞不绝："甘泉所举，诚得其大，然吾独爱西樵子之近而切也。见其大者，则其功不得不近而切，然非实加切近之功，则所谓大者，亦虚见而已耳。自孟子道性善，心性之原，世儒往往能言，然其学卒入于支离外索而不自觉者，正以其功之未切耳。此吾所以独喜于西樵之言，固今时对证之药也。"③可见，王阳明在一定程度上是认可方献夫的学术思想的。

二、治理少数民族地区的好手龙翔霄

龙翔霄是王阳明在谪赴龙场途经武陵时所收弟子，终官正四品贵州程番知府，与方献夫和孙堪相距甚远，在众多亲传弟子中也不算显眼。笔者关注他，是因为他治理边疆少数民族事务成绩不菲。龙翔霄，字泰渠，湖广武陵人，初名飞霄，生于弘治九年（1496）四月二十六日。龙翔霄本师从邑人太常寺卿杨褫，"会王守仁谪龙

① 陈来：《有无止境：王阳明哲学的精神》，北京大学出版社2006年版，第116页。
② ［明］方献夫：《西樵遗稿》龙明伟"评介"，评介第17页。
③ 《全集》卷四《文录一·答方叔贤》，第196页。

场,过武陵,杨介而见之",王阳明为他改名翔霄,字潜之。又拜湛若水为师。龙翔霄于正德十四年(1519)中举,任四川阆中知县,为政平易,治绩颇不凡,县人很感激他,有民歌传唱为"谁谓郡膴,郡有纪母;谁为邑阜,邑有龙父",意思是常德知府纪经纶能让常德府日臻富庶起来,龙翔霄则让阆中县物阜民丰。丁父忧,服阕,授云南大理府太和知县。太和县地处偏远,如何舒缓民力成为龙翔霄的施政重点,如县有惯例,官仓中的粟米陈陈相因,遇有腐烂或者子粒不饱满便要治县令之罪,龙翔霄采取出陈易新的办法,仓米既足,县令自然无罪,民众亦免困累。又遇上丽江土府、阿弥土州两地因怨构乱,龙翔霄约见双方,晓以利害,双方和解,龙翔霄也因此升任南京兵部车驾司主事,升员外郎,再升南京户部郎中,八年后外放为贵州程番知府。

程番府其时尚为土府,治所在大羊八番地方,少数民族民众时不时地会聚众闹事,龙翔霄修缮关梁和堡塞,严格管理出入,如果出现动乱,守御之人治罪,少数民族民众帮助官府抵御则获赏,谋叛之人技穷,便不再敢侵掠据府城。程番府与广西泗城土州接境,程番府民中有为非作歹之人到泗城州拐卖人口,卖到程番府。但泗城土知州岑豹惮于龙翔霄的威名,便戒令程番府那些想要拐卖人口的人不要到自己的辖境内来,有一些悄悄溜进来的便送还程番府。龙翔霄还奉命到安顺府审理案件,平反顾氏冤狱。又有程番府辖下金石番长官司叛乱,时任两广总督命龙翔霄大军压境,长官石显华畏惧,请求龙翔霄到自己的治所来。龙翔霄孤身犯险,来到金石番长官司辖区,只惩治为首者,胁从者不问,一场叛乱不假刀兵而解。为收治理之长效,龙翔霄在辖区内开市场但不征税,增拓学宫,让贵州地区的秀才学子前来学习,其中不乏成才者。又重情重义,周难济困。镇远知府袁成龙卒于任,其子女年幼无力治丧,龙翔霄便出钱出力为其治丧;思南府吏目高守仁要到北京参加考核,为筹集盘缠而卖掉幼女,龙翔霄听说后帮他赎回女儿,又给他盘缠。龙翔霄任程番知府九年,见到很多官员升迁的丑闻,以千金谋升迁者在在皆是,他很失望,便烧掉公文,辞官归乡。穆宗即位,诏赠故官,进阶中议大夫。隆庆三年(1569)十月十日卒。就其学问来说，他虽然拜王阳明、湛若水为师，却没有拘泥两位老师的学说。①

三、武进士、前军都督府署都督佥事孙堪

孙堪是王阳明亲传弟子中武秩最高者，官至正二品前军都督府署都督佥事，嘉靖三十二年（1553）九月十五日，赠从一品都督同知。② 能够证明孙堪是王阳明亲传弟子的是王阳明写给王邦相的一封书信，其中说"孙子父子素所亲厚，三子又尝从学"③，指的便是孙燧和孙堪。孙堪，字志健，号伯泉，浙江余姚人，生于成化十八年（1482）十二月十日，父亲是死于宁王朱宸濠之乱的忠臣江西巡抚孙燧。余姚孙家的祖上是睦州（治新安县，今杭州淳安县）人，后唐明宗时，孙岳任三司使兼招讨大将军，死后葬于余姚烛溪湖北麓，子孙留居，遂为余姚人。孙堪自幼聪慧，书读得很好，弱冠之年便成为生员，一手文章写得很好，他的同学对他很是钦佩，善为文章之外，孙堪还有膂力，善骑射，四邻乡里称赞他文武双全。父亲孙燧被宁王朱宸濠杀害，孙堪"叩地号天，五内崩裂"，祭奠父亲之后，誓报父仇，同时也立下志向，"父能死忠，儿岂不能死孝哉！"嘉靖皇帝即位后，下诏追赠孙燧礼部尚书，谥忠烈，并遣进士李翔前去治葬。其时，孙堪还结草庐于父亲之墓侧，布衣蔬食，为父守孝。

直至嘉靖四年（1525），孙堪才进京叩谢皇恩，被特旨荫授锦衣卫左所正千户，这是正五品官，被宁王朱宸濠杀害的江西按察使许逵之子许锡也荫授锦衣卫正千户。而且，孙堪、许锡出任正千户是"见任管事"的，是实实在在掌权的武官，和不管实际事务、只以相关职衔领俸禄的带俸武官不同。本来按规制，荫叙武官不能管事，因为孙燧、许逵临难死忠，经兵部奏请，嘉靖皇帝特许管事。次年，孙堪中武会

---

① ［明］汪道昆：《太函集》卷六二《墓表·明故贵阳太守进阶中议大夫龙渠公暨赠安人傅氏合葬墓表》，《明别集丛刊》第3辑第31册，第55—57页；嘉庆《常德府志》卷三七《列传·明·龙翔霄》，嘉庆十八年刻本，叶9b—10a。

② 《明世宗实录》卷四〇二，嘉靖三十二年九月戊午条，第7043页。

③ 束景南、查昊明编辑：《王阳明全集补编·文·与王邦相书》，第216页。

试第一名也就是武状元。中状元后孙堪升为从二品锦衣卫署都指挥同知,嘉靖八年(1529)十一月时被命为"佥书浙江都司事"。各都指挥使司主官都指挥使、都指挥同知、都指挥佥事三人中一人出任掌印,统领都司事务,一人掌练兵,一人掌屯田,均称"佥书"。而孙堪所任之官实为浙江都司署都指挥佥事,这虽是四品官,但职权匪轻,也有挂职锻炼的意思,因为嘉靖九年(1530)三月时命浙江都司署指挥佥事孙堪为团营坐营官,管理京营,此一职任,如果不是深得皇帝信任,恐难为之。确实,该年四月,兵科都给事中张润身等人便弹劾漕运总兵杨宏贪墨甚重,且又年老,请求罢黜,孙堪升迁太快,李光荣疏通关系以求升迁。奏疏下到兵部,兵部讨论认为杨宏既然已经被弹劾两次了,难以再留用;孙堪是忠臣之子,才能不凡;李光荣则是抚按官多次推荐,本部按制推举,并无营私之举。最终,嘉靖帝下令将杨宏革职闲住,孙堪、李光荣依照已有方案任用,但以后不能无故升职。

嘉靖十五年(1536),孙堪又被任命管理锦衣卫南镇抚司。嘉靖二十二年(1543)正月,"升锦衣卫都指挥佥事孙堪为署都督佥事,佥书前军都督府事",一跃成为正二品前军都督府署都督佥事。嘉靖三十二年(1553)四月,孙堪的母亲病重,孙堪衣不解带,事母以至孝。五月初五日,孙母病卒,孙堪按制丁忧,因忧伤过度,于同年九月十五日卒,谕祭葬,赠从一品都督同知。①

① [清]孙仰堂纂修:《余姚孙境宗谱》卷二《传赞类·先伯兄都督伯泉先生行状(孙升)》,光绪二十五年燕翼堂木活字本,上海图书馆藏,叶79a—82a;《明世宗实录》卷五三,嘉靖四年七月丙戌条,第1324、1325页;万历《大明会典》卷一三五《兵部十八·武举》,《续修》第791册,第381页;《明世宗实录》卷一〇七,嘉靖八年十一月壬寅条,第2354页;《明世宗实录》卷一一一,嘉靖九年三月丙申条,第2623页;《明世宗实录》卷一一二,嘉靖九年四月壬午条,第2672页;《明世宗实录》卷二七〇,嘉靖二十二年正月甲寅条,第5319页;《明世宗实录》卷三四五,嘉靖二十八年二月庚申条,第6248页;《明世宗实录》卷三六八,嘉靖二十九年十二月庚午条,第6584页。

再传弟子入仕——以徐用检、徐阶为例

一、嫡派再传弟子徐用检

徐用检,字克贤,号鲁源,浙江兰溪人,师从钱德洪①,是王阳明嫡派再传弟子。他为官数任,有不少为国为民之政绩。徐用检中嘉靖四十一年(1562)进士,授刑部陕西司主事,负责狱囚衣粮事务,所上恤囚之议被刑部尚书采纳推行。吏部文选司主事陆光祖想让徐用检代替自己,未获批准。其后,徐用检改兵部武选司主事,再改仪制司主事。穆宗即位后,未行郊祀即在南北郊分祀天地,而郊祀是国家礼制,是自古之礼。徐用检写好奏疏,和时任礼部主客司郎中郭棐一起请求时任内阁首辅(应是徐阶,他于隆庆二年七月致仕)一起上奏疏,直到穆宗答应亲临郊祀才作罢。

请穆宗躬行郊祀是国之大礼,疏请让皇太子朱翊钧(明神宗)按期出阁讲学,是关乎国之根本的大事。太子出阁讲学是明代皇储教育的重要制度,甚至成为太子之实的标志。朱翊钧即位后无嫡子,按有嫡立嫡,无嫡立长的规制该立皇长子朱常洛为太子,但神宗迟迟不允,大臣便疏请朱常洛出阁读书,万历二十二年(1594)二月初四,十二岁的朱常洛正式出阁讲学。此后,大臣又以行冠礼、成婚等实质性内容步步紧逼,竟促成了万历二十九年(1601)立朱常洛为太子之事,虽然此后朱常洛的处境仍是艰辛。②

明神宗朱翊钧被立为太子及出阁讲学之事也多波折。隆庆二年(1568)二月,

---

① 《明儒学案》卷一四《浙中王门学案四·太常徐鲁源先生用检》,第302、303页。
② 汤纲、南炳文:《明史》,上海人民出版社2014年版,第668—710页。

礼部尚书高仪请立朱翊钧为太子，穆宗不予理睬。高仪等人再次施压，该年三月，六岁的朱翊钧终于被立为太子，却没有安排朱翊钧出阁讲学。隆庆三年（1569）正月，高仪疏请皇太子出阁讲学，穆宗说等到太子十岁的时候再行讨论。内阁大学士殷士儋等人也不断向穆宗施压。直至隆庆五年（1571）九月，礼部尚书潘晟再次疏请皇太子出阁讲学，十二月，穆宗终于下诏"皇太子明春讲读"。隆庆六年（1572）三月，皇太子正式出阁讲学，四月份时被中止，经群臣力请，才继续下去。但该年六月，穆宗驾崩，神宗即位，出阁讲学也就真正终止了。①

据《行述》记载，徐用检在请穆宗亲临郊祀一事后转任礼部祠祭司郎中，再转仪制司员外郎。隆庆四年（1570）元旦日食，该年又是逢三年大计群臣之年，徐用检建议殿上不用乐，殿下用乐如制，礼部尚书以此上奏，获得穆宗批准。实际上，因为这次日食，穆宗下诏免朝贺，避离正殿，减膳修省三日。徐用检又是清廉之人，请托办事之人都被他拒之门外。为官正直，为人正直，徐用检深得同僚敬畏。② 隆庆四年，徐用检升任正四品山东按察司副使。有一次到城外巡视，发现有两人斗殴，一个人披头散发还流着血，另外一个人很傲慢地倚着门，逮来问讯才知道，那个盛气凌人的是致仕内阁大学士家的家奴，受伤流血的是一个无赖酒徒，既已审问明白，徐用检将二人分别杖责。致仕内阁大学士对此非常生气，便怂恿言官弹劾徐用检。③《金华征献略》记载稍简，"其官山东臬副也，则抑豪右以扶孤弱"。④ 由此，便可以解释《明穆宗实录》中的记载，因为《明穆宗实录》中说徐用检在隆庆五年（1571）正月的官员考核中落了个"才力不及"，本来是要罢黜不用的，但穆宗下旨降职使用⑤，

---

① 谢贵安、谢盛：《明代宫廷教育史》，故宫出版社2015年版，第117—120页。

② ［明］罗大纮：《罗氏紫原文集》卷一〇《南太常卿徐贞学先生学行述》，《禁毁》集部第140册，第80页；《明穆宗实录》卷四一，隆庆四年正月己巳条、辛未条，第1009页。需要说明的是，《行述》没有明确记载这次元旦日食的年份，笔者在下文会提到隆庆四年徐用检升山东按察副使，结合《明穆宗实录》卷四一及《明史》卷一九《穆宗本纪》的记载，这件事当在隆庆四年。

③ 《明穆宗实录》卷四三，隆庆四年三月丁丑条，第1084页；［明］罗大纮：《罗氏紫原文集》卷一〇《南太常卿徐贞学先生学行述》，《禁毁》集部第140册，第80页。

④ ［清］王崇炳：《金华征献略》卷六《儒学传三·徐用检》，《存目》史部第119册，第739、740页。

⑤ 《明穆宗实录》卷五三，隆庆五年正月甲戌条，第1314、1315页。

却没有说明为何"才力不及"或许与致仕内阁大学士的中伤有关。隆庆五年二月,徐用检降任从四品江西布政使司左参议[①],管理粮道事务,任上梳理久已不通的饷道,利国便民。时任安义县令捕盗有功,巡抚有意褒奖,巡按御史则说他有贪污行为,要行纠问。办事人员对此深感为难,便咨询徐用检。徐用检说,这好办,查明实情就可以了,如果安义县令真有贪污行为就上报巡抚,没有贪污行为就上报巡按。《行述》说徐用检"悟学自粮道始",经过丰城县时到访学宫,与诸生讲说他的学问宗旨,一时风动,前来拜门为弟子的百余人。万历元年(1573)癸酉科乡试,很多士子前来听徐用检讲学,徐用检和他们讲学论道,从早上讲到晚上都不嫌累。

万历二年(1574),改任江西岭北分巡道。甫一到任,处州府、吉安府地区的豪杰纷纷前来拜访,章贡二江上的到访船只络绎不绝,这是王阳明在南赣后再次得见的盛景。万历三年(1575),改陕西提学副使。恰逢当政者想要清理学宫,裁汰冗员,诏命既然规定得很严苛,地方官员因此推之,导致士子之怨沸腾,但徐用检以兴学为己任,在正学书院给诸生授学,五天一考试,培养出不少优秀人才。万历四年(1576)丙子科陕西乡试解元王图便是徐用检在正学书院录取的学生,之前经常考第一名,赢得一片赞誉。调苏松督粮参政,一上任便均平赋役,这是海瑞任应天巡抚时的遗留问题。海瑞出任应天巡抚后整理应天、苏州等府的赋役,但不免各地轻重失当,苏州府的赋役负担较其他府便重一些,府民为此没少吃苦头,徐用检尽量调整相当。苏州府连日暴雨,灾民聚集到官府门口,时任巡抚欲治饥民之罪,徐用检力谏说人有急事便呼天呼父母,这群饥民到父母官这里喊冤没有错,巡抚听了徐用检的意见,没有责怪这帮饥民。徐用检自己戒斋三日,祈祷上苍,天果真晴了。苏州府民甚喜,欢唱道:"徐公来,天眼开,三日祷祠亦奇哉!"[②]在苏松督粮参政任上,徐用检还有其他善政,如万历六年(1578),监察御史林应训驻昆山以便监督开

---

① 《明穆宗实录》卷五四,隆庆五年二月丙申条,第1330页。

② [明]罗大纮:《罗氏紫原文集》卷一〇《南太常卿徐贞学先生学行述》,《禁毁》集部第140册,第80、81页;(清)万斯同:《明史》卷三二八《徐用检传》,《续修》第329册,第632页。

浚吴淞江中段各项事务,时任督粮道参政徐用检协助林应训勘察黄荒田;①万历五年、六年间苏州动修系列水利工程,"摄兵备事督粮参政兰溪"徐用检、巡按御史胡时化等人有"临时襄赞"之功。②

　　但总有意料不到的事情,苏州女子喜欢出游,遇到上官的车也不知避让,反而与之争道,徐用检治理此事手段急了一些,招致府民的中伤。不好的事情接踵而来,先是因为犯了不准随意讲学的禁令,其后又因为苏州府同知走逃重囚犯被牵连。接二连三的事故,徐用检被降一级使用,还没实施呢,母亲去世了,便按制回乡丁忧,在母亲墓前搭盖草房守孝。丁忧期满后,补福建福宁兵备副使。福建的土兵、客兵都很强悍,很难治理,偏将卢爌因为私愤打了兵卒板子,伍长罗文玉纠集一群人拿着兵刃闯进卢爌家中,将卢爌绑了起来,要讨个说法,很多军士都跟着哗变了。徐用检从建瓯风尘仆仆地刚赶到任地,便被哗变的士兵堵了门。徐用检升堂审案,对士卒们说裨将逞凶殴打士兵,自有律法惩治,但士兵聚众不归营,也是要军法从事的。由此,士兵们纷纷散去归营,卢爌也被逮入狱,紧接着派官员前去安抚哗卒,罗文玉被按律治罪,胁从者得到了宽大处理,士兵们也就安定了下来,一场因军官殴打士兵引发的哗变被化解。

　　后升江西岭北分守道参政。任上发生了这么一件事:徐用检之侄徐学聚为浮梁知县,调吉水知县,不知是谁想将徐用检调任管理漕运事务,但不少人认为朝廷选官之法是"以卑避尊",即有父子、兄弟、叔侄在同一机构或同一系统任职有上下级关系的,应该根据官职品级的高低,依据官品低者回避的原则,将官品低的调到其他地方。因为侄子而将叔叔调走是怎么一个说法呢? 但徐用检说了,我侄子从浮梁知县转任吉水知县,仍然没有升迁的机会,这次再调到其他地方,怕是更难得

---

　　①　[明]张内蕴、周大韶:《三吴水考》卷一一《奏疏考·议处荒田疏(林应训)》,《四库》第 577 册,第431 页。此奏疏内未写明年份,按《明神宗实录》卷七六,万历六年六月辛巳条,第 1629、1630 页所收林应训题本中有"臣为开浚吴淞江中段,久驻昆山"等语,与疏中"臣于今年三四月间为开浚吴淞江中段,久驻昆山县地方"合,此道奏疏上奏时间可定为万历六年。

　　②　[明]张内蕴、周大韶:《三吴水考》卷一六《水文考·吴江水利功成碑(徐思曾)》,《四库》第 577册,第 595 页。

到升迁机会了,避让尊贵者是避让,避让侄子也是避让,要离开也是我离开,便上疏辞漕运官,但皇帝不批准,漕运总督也派人催促他整理行装赴任,并劝他说为什么要因家事废了国事,徐用检的朋友也来信劝他上任。多方压力和劝导之下,徐用检只得赴任。运军中有不少强悍蛮横的,民船深受其害,徐用检到任后一切依法行事,漕务渐畅。又建议漕运和河运各设督臣,以便运务。

升广东按察使。在广东按察使任上,暹罗、占城等南洋诸国的商人来明朝贸易者多达万人,明朝子民中有奸邪之人与南洋商人通婚,远近之人为此深感忧虑,徐用检便设法防御,弥患于未然。升河南布政使,任上治理禁绝官吏侵吞钱粮之事,以补足宗室禄米;又想方设法增加学田,以学田收入来支持贫寒士子读书仕进,于民于士皆有裨益。升南京太仆寺卿,改太常寺卿,致仕归乡,卒年八十四岁。其弟子,检得一人罗大纮。[①]

二、内阁首辅徐阶

徐阶是阳明后学文官中官位最高、职权最重的,终官内阁首辅。徐阶,字子升,号少湖,又号存斋,南直隶松江华亭人。徐阶的童年曾两次面对死亡。一岁时,家中的女仆不小心将他掉到枯井里,救上来时都断气了,但三天之后竟然又醒了过来。五岁时,和父亲徐黼一起去宁都县上任,途经括苍岭,不小心掉了下去,被树枝挂住才免一死。徐阶的读书仕进之路也有很多传奇故事。嘉靖元年(1522)壬午科应天府乡试,二十岁的徐阶前去应试,主试官翰林院侍读董玘从一堆黜落的试卷中认出徐阶的卷子,惊讶万分,以第七名的成绩录取了他,徐阶在董玘的墓志铭中回忆说:"嘉靖壬午,(董玘)主考南畿,阶时以诸生试,为同考所黜落,公阅而改品题焉,且将以为第一,属有沮者,乃以为第七,凡阶所以有今日,皆公赐也。"乡试主考官有搜求落卷的权力,又有录取与否的最终决定权,从科举程序来看并不违规,但

①　[明]罗大纮:《罗氏紫原文集》卷一〇《南太常卿徐贞学先生学行述》,《禁毁》集部第 140 册,第 81、82 页;[清]万斯同:《明史》卷三二八《徐用检传》,《续修》第 329 册,第 632、633 页;[清]王崇炳:《金华征献略》卷六《儒学传三·徐用检》,《存目》史部第 119 册,第 739—741 页。

遭人非议在所难免。无论如何,二十岁的徐阶考中了举人,次年会试考了第五十名,在紧接着的殿试高中探花,授翰林院编修,从此步入仕途。①

在明代入了翰林院,就算是半只脚踏入内阁了,但徐阶的人生路是曲曲折折的。嘉靖三年(1524)九月,徐阶的父亲徐黼去世,徐阶按制丁忧。服阕,仍为翰林院编修。也真是天意自古高难问,嘉靖九年(1530)十一月,嘉靖皇帝采纳张孚敬的建议,想要撤掉孔子的王号。但孔子的王爵可是由来已久,唐玄宗开元二十七年(739)八月,下诏追谥孔子为"文宣王",这是孔子有王爵之始。北宋真宗大中祥符元年(1008)十一月,加谥为"玄圣文宣王",但这个"玄"仅用了四年多的时间,为避赵氏先祖赵玄朗之讳,大中祥符五年(1012)十二月,改谥为"至圣文宣王"。元成宗大德十一年(1307)七月,新即位的元武宗又加谥为"大成至神文宣王"。嘉靖皇帝不仅想撤掉孔子的王爵,还打算将孔子的塑像换成木制的牌位,祭祀礼器和礼乐也要降低标准。这一切,都意味着孔子的地位有所下降。嘉靖皇帝让儒臣们讨论这件事,只有徐阶反对。张孚敬怒气冲冲地责问徐阶为什么背叛他,徐阶也毫不客气地反驳说,背叛的前提是依附,我未曾依附你,何来背叛。他做了一个揖,便离开了。此事自然也触怒了嘉靖皇帝,徐阶也因此被贬为福建延平府推官。

在延平府推官任上,徐阶署理延平府知府事务,平冤狱,毁淫祠,创社学,捕巨盗一百二十人,多有政绩,迁湖广黄州府同知。嘉靖十三年(1534)三月升任浙江按察司佥事,管理学校事务。嘉靖十五年(1536)十月,升正四品江西按察司副使,仍管理学校事务。嘉靖十八年(1539),皇太子朱载壑出阁受学,徐阶被任命为司经局洗马(从五品)兼翰林院侍讲(正四品)。嘉靖十九年(1540)六月,母徐氏卒,徐阶按制丁忧。服阕,出任从四品国子监祭酒。嘉靖二十三年(1544)十一月,升正三品

---

① 《明史》卷二一三《徐阶传》,第5631—5638页;[明]何三畏:《云间志略》卷一二《徐文贞存斋公传》,学生书局1987年版,第853—862页,"盖公故居华亭县之城西隅有湖潴水,尝读书其上,故号少湖。其,契孟夫子存心养性之旨,故更号存斋也";[明]徐阶:《世经堂集》卷一八《墓志铭四·明故通议大夫吏部左侍郎兼翰林院学士中峰先生董公墓志铭》,《存目》集部第79册,第750、751页;郭培贵:《中国科举制度通史·明代卷》,第174、175页。

礼部右侍郎,改吏部右侍郎,多次署理部务,任上举荐的王道、欧阳德、张岳等人都是才俊。嘉靖二十八(1549)二月,命徐阶兼翰林院学士,教习庶吉士。不要小瞧这个职位,因为翰林院教习官一般由阁臣推荐产生,每科进士中的精英都成为他的学生,不仅本身成为阁臣的重要人选,而且成为维系阁臣和庶吉士关系的重要纽带。果然,本月稍晚些时候,徐阶便被任命为正二品礼部尚书,仍兼翰林院学士。嘉靖三十一年(1552)三月,已是少保兼太子太保、礼部尚书的徐阶兼东阁大学士,入内阁;嘉靖三十八年(1559)五月,晋升吏部尚书;嘉靖四十三年(1564)八月,晋建极殿大学士,取代严嵩为内阁首辅。万历十一年(1583)卒,赠太师,谥文贞。①

徐阶是王阳明的再传弟子,他曾受学于聂豹。聂豹,字文蔚,吉安永丰人,正德十二年(1517)进士。他与王阳明的师生之谊历久,嘉靖四年(1525),聂豹任监察御史,巡按福建,王阳明此时政闲居在浙,聂豹不顾众人劝阻前去问学;王阳明征思田时,聂豹再次问学,王阳明有答信。王阳明卒于嘉靖七年(1528),此年聂豹为苏州知府,在钱德洪的见证下,设香案,正式拜王阳明为师。② 徐阶拜聂豹为师是在聂豹任华亭知县时,华亭县正是徐阶的老家。《明儒学案》谓,“聂双江初令华亭,先生受业其门,故得名王氏学”;③王世贞《徐文贞公行状》中也提到聂豹为华亭知县时,“试公而奇之,曰:‘是子,国器也。’因进公以圣贤之学,而公亦慨然自奋,以一第不足名”④。徐阶在聂豹的墓志铭中也回忆说聂豹常与县学诸生论学,“阶时幸闻,虽

① 《国朝献征录》卷一六《内阁五·徐阶传(王世贞)》,第592—601页;《明儒学案》卷二七《南中王门学案三·文贞徐存斋先生阶》,第616、617页;《嘉靖元年应天府乡试录》,《明代登科录汇编》第6册,第3289页;《明史》卷一一〇《宰辅年表二》,卷二一三《徐阶传》,第3359—3362、5631—5638页;[后晋]刘昫:《旧唐书》卷二四《礼仪志四》,中华书局1975年版,第920页;[元]脱脱:《宋史》卷七《真宗本纪二》、卷八《真宗本纪三》,中华书局1975年,第138、139、152页;[明]宋濂:《元史》卷二二《武宗本纪一》,中华书局1976年版,第484页;郭培贵、刘明鑫:《明代的庶吉士教习官》,《安徽师范大学学报(人文社会科学版)》2015年第3期。

② 《明史》卷二〇二《聂豹传》,第5336页;《明儒学案》卷一七《江右王门学案三·贞襄聂双江先生豹》,第370、371页。

③ 《明儒学案》卷二七《南中王门学案三·文贞徐存斋先生阶》,第617页。

④ [明]王世贞:《弇州续稿》卷一三六《文部·行状·明特进光禄大夫柱国少师兼太子太师吏部尚书建极殿大学士赠太师谥文贞存斋徐公行状》,《四库》第1284册,第2页。

甚不敏,然于心窃有契焉",多少年过去后,徐阶仍是"惟公(聂豹)之言是训是行,亦惟公之言味之而益旨,履之而益效也"。① 由此,徐阶是阳明心学的忠实拥护者和践行者,不仅仅是学术上的,更加强化在其政治立场上。

步入仕途后,徐阶注意结交官场的王门弟子,也用心昌明心学。如在浙江按察司佥事任上时,在龙泉山上方僧舍王阳明讲学处建阳明祠,将僧舍墙壁上王阳明亲自书写的学规保存了下来。② 这是王阳明教给学生、士子读书为学之道在于持之以恒。希望弟子在自己离开后也要尽力定期相会论学,讨论学术时要虚心接受他人意见,不能恶意攻击他人,否则读再多的书也没用。徐阶在江西按察副使任上,"视学政正文体,端世习,创王文成公祠及同仁祠"。③ 徐阶创建的王阳明祠在射圃亭大忠祠的右侧,嘉靖三十五年(1556),蔡克廉出任江西巡抚,捐赎金重修阳明祠。嘉靖四十四年(1565),江西巡抚徐栻将自己的赏赐捐出来再次重修。此后,南昌百姓得以岁时瞻仰祭祀。而且,两位巡抚还在祠之左右建了屋子,为南昌府的学子们读书讲学之所。④

徐阶入阁之后,在京师灵济宫组织讲坛更是有力地推动了阳明心学的传播,成为明朝中后期京师讲学的一大盛事。灵济宫的全名是"洪恩灵济宫",是明成祖朱棣在永乐十五年(1417)三月诏建的⑤,在皇城的西南角即今天的北京西城区灵境胡同地区。嘉靖三十二年(1553)、三十三年(1554),已是内阁大学士的徐阶在灵济宫开立讲坛,讨论良知之学,盛况空前。不同史料对于讲坛的规模记载存异:《明儒学案》说徐阶让自己的老师时任兵部尚书聂豹及礼部尚书欧阳德、礼部左侍郎兼翰林

---

① [明]徐阶:《世经堂集》卷一八《墓志铭四·明故太子太保兵部尚书赠少保谥贞襄聂公墓志铭》,《存目》集部第79册,第758页。

② 嘉靖《浙江通志》卷二〇《祠祀志第四之二》,嘉靖四十年刻本,叶7b—8a。

③ 雍正《江西通志》卷五八《名宦》,雍正十年刻本,叶26b。

④ 光绪《江西通志》卷七三《建置略·坛庙一》,光绪七年刻本,叶29b—31a。

⑤ 《明太宗实录》卷一八六,永乐十五年三月辛丑条,第1993、1994页。

院学士程文德分别主会,与会者有千人之多①,《明史·欧阳德传》谓有五千多人。②据曹胤儒所撰《罗近溪(汝芳)师行实》,王阳明再传弟子罗汝芳(王阳明—王艮—罗汝芳)组织很多进士参与其中。嘉靖三十二年,罗汝芳进京参加殿试,见徐阶、聂豹、欧阳德等人开讲会③,便组织嘉靖二十三年(1544)进士瞿景淳、吴情、戴完、王宗沐、贺少龙及嘉靖三十二年进士顾阙、李廷龙、柳东伯、向淇及好友何廷仁、何迁等人参与讲会,讲会前后持续两个月,可谓盛会。

　　嘉靖三十三年(1554)三月,欧阳德卒,次年二月,程文德以诽谤君上为由被黜为民,聂豹亦引疾回籍闲住,嘉靖三十五年(1556)以后的灵济宫讲坛因之盛状不再。嘉靖三十七年(1558),太仆寺少卿何迁从南京来到北京,推举徐阶为主盟,仍在灵济宫讲学。还有一种说法是太仆寺少卿何迁从南京来到北京,复开灵济宫讲坛,但其官位、名气都不足以和徐阶等人相埒,号召力不强,参会者不多。偶尔有贵族子弟想借讲学之机提升自己的名气,却在赴会前和掌权的宦官喝得酩酊大醉,将讲会的事忘得一干二净,多亏仆从提醒,才匆忙赴会,会上鼾声如雷,讲会结束后,仆从将他架上马,竟然不知道自己做了什么,留给时人的,只是笑柄。总之,虽然何迁再次组织的讲坛不复盛状,但徐阶等人组织的讲坛还是有力地推动了阳明心学的传播。④

---

①　《明儒学案》卷二七《南中王门学案三·文贞徐存斋先生阶》,第 617 页。

②　《明史》二八三《欧阳德传》,第 7276—7278 页。

③　方祖猷、梁一群等编校整理:《罗汝芳集》附录《罗近溪师行实》,凤凰出版社 2007 年版,第 836 页。

④　《明儒学案》卷一七《江右王门学案二·文庄欧阳南野先生德》,第 357 页;《明世宗实录》卷四一九,嘉靖三十四年二月癸未、甲午条,第 7277、7279 页;[明]高拱著,岳西金、岳天雷编校:《高拱全集》卷八《逸史杂考·冰厅札记一则》,中州古籍出版社 2006 年版,第 1667 页。需要说明的是,前揭《罗近溪师行实》谓"会试同年昆湖瞿公……",罗汝芳参加嘉靖二十三年甲辰会试并中式,该科《会试录》记载他考了 295 名(《嘉靖二十三年会试录》,《天一阁藏明代科举录选刊·会试录》点校本·下,第 202 页)。一般而言,会试中式者会在次月参加殿试成为进士,如因自身疾病或父母去世等原因未参加殿试,可待病愈或服丧期满再参加殿试。罗汝芳因父亲生病未参加殿试,直至嘉靖三十二年才参加癸丑殿试成为进士。由此,嘉靖二十三年甲辰科会试中第之人实罗汝芳的同年,即《罗近溪师行实》中所谓"会试同年";嘉靖三十二年进士也是其同年,《罗近溪师行实》中谓"师集同年","师"即罗汝芳,"集同年"即组织嘉靖三十二年进士。

　　走上仕途后,徐阶始终在自己"心学立身"基础上推崇并推广"心学为政"。他在官场上的小心翼翼和明哲保身,更多的是为了让自己容身于政治的染缸之中,让自己"致良知"的政治举措得以实施,切实为百姓造福。徐阶确实在首辅严嵩面前唯唯诺诺,但事情不是那么简单。夏言想置严嵩于死地,又极力推荐徐阶,严嵩与徐阶的关系自然好不到哪里去,嘉靖二十九年(1550),徐阶自己又因为不同意世宗孝烈皇后祔太庙一事惹怒了世宗,这无疑给了严嵩攻击徐阶的借口。严嵩也终于逮到了机会,趁着嘉靖皇帝单独召见自己并聊到徐阶时,抛出一句看似不痛不痒实则触碰嘉靖皇帝底线的话:"阶所乏非才,但多二心耳。"再次暴出徐阶曾经请立太子之事,徐阶的处境可谓危险万分,但徐阶暂时又无力与严嵩争斗,"乃谨事嵩,而益精治斋词以迎帝意"。就这样小心谨慎,曲意逢迎,嘉靖皇帝怒气稍解,才有嘉靖三十一年(1552)三月兼东阁大学士入阁的初步胜利。

　　严嵩倒台后,建极殿大学士袁炜以病归,徐阶成为首辅,但也成了光杆司令,便屡请增阁臣,屡乞归养。嘉靖四十四年(1565),严讷、李春芳入阁。严讷告归后,郭朴、高拱、陈以勤、张居正相继入阁,这是徐阶为大明王朝的权力核心储备人才之功。他还保全了很多大臣。嘉靖中期,南北兵事日炽,边镇大臣稍不合帝意便被逮入狱,阁臣只是看皇帝的脸色行事。徐阶为内阁首辅后,减少缇骑的数量,禁止乱抓人的现象,锦衣卫诏狱渐渐空了出来,官员们也不用提心吊胆,可以安心政务,"以功名终"。从这一角度讲,在官场上的明哲保身和据理力争其实并不矛盾,徐阶入阁后的种种善政是为证,前文提到的初入仕途时反对降低孔子的受祀待遇,在各官任上的善政也可为证。清修《明史》"阶立朝有相度,保全善类。嘉、隆之政多所匡救。间有委蛇,亦不失大节"的评价还是相当公允的。徐阶家族兼并土地成了大地主,其家人和奴仆在当地飞扬跋扈,遭致民怨沸腾确实是其过失,但我们要依据扎实的史料,客观、公正地评价历史人物,而不能脱离具体的时空苛责之。

勾稽再传、三传弟子的尝试:以南中、楚中王门为重点

一、南中王门再传、三传弟子

南中王门学派的"南中"可泛指南方,更确切地说是指明代南直隶地区。明代南、北两京分别称为南、北直隶。南直隶辖应天、凤阳、淮安、扬州、苏州、松江、常州、镇江、庐州、安庆、太平、池州、徽州、宁国十四个府以及徐州、滁州、和州、广德州四个直隶州,所辖大致与今天的江苏省、安徽省、上海市相当。

披览所及,南中王阳明再传弟子除前面讲过的唐顺之、徐阶外,道光二年(1822)重刻《王龙溪先生全集》提供了一份珍贵的《王龙溪先生全集原刻编校及门姓氏》名单:周怡(顺之)、查铎(子警)、贡安国(玄略)、沈宠(思畏)、翟台(思平)、俞堂(允升)、焦玄鉴(仲明)、杜质(维城)、袁黄(坤仪)、丁宾(礼原)、丁旦(惟寅)、岑炯德(华升)、陆光宅(与中)、周汝登(继元)、张元益(叔学)、王钟瑞(慎甫)、王汝舟(济甫)、张榮(士仪)、周恪(友之)、丁懋建(元敬)。① 这些弟子中周怡、查铎、贡国安、沈宠、翟台、俞堂、焦玄鉴、杜质、丁旦、王汝舟、张榮系南直隶人即南中王门再传弟子,除此,还有戚衮等人。我们按地域分别来看:

查铎,字子警,号毅斋,泾县人,正德十一年(1516)正月十七日生,卒于万历十七年(1589)十月三十日。嘉靖四十四年(1565),五十岁的查铎得中进士,授湖广德安府推官,"一意德化",清理冤狱,不惜触怒当权者。升刑科给事中,屡次上疏谏言

---

① [明]王畿:《王龙溪全集·王龙溪先生全集原刻编校及门姓氏》,台北华文书局股份有限公司1970年版,第29页。在道光二年重刻本《王龙溪先生全集》中因避康熙皇帝玄烨之讳,将焦玄鉴写作焦元鉴或焦元鉴,详见下文,贡安国字玄略,清朝康熙以后的地方志、康熙年间刻本《明儒学案》等写作"元略"亦如是。

要按期举行经筵,并要求核实边功,举荐人才,政绩颇不凡。因忤逆大学士高拱,被贬为山西参议。高拱去职后,群臣交章要求起复查铎,遂起以山西参议之职,分守河东。再擢为广西按察司副使,任上"缮水西书院,倡明理学",对田土、救荒等事也很用心。查铎师从王畿和钱德洪,"笃信文成良知之说",但又不拘泥王阳明之说,"良知简易直截,其他宗旨,无出于是。不执于见即曰虚,不染于欲即曰寂,不累于物即曰乐"。① 这一段中引用的查铎《行略》,是其弟子张应泰所撰,这是王阳明的四传弟子了。张应泰,字大来,泾县人,万历二十年(1592)进士,历泰和知县、南京工部主事、泉州知府。任泉州知府才五个月,遭人暗算,贬大名府通判,治河有功,赐金帛,移河间府同知,转户部员外郎,督饷永平,升吉安知府,著有《孤竹遗抄》《晚香亭稿》等。②

翟台,字思平,号震川,泾县人。嘉靖三十八年(1559)进士,授长沙府推官,任上推行教化,推广乡约,申明正学,除暴安良,清理冤狱,政绩颇不凡。升南京兵部车驾司主事,任上清理芦课,也是善政一件。没过多久,便辞职归乡,与王门弟子等同道修复水西书院,"发明姚江之学,而不专主良知之说,大要以六经为训,以力行为先。其示学者,则曰学莫先于辨志,莫大于识性,莫要于致知,莫贵于敦行,莫切于本业,莫急于会文",从中来看,翟台的思想内核还是良知之学,但他更重视"行",可谓得王阳明知行合一之要。著有《考溪集》《水西答问》等书。卒年七十,祀乡贤。③

张棻,字士仪,号太静,泾县人。张棻年幼聪慧,五岁的时候口授其经义,便能理解得很好。有一次,张棻听到鸡叫,便赶紧喊母亲起床,并和母亲说《小学》这本书中说了,凌晨鸡鸣之时,做子女的就要起床,帮父母准备好盥洗和漱口之水,这会

<hr />

① ［明］查铎:《毅斋查先生阐道集》卷末《明故中宪大夫广西提刑按察使司副使致仕查先生毅斋行略》,《未收》第7辑第16册,第591—594页;《明儒学案》卷二五《南中王门学案一》,第579页;嘉庆《泾县志》卷一八《人物二·儒林·查铎》,民国三年刻本,叶13b—14b。

② 嘉庆《泾县志》卷一八《人物二·文苑·张应泰》,嘉庆十一年刻本,叶22ab。

③ 乾隆《泾县志》卷八上《人物志·儒林》,乾隆二十年刻本,叶32b—33a。

鸡正叫着呢。母亲笑着说，你才读书几天，就能懂得这个道理？张榮回答说："我真正愿意这样去做。"八岁时，已经能写文章了；十岁时，已经遍读儒家经典；十三岁时父亲去世，丧仪礼节做得和成年人一样；十七岁时成为廪生，热心时务，有经邦济世之志，读书时会从其中读得大意，而不是简单地背诵其中的章句。欧阳德为南京国子监祭酒时，张榮前去求学，能很快理解欧阳德讲学之旨。其后，又从邹守益、王畿等王阳明亲传弟子学习，积极进取，说"圣人可学而至"，这和其师祖王阳明的观点是一样的。游学归来之后，在家乡筑室讲学，讲得口若悬河，头头是道，来听他讲课的人很多，所到之处，官员士绅都以礼相待。其祖母董氏病重，亲侍汤药，夜里则默默祈祷上苍，但还是没能留住祖母的命。祖母去世之后，张榮悲痛万分，在祖母墓旁筑永思山房，守墓三年。他还倡建水西精舍，延请各地名儒前来讲学，水西之会名动天下。张榮卒年三十二岁，实在可惜。祀乡贤祠。①

俞堂，字允升，号寒泉，泾县人，对良知之学颇多所悟。官楚府纪善，这是给亲王授课的正七品之职，他写下《楚录》以劝诫楚王。后致仕归乡，在水西讲学。

王汝舟，字济甫，泾县人。他和吉安人周七泉在水西游学，听闻阳明良知学，深信不疑，便放弃了举子之业，师从王畿，王畿曾称赞他有真才实学。王汝舟"其学一以致良知为主，而于知过为良知，改过为致知二言尤用力焉"。②

贡安国，字玄略，号受轩，南直隶宣城人。他是翰林待诏贡汝成的长子。贡汝成，字玉甫，正德八年（1513）举于乡，汝成"尤探及理蕴，文密而藻赡"，内阁首辅夏言赞之曰"真海内博雅学者"。贡安国从其父亲那里受到良好的启蒙教育，后师从王畿和欧阳德。贡安国以岁贡生身份于嘉靖末年任九江府湖口县教谕，江西布政使和按察使（布政使和按察使合称"两台"）请他到白鹿洞书院讲学。后入国子监受学，仕至山东东平州知州，任上崇学兴教，旌表孝子贞妇，抚恤鳏寡，政绩不凡，去世后祀入名宦祠。他倡学四十余年，但诗文语录存下来的很少，门人私自录下来一部

---

① 乾隆《泾县志》卷八上《人物志·儒林》，叶32a—32b。
② 乾隆《泾县志》卷八上《人物志·儒林》，叶35b—36a。

分,汇成《学觉窥斑集》。① 当然,贡安国还是关注民瘼、寄心家乡事务之人。万历三年(1575)宣城县大旱,幸未成灾,知县姜台未雨绸缪,打算建社仓储谷以备荒年,得到巡抚宋仪望、巡按鲍希贤、知府陈俊批准,遂在山、圩两乡建了两座仓廒。县中耆旧请贡安国写一篇记文,贡安国欣然为文记之。②

　　戚衮,字补之,宣城人,先后师从邹守益、欧阳德、王畿三人。戚衮去世后,王畿为其撰《文林郎项城县知县补之戚君墓志》,足见王畿对这位弟子的赞誉之情,也提供了戚衮较多的师学、任职经历。戚衮还曾师学于王阳明的弟子邹守益,惜所获不多。嘉靖十一年(1532),戚衮以选贡身份入南京国子监学习,其时,欧阳德任南监司业,在南京国子监讲良知学,戚衮前去拜师问学,"始慨然一志于学"。嘉靖十四年(1535),王畿任南京兵部武选司郎中,戚衮与贡安国、周怡、沈宠、梅守德等人前去受学。③ 嘉靖二十一年(1542),戚衮出任浙江海盐县丞,他勤政爱民,遇有重要政务及有疑问之处,一定会在深思熟虑得其要领之后再向县令禀报,县令对他日渐信任,委托他处理盐务。他"宽肩负之禁,绝私贩之途"④,"绝私贩之途"自然是禁止贩卖私盐,"宽肩负之禁"之策实与民方便。为什么这么说呢?自汉武帝时期实行盐铁官营以来⑤,盐成为历代中央政府严格管控的重要物资。明代实行"计口食盐"的食盐专卖制度,由盐运司查明州县人口数额,算出该用食盐的数量,报巡盐御史衙门批准,由盐商凭盐引到指定的盐场领盐再到指定地区贩卖,卖完之后还要到官

---

① 嘉庆《宣城县志》卷一七《人物·文苑·贡汝城》,嘉庆十三年刻本,叶 8b—9a;《明儒学案》卷二五《南中王门学案一·贡安国》,第 578、579 页;嘉庆《宁国府志》卷二八《人物志·儒林·宣城县·贡安国》,民国八年影印本,叶 2a;同治《湖口县志》卷六《职官志·名宦·贡安国》,同治十三年刻本,叶 61a—62b;康熙《东平州志》卷四《人物·宦迹·贡安国》,康熙十九年刻本,叶 55a;万历《宁国府志》卷一二《艺文志·学觉窥斑集》,万历五年刻本,叶 24a—25b。

② [明]汤宾尹辑,王景福等校注:《宣城右集》卷一八《义仓记(贡国安)》,黄山书社 2017 年版,第252、253 页。

③ [明]王畿:《王龙溪全集》卷二〇《状志表传·文林郎项城县知县补之戚君墓志》,第 1467—1474页。

④ [明]王畿:《王龙溪全集》卷二〇《状志表传·文林郎项城县知县补之戚君墓志》,第 1471 页。

⑤ 林剑鸣:《秦汉史》,上海人民出版社 2003 年版,第 372—374 页。

府查验应卖之数与实卖之数。① 但不少地方道路不畅,领到官盐的商盐难以前去甚至不愿前去,如此一来自是苦了劳苦大众,加之很多地区土地贫瘠,种植粮食作物收成低,不少劳苦大众便从官盐商那里小规模肩挑贩卖一部分食盐,赚点差价,换取粮米度日,便民利民,官府也是准许的,很多地区都有类似的现象。海盐县虽因"海滨广斥,盐田相望"②而得名,但官盐不一定能按时流通全县之域,劳苦民众从官盐商人那里贩卖一点官盐,官府没有不允之理,甚至贩卖一点私盐,官府也是睁一只眼闭一只眼。清朝时还在盐引中专设部分肩引,挑选靠近盐场的灶丁和良民一百八十一名,按规定领"肩贩额引"一道,到规定的盐灶挑盐八天,每天限定一百斤,然后到规定地区售卖。③ 由此可知戚衮"宽肩负之禁"的利好所在。

除此之外,戚衮在海盐县丞任上还弭盗雪冤,赈济百姓,均平赋役,筑海塘,除奢靡之风,政绩不凡,很得民心。戚衮为政的宗旨是知民亲民,与孔子说"不教而诛谓之虐"④的理念是一致的,他没有用严刑峻法治理人民,而是施以教化,制定乡约规范县民言行,建立社学,聘请老师,教育县民子弟,还建立古项精舍,每月初一、十五与士大夫和秀才们集会讲学。其他善政如丈田均赋,疏通虹河,抑制奸邪及豪强势力,捣毁淫祠,都是为民所想。除寄心县务之外,戚衮还参与国家大政方针的讨论,即墓志所谓"止开塞孙家渡"及光绪《宣城县志》所谓"时奉文将开黄河,乃立呈其不便,士庶庐墓赖保全者甚多"。因病致仕,县民在道旁哭泣,对其恋恋不舍,并立祠纪念这位爱民知县。⑤ 祠谓"戚公生祠",在县北关街西,乾隆时圮。⑥

沈宠,字思畏,号古林,宣城人,年轻时师从贡国安,勤奋好学,后师从王畿、邹

---

① 刘淼:《明代盐业经济研究》,汕头大学出版社1996年版,第336页。

② [宋]乐史撰,王文楚等点校:《太平寰宇记》卷九五《江南东道七》,中华书局2007年版,第1915页。

③ 光绪《海盐县志》卷一〇《食货考·盐法》,光绪三年刻本,叶39b。

④ 《汉书》卷五六《董仲舒传》,第2502页。

⑤ [明]王畿:《王龙溪全集》卷二〇《状志表传·文林郎项城县知县补之戚君墓志》,第1471、1472页;光绪《宣城县志》卷一五《人物志·儒林》,光绪十四年木活字本,叶4b—5b;顺治《项城县志》卷六《人物志·名宦》、卷一《舆地志·山川》,顺治十六年刻本,叶2a、3a。

⑥ 乾隆《项城县志》卷二《建置志》,乾隆十一年刻本,叶27b。

守益，"事良知之学"。嘉靖十六年（1537）举于乡，授行唐知县，见县民不谙纺织，便造织机，教县民纺织。任上逢有御史来县巡视，很欣赏他的廉介之风，便奏请将他调任事务繁重的获鹿县，于嘉靖二十四年（1545）赴任。任上兴农桑，修礼教，政绩颇不凡，擢为监察御史，巡视京师。但沈宠在任上抑制有权势的宦官，为权贵所忌，左迁湖广兵备佥事兼敕江防，驻蕲州。任上遇到九龙湾巨寇郑鄤率数千人抄掠附近州县，遂固守城池，募兵习战，将贼寇一举平定。平定贼寇之后，建重正书院，延请名儒来讲学，"三楚士翕然向风"。迁广西布政司参议，以母老乞归乡里。回乡之后，与知府罗汝芳（王门后学，其师承关系是王阳明—王艮—颜均—罗汝芳）、同里给事中梅守德（王门后学，师从邹守益）在志学书院切磋学问，传道授业。著有《古林摘稿》。卒，从祀阳明祠。①

沈宠之子沈懋学亦是王门后学。沈懋学从王畿和父亲沈宠那里学得致良知之学。笔者检得几封沈懋学给王畿的寿序和书信，弥足珍贵。万历六年（1578）王畿八十大寿，沈懋学撰《王龙翁老师八十寿序》，提到嘉靖十四年（1535）王畿出任南京兵部武选司郎中，沈宠、贡安国、周怡、梅守德前往拜师受学，自己"因得闻其概"，即学习了良知学的大概，又说"承家学于先生（王畿），谊尤殷"。② 在《上王龙溪先生》中也说"不幸学由先子（沈宠），得闻道教（良知学），嗣且负墙言，益沾濡化雨，披拂春风，即驽骀之资，亦知策励"。在另一封书信《复王龙溪先生》中感谢王畿为家父沈宠撰写墓表，并谈到自己对良知之学的看法，"深服吾师弘度，夫致良知自能知语知默知进知退，道在随时，无成心可执"③，对良知之学服膺甚深。

沈懋学，字君典，工隶书和草书，善骑射及诗歌，年轻的时候喜欢侠客，多次到塞外畅谈时事。中万历五年（1577）状元，该科榜眼是时任吏部尚书、中极殿大学士

---

① 嘉庆《宁国府志》卷二八《人物志·儒林》，民国八年刻本，叶 2b；乾隆《获鹿县志》卷八《官师·知县》，乾隆元年刻本，叶 7b。

② ［明］沈懋学：《郊居遗稿》卷五《序·王龙翁老师八十寿序》，《存目》集部第 163 册，第 659、660 页。

③ 《明文海》卷一六八《书二十二·上王龙溪先生（沈懋学）》《复王龙溪先生（沈懋学）》，第 1692—1695 页。

张居正之子张嗣修。中状元后,授翰林院修撰,应诏赋明宣宗《玄兔诗》,深得神宗之心,神宗手书"谨言行明礼义"六个字赐给他。沈懋学中进士的这一年,恰逢张居正的父亲张文明去世,不少官员反对张居正夺情,沈懋学便是其一。他给张嗣修写信,让张嗣修劝说张居正回老家江陵守孝,还写好奏疏,被阻挠没有递上去。沈懋学很失望,便托病辞职归乡。张居正知道后非常生气,想着怎样陷害沈懋学,偶然的机会,得知沈懋学同乡吴仕期曾代沈懋学写过上奏给张居正的奏疏,时任提督操江都御史胡槚以诬陷内阁首辅的罪名将吴仕期逮下狱,胁迫他诬陷沈懋学,但吴仕期至死也没有这么做。沈懋学最终安然无恙地回到家乡,游西湖,登九华,但这并非闲云野鹤般悠闲的生活,他经常喝得酩酊大醉,日夜歌舞不辍,光绪《宣城县志》谓之"自污数年",其中道不尽的苦衷,或是沈懋学空负一身才学却报国无门的失意与惆怅。不知过了多久,张居正大概也感到过意不去了,想要让沈懋学复官,但沈懋学已是病体沉疴,于万历十年(1582)四月辞世,年仅四十四岁。可惜了一位状元郎。汤宾尹在墓志中说,天下英雄豪杰甚至市井无赖听说沈懋学去世后,无论是否识面,都扼腕痛哭。有意思的是,张居正也卒于万历十年六月,虽然两人同年去世是巧合。①

而这位吴仕期,也不单单是沈懋学的同乡,他是贡安国的女婿,从师承加姻亲算,吴仕期和沈懋学是同辈人。吴仕期,字德望,为秀才时便倜傥有志。为反对张居正夺情,他写了《上相国书》,洋洋洒洒千余言。承着前段讲到的沈懋学反对张居正夺情的事,胡槚是张居正的人,时任南直隶太平府同知龙宗武是胡槚的同乡,二人命人将吴仕期抓入芜湖监狱。龙宗武审讯他,让他指出背后主使之人,其实是想诬陷沈懋学,但吴仕期大义凛然地说大丈夫耿耿直言,还用人指使吗?龙宗武等人恼羞成怒,将吴仕期拷打得体无完肤,但吴仕期还是咬牙挺住,没有诬陷沈懋学。龙宗武等人再生恶毒之计,指使狱卒用沙袋砸向吴仕期头部,吴仕期不幸惨死。人

---

① 《万历五年进士登科录》,《天一阁藏明代科举录选刊·登科录》下,第535页;[明]汤宾尹:《睡庵集》卷一八《志铭·翰林院修撰承务郎沈君典先生墓志铭》,《禁毁》集部第63册,第265—267页;《明史》卷二一六《沈懋学传》,第5698页;光绪《宣城县志》卷一七《忠义·沈懋学》,叶9b—10a。

们听说这件事后,都认为吴仕期是被冤枉的。万历十九年(1591),吴妻贡氏和吴弟仕朝抱着《孤愤录》到南京都察院喊冤,监察御史孙惟诚具疏上闻,胡檟、龙宗武被谪戍边方,贡氏守节终老,皇帝下令建吴氏夫妻义烈坊,吴仕期又被祀入乡贤祠。①

丁旦,字惟寅,号海阳,南直隶池州府贵池县人。他生性聪颖,相貌不凡,说话声音洪亮。年纪稍长,行事很遵守规矩,一身正气。又遵兄长,孝父母,极讲孝道。年纪再长大一些,每天都会逗父母开心。丁旦的这些孝行,深受邻里敬重。听说乡里人李呈祥很有贤德,便前去拜师,其后终身以师礼待之。之后又师从邹守益、王畿、钱德洪、欧阳德学习,学问日益精进,远近而来从其受学之人越来越多,名扬于大江南北,地方官员纷纷前来谈学论政。丁旦也为家乡做了很多好事,发现有未受朝廷旌表的孝子贞妇,便向上官上表章请求旌表,老百姓有冤不能伸的,则悄悄地助其伸冤,有拿着银子来答谢的都被拒绝了。嘉靖四十一年(1562),耿定向督学南畿,任上积极劝学,选拔俊才,并派人以礼敦促他们参加考试,只有丁旦、杨希淳、詹应麟、郭忠信、王敬臣五人有考试的机会。明穆宗即位后,下诏选拔廪生为恩贡生到国子监读书,地方官有意选拔丁旦,丁旦却躲到了当涂县姑孰这个地方。过了很久,又有岁贡入国子监读书的机会,丁旦将机会让给了徐宗梓。

万历元年(1573),丁旦成为岁贡生,万历十年(1582)时出任湖广衡州府通判,任上辅助知府兴修义仓、社学,剔除诸多弊政,与衡州士人讲学,乐此不疲。没过多久,被派到省城武昌府督理粮饷,甚是操劳。又顶风冒雪,到黄安山中拜访耿定向,他是王艮的弟子,由此算来,丁旦、耿定向是同辈人。不幸的是,路途奔波,多受风寒,刚到省城武昌府便去世了,年六十四岁,家境贫寒的他竟无以为葬,在士民的帮助下葬在了贵池县石都山。焦竑为他作传,从师承关系上讲,焦竑是耿定向的学

---

① 　光绪《宣城县志》卷一七《人物·忠义·吴仕期》、卷二〇《列女·义烈·义士吴仕期妻贡氏》,叶9a、2b。

生,是王阳明的再传弟子。① 县人王学诗是丁旦高足,家境贫寒但刻苦攻读,中秀才,天启四年(1624)贡生,未入仕。②

焦玄鉴,字仲明,南直隶宁国府太平县人。听说王畿、钱德洪等人在浙江讲阳明良知之学,便前去从师就学,回来之后筑台山精舍,与诸生切磋学问。隆庆二年(1568),焦玄鉴中进士,授户部主事,整理赋役,剔除弊端。改职方司主事,巡视京城九门,将士无敢侵犯。当时高拱专权,想将他调到吏部任职,但焦玄鉴辞职归乡。③

杜质,字惟诚,号了斋,南直隶宁国府太平县人,诸生。他从钱德洪、王畿等人受学,学问日有长进,声名远播,邹守益之子邹善提学山东,聘请他到山东主讲。张居正秉政,禁止讲学,但杜质说张居正要禁的是伪学,他讲的是真学问,便以讲乡约为由,继续讲学,前来听讲的人很多,被学者们亲切地称为"杜宛陵"。著有《明儒经翼》。卒,祀乡贤。④

周怡,字顺之,号讷谿,宁国府太平县人。还是秀才的周怡说过这样一句话,"鼎镬不避,沟壑不忘,可以称士矣,不然,皆伪也",说的是不畏强权,甘愿为正义现身之人才能称为士,要不然就是伪君子。他师从王畿、邹守益。嘉靖十七年(1538)进士,授顺德府推官。嘉靖十八年(1539),世宗南巡至顺德府,从府中征派费用计有万两之巨,幸得周怡力争,才减少了十分之二三。擢吏科给事中。⑤ 嘉靖二十一年(1542)八月,弹劾户部尚书李如圭、兵部尚书张瓒、提督团营兵部尚书刘天和,说李如圭对边镇军粮之事漫不经心,宗室周王想要增加禄米,李如圭收受周王的贿赂,替周王向皇帝呈递奏疏;张瓒的罪名是贪污腐败,买卖官职;刘天和的罪名稍

---

① ［明］焦竑撰、李剑雄点校:《澹园集》续集卷十《丁别驾传》,中华书局1999年版,第918—920页;《明朝分省人物考》卷三九《南直隶池州府·丁旦》,第797页;光绪《贵池县志》卷二六《人物志·儒林》,光绪九年活字本,叶1b—2b;《明世宗实录》卷五○七,嘉靖四十一年三月辛卯条,第8358页。

② 康熙《贵池县志》卷六《人物·独行》,乾隆九年刻本,叶16a。

③ 嘉庆《太平县志》卷六《宦业》,嘉庆十四年刻本,叶2b—3a。

④ 嘉庆《太平县志》卷六《儒林》,嘉庆十四年刻本,叶1b。

⑤ 嘉庆《太平县志》卷六《名臣·周怡》,嘉庆十四年刻本,叶3b。

轻,只是年迈体衰,很散漫,不能再继续管理团营了。最终,张瓒留任,刘天和致仕,李如圭回籍听勘。①

隆庆元年(1567)二月,升南京太常寺少卿;②三月,改太常寺少卿,疏陈定君志以修业德、畏天命以消灾异、敬大臣以尊师道、泽左右以慎近习、勤朝政以饬臣工五事,触怒穆宗;③八月,被贬为山东按察司佥事,给事中岑用宾为周怡鸣不平,无果。④隆庆二年(1568)六月,周怡被改任南京国子监司业。时任祭酒是姜宝,姜宝御下极严,周怡则很宽和,时人认为二人的做法都很得体。⑤隆庆三年(1569)四月,擢太仆寺少卿,提督四夷馆,未任卒。⑥隆庆六年(1572),张佳胤请建祠祭祀。万历三十六年(1608),河南道掌道御史黄吉士等人为周怡请谥典⑦,天启二年(1622)时谥恭节,天启七年(1627),学臣请赐守祠生一人。顺治二年(1645),准祭祀如故。著有《讷溪文集》。⑧

还有一些倾慕王阳明良知之学,或未拜门成为再传、三传弟子之人。如萧良幹,泾县人,字以宁,号拙斋。年幼从学时,听闻宋代范仲淹捐俸购置义田以资助族中乡里贫困之人的故事后,便立下仿行之志。二十岁时,"慕王文成良知之学,时会同志讲究,多所自得"。萧良幹还是至孝之人,母亲生病,他衣不解带,床前床后伺候了一个多月。隆庆五年(1571)中进士,授户部主事,负责管理崇文门、河西务的税收,处理得妥妥当当,没有妄收一两税银。累迁绍兴知府,修三江闸,筑海塘,修复稽山书院,和士大夫在书院中讲学课士,绍兴府民很感激他,立祠祀之。升贵州按察副使,历河南布政司右参政、陕西左布政使,有抑制矿监税使等惠政。万历三

① 《明世宗实录》卷二六五,嘉靖二十一年八月辛丑条,第5261、5262页。

② 《明穆宗实录》卷四,隆庆元年二月甲午条,第106页。

③ 《明穆宗实录》卷六,隆庆元年三月辛巳条,第180页。

④ 《明穆宗实录》卷一一,隆庆元年八月己丑条,第299页。

⑤ 《明穆宗实录》卷二一,隆庆二年六月丁酉条,第578页。

⑥ 《明穆宗实录》卷三一,隆庆三年四月乙未条,第820页。

⑦ 《明神宗实录》卷四五二,万历三十六年十一月丙申条,第8542页。

⑧ 嘉庆《太平县志》卷六《名臣·周怡》,嘉庆十四年刻本,叶4b—5a。

十年(1602),致仕归乡,果真兑现了他儿时的志向,捐出两百亩丰腴田土为义田。卒年七十岁,祀乡贤。①

二、楚中王门再传、三传弟子

楚中王门之"楚中"包括现在的湖北省和湖南省,在明代同属一省湖广省(湖广布政使司)。②《明儒学案》中评价楚中王门说:"楚学之盛,惟耿天台一派,自泰州流入。当阳明在时,其信从者尚少。道林、闇斋、刘观时出自武陵,故武陵之及门,独冠全楚。观徐曰仁同游德山诗,王文鸣应奎、胡珊鸣玉、刘璲德重、杨衲介诚、何凤韶汝谐、唐演汝渊、龙起霄止之,尚可考也。然道林实得阳明之传,天台之派虽盛,反多破坏良知学脉,恶可较哉!"③其中所载的王门弟子有耿定向、蒋信、冀元亨、刘观时、王文鸣、胡珊、刘璲、杨衲、何凤韶、唐演、龙起霄。王阳明在《门人王嘉秀实夫萧琦子子玉告归书此见别意兼寄声辰阳诸贤》中则赞誉说"湘中富英彦,往往多及门"。④蒋信已在第三节中叙说,唐愈贤、刘观时、王嘉秀等既得王阳明赞誉,可叙说之处亦多。

唐愈贤,字子充,号万阳,沅陵人,正德十四年(1519)己卯科湖广乡试解元,嘉靖五年(1526)进士。唐愈贤师从王阳明受学的经历史载不一,乾隆《辰州府志》唐愈贤传记载说"阳明过沅陵,寓虎溪,(唐愈贤)日从之游,又往从之学,充然有得"⑤,同治《沅陵县志》的记载相同。⑥《年谱》又记载正德九年(1514)五月,唐愈贤、刘观时等人在南京集会⑦,说明唐愈贤成为阳明亲传弟子的时间不晚于正德九

① 乾隆《泾县志》卷八上《人物志·儒林》,乾隆二十年刻本,叶34a—34b。
② 赵尔巽:《清史稿》卷六七《地理志十四·湖北》,中华书局1977年版,第2169页。
③ 《明儒学案》卷二八《楚中王门学案》,第626页。
④ 《全集》卷二〇《外集二·诗·门人王嘉秀实夫萧琦子子玉告归书此见别意兼寄声辰阳诸贤》,第809页。
⑤ 乾隆《辰州府志》卷三六《人物传上·唐愈贤》,乾隆三十年刻本,叶14b。
⑥ 同治《沅陵县志》卷三〇《人物一·唐愈贤》,光绪二十八年刻本,叶8b—9a。
⑦ 《全集》卷三三《年谱一》,第1364页。

年。乾隆《辰州府志》和同治《沅陵县志》唐愈贤受学的记载是准确的。崇祯《宁海县志》说唐愈贤"千里徒屣,叩阳明先生于会稽,得良知之学"。① 乾隆《辰州府志》杨朝云传谓杨朝云"闻沅陵唐愈贤自赣州从王阳明归,即负笈从学"。② 两处记载的时间暂难明确,但不妨碍唐愈贤及门时间的讨论。唐愈贤后出任浙江宁海知县,在任四年,以劝学明道,移风易俗为任,还抑富扶贫,均平田土赋役,深得民心,县人为他建祠,后祀入名宦祠。③

　　刘观时,字易仲,沅陵人,庠生,从王阳明受学,多有所得,王阳明作《见斋说》诗以遗之。"见斋"是刘观时的书斋。《见斋说》多有收录,如乾隆《辰州府志》的《艺文志》。刘观时被学者尊称为"沙溪先生"。④ 但刘观时及门时间史载有异,《年谱》说王阳明从龙场北归赴庐陵知县任时,"过常德、辰州,见门人冀元亨、蒋信、刘观时辈俱能卓立"⑤,明确提到冀元亨、蒋信、刘观时三位亲传弟子。刘观时及门时间最有可能是在王阳明赴谪途经湖南时,等到王阳明离开龙场北赴庐陵知县任时刘观时已"能卓立"。同治《沅陵县志·王守仁传》则谓"(王阳明)移庐陵知县,归途适辰溪,游大酉山钟鼓洞,题诗于石。旋至辰州,喜郡人朴茂质与,道近,因留虎溪龙兴寺凭虚楼弥月,与武陵蒋信往来讲论,进士唐愈贤从之游,刘观时、王嘉秀诸人咸执贽受学焉"⑥,谓刘观时在王阳明离开龙场北赴庐陵知县任时方及门为弟子,乾隆《辰州府志》亦执此说⑦,与《年谱》记载异。

　　王嘉秀,字实夫,沅陵人,庠生。王阳明从贵州龙场驿起为庐陵知县,北归途经沅陵,王嘉秀及门为弟子。王嘉秀主张不必排斥仙佛之学,只要笃定成圣之志,仙

① 崇祯《宁海县志》卷五《名宦志·国朝·杨朝云》,崇祯五年刻本,叶 9b。
② 乾隆《辰州府志》卷三六《人物传上·杨朝云》,乾隆三十年刻本,叶 20b。
③ 崇祯《宁海县志》卷五《名宦志·国朝·唐愈贤》,崇祯五年刻本,叶 9b—10a。
④ 乾隆《辰州府志》卷三六《人物传上·刘观时》,乾隆三十年刻本,叶 13b。
⑤ 《全集》卷三三《年谱一》,第 1357 页。
⑥ 同治《沅陵县志》卷四八《外纪·流寓·王守仁》,光绪二十八年刻本,叶 5a。
⑦ 乾隆《辰州府志》卷一一《学校考》,乾隆三十年刻本,叶 15b—16a。

佛便可自泯，这一主张深得王阳明的称赞。①

又检得再传弟子数人，如唐愈贤"喜与门人论学"②，弟子难以全考，前文提到的杨朝云便是其一。杨朝云，辰州府庐溪县人，嘉靖间由贡生任东川府经历。③ 又如师事蒋信的龙德孚、柳东伯、柳东作、覃世维、向淇五人。龙德孚，龙翔霄之子，字伯贞，号渠阳，又号玄扈，"从蒋信受慎独之旨，为桃冈（蒋信）入室高第"。中嘉靖三十七年（1558）举人，屡试会试不第。后任河南卫辉府推官，任上理平冤狱，在署理卫辉知府期间，复建白泉书院，认真踏勘境内田土，均平赋役，卫辉人很感激他，设祠祭之。转宁波府同知，任上惩奸除恶，逢遇灾荒，亲自求雨，又设立粥厂，民赖以活者无算。颜鲸专门为他撰写《德政碑》，内阁大学士沈一贯为他撰写《清吏传》，吏部尚书陆光祖称他"计天下吏以宁波丞为廉平第一"。迁南京户部员外郎，督淮南板闸税务，兴利除害，商人为立生祠。任职五个月便致仕，这是万历二十一年（1593）的事，此年龙德孚已经六十二岁。致仕还乡后，龙德孚诚心事佛，在德山筑元扈石室，在城西筑楼曰对湘楼。龙德孚生于嘉靖十年（1531）九月初六日，卒于万历三十年（1602）二月初四日，卒年七十二岁。有《对湘楼集》行世。④

柳东伯，武陵人，字孟卿，嘉靖三十二年（1553）进士，初任河南叶县知县，调到政务繁多的浙江慈谿县任知县，再调长洲知县。柳东伯在叶县知县任上非常重视县内的教育，亲自为学生授课，"一时文风丕振"。在慈谿知县任上时，嘉靖三十五年（1556）四月，周屺等贼寇数千人剽掠至慈谿县，当时的慈谿县没有城墙，县民被杀害者甚多。柳东伯作为知县，招募都长沈宏举族抵御，斩杀贼寇数百人，贼寇奔掠余姚，又遇卢镗的抵抗，损失惨重。五月，贼寇分为两部分，一部分攻击慈谿县，一部分攻击龙山所，攻击龙山所的贼寇被所军击败，攻击慈谿县的贼寇被卢镗及戚

---

① 同治《沅陵县志》卷三〇《人物·王嘉秀》，光绪二十八年刻本，叶 8a—8b。
② 乾隆《辰州府志》卷三六《人物传上》，乾隆三十年刻本，叶 14b。
③ 乾隆《辰州府志》卷三六《人物传上》，乾隆三十年刻本，叶 20b。
④ ［明］龙膺撰，梁颂成、刘梦初校点：《龙膺集》卷一一《行状·先大夫南户部员外郎诰封郎中修正庶尹玄扈府君暨先太宜人状》，岳麓书社 2011 年版，第 246—250 页；嘉庆《常德府志》卷三七《列传·明·龙德孚》，嘉庆十八年刻本，叶 10b—11a。

继光的部下许东望、王询等率部击败。在长洲知县任上，有乡间不良少年聚众为害，杀掠百姓，柳东伯令官军捕杀，民赖以安。①

柳东作，万历年间贡生，与柳东伯"同师蒋信，精研慎独之传"。

向淇，字子瞻，号望山，辰州府沅陵人，"问学于武陵蒋道林，默契有得"。嘉靖三十二年（1553）进士，授邯郸知县，正值县中遭水旱灾害，向淇均平徭役，撙节不必要的支出，赈济灾民，民赖以活者无算。闲暇时，他还集合县中的秀才，给他们讲学。还注意搜求县中忠贤节义之人，旌表他们。他的这些做法，赢得了邯郸县民的爱戴，歌颂之声载道。嘉靖三十五年（1556），升南京户部主事，再升郎中。他还注重结交同道之士，在甘泉书院论学，"以体认为实学"。升四川按察司佥事，亲民亲贤，理平冤狱，息河盗，散流贼，总以出人意料之举收获实效。升广西布政司参议，分守浔州，督兵平定苗民动乱，还修葺乡贤祠、书院，以求化育民风。转云南兵备副使，创靖阳书院，勤于讲学，又号令严明，民众畏服气。隆庆四年（1570），丁父忧归乡，捐资修葺府学。后以疾终，祀乡贤祠。②

覃世维，字汝张，沅陵人，"从武陵蒋信游学，务实践信，称其澄心之说即孔门默识之学，求人之要，即孟子尽心知性知天之旨"，有自己的学术创见。隆庆元年（1567）岁贡，未入仕。徙居庐溪山中，地方官员多次去拜访，甚是礼遇。③

---

① 嘉庆《常德府志》卷三七《列传·明》，嘉庆十八年刻本，叶13b—14a；同治《叶县志》卷七《名宦志》，光绪二十二年刻本，叶10b；乾隆《绍兴府志》卷二四《武备志四·历代战守》，乾隆五十七年刻本，叶30b—31a；乾隆《长洲县志》卷二一《宦绩》，乾隆十八年刻本，叶12a。还有一种说法是贼寇剽掠慈豀县时柳东伯"负印而走"（光绪《慈豀县志》卷五五《前事》，民国三年刻本，叶15a）。

② 乾隆《辰州府志》卷三六《人物传上》，乾隆三十年刻本，叶20b—21a。

③ 同治《沅陵县志》卷三〇《人物》，光绪十八年刻本，叶14a；《湖南全省掌故备考》卷二九《人物》，光绪十四年刻本，叶52b。

嘉靖七年（1528）十月，王阳明未经批准便离任归乡，并举荐巡抚郧阳都察院右副都御史林富代替自己，十一月二十九日辰时，卒于江西南安府大庾县青龙铺。朝堂之上，世宗以王阳明私自离任之事为导火索，最终于嘉靖八年（1529）二月下令王阳明的爵位止于终身。王阳明已殁，世宗的这道诏命实则剥夺了其子孙承袭新建伯爵位的权利。穆宗继位后，前朝政治阴影逐渐退散。

隆庆元年（1567）四月，穆宗下诏追赠王阳明为新建侯，谥文成，赐祭七坛。次年五月，追录王阳明平宸濠功，令世袭伯爵。就在追赠王阳明为新建侯的同年，请求将王阳明从祀孔庙的声音出现。隆庆六年（1572）九月，穆宗诏以薛瑄从祀孔庙，万历十二年（1584）十一月，神宗诏准王阳明、陈献章、胡居仁从祀孔庙，正是清修《明史》谓"终明之世，从祀者止守仁四人"，即王阳明、薛瑄、陈献章、胡居仁四人。从祀孔庙，是儒家思想体系中的至高荣誉，但王阳明复爵、入祀之路是很艰难的。

禁邪說以正人心帝乃下詔停世襲卹典俱不行隆慶
初廷臣多頌其功詔贈新建侯諡文成二年予世襲伯
爵既又有請以守仁與薛瑄陳獻章同從祀文廟者帝
獨允禮臣議以瑄配及萬曆十二年御史詹事講申前
請大學士申時行等言守仁言致知出大學良知出孟
子陳獻章主靜沿宋儒周敦頤程顥且孝友出處如獻
章氣節文章功業如守仁不可謂禪誠宜崇祀且言胡
居仁純心篤行衆論所歸亦宜並無子育弟子正憲爲
世從祀者止守仁等四人始守仁無子育弟子正憲爲
後晚年生子正億二歲而孤既長襲錦衣副千戶隆慶

王阳明的夺爵与复爵之路

明世宗嘉靖七年(1528)十月,王阳明未经批准便离任归乡,并举荐巡抚郧阳都察院右副都御史林富代替自己。十一月二十九日辰时,卒于江西南安府大庾县青龙铺。王阳明尚在途中,明世宗对其专擅之事非常生气,认为他因病告请致仕一事有诈,遂谕令吏部,"守仁受国重托,故设漫辞求去,不候进止,非大臣事君之道,卿等不言,恐人皆效尤,有误国事,其亟具状以闻",并于嘉靖八年(1529)正月升巡抚郧阳都察院右副都御史林富为兵部右侍郎兼右佥都御史,代王阳明巡抚两广地方提督军务。① 嘉靖八年(1529)二月初二日:

> 吏部奏:"故新建伯王守仁因病笃离任,道死南安,方困剧时,不暇奏请,情固可原,愿从宽宥。"上意未解,曰:"守仁擅离重任,甚非大臣事君之道,况其学术事功多有可议,卿等仍会官详定是非及封拜宜否以闻,不得回护姑息。"
>
> 给事中周延上疏言:"守仁竖直节于逆瑾构乱之时,纠义旅于先帝南巡之日,且倡道东南,四方慕义,建牙闽广,八寨底平。今陛下以一眚欲尽弃平生,非所以存国体而昭公论也。"得旨:"守仁功罪,朝廷自有定议,延朋党妄言,本当论治,但念方求言之际,姑对品调外任。"于是吏部奏谪延太仓州判官。②

吏部认为王阳明未经批准便擅自离任情有可原,希望世宗宽恕他。但世宗还是很生气,坚持此事不可姑息,要求大臣讨论其实学术、事功及封爵一事。给事中

---

① 《明世宗实录》卷九七,嘉靖八年正月乙巳条,第 2261、2262 页。
② 《明世宗实录》卷九八,嘉靖八年二月戊辰条,第 2287、2288 页。

周延上疏为王阳明辩护,被贬为太仓州判官。由此,已经定下褫夺王阳明爵位的基调。二月初八日,时任内阁首辅、吏部尚书桂萼会廷臣议故新建伯王阳明功罪:

> 守仁事不师古,言不称师,欲立异以为名,则非朱熹格物致知之论,知众论之不与,则著《朱熹晚年定论》之书,号召门徒,互相唱和。才美者乐其任意,或流于清谈,庸鄙者借其虚声,遂敢于放肆,传习转讹,悖谬日甚。其门人为之辩谤,至谓杖之不死,投之江不死,以上渎天听,几于无忌惮矣!若夫剿峰贼,擒除逆濠,据事论功,诚有可录,是以当陛下御极之初,即拜伯爵,虽出于杨廷和预为己地之私,亦缘有黄榜封侯拜伯之令。夫功过不相掩,今宜免夺封爵,以彰国家之大信,申禁邪说,以正天下之人心。

可见,桂萼在一定程度上承认王阳明的功劳,但对其心学却深恶痛绝,意图让世宗颁令禁止,并褫夺其新建伯爵位。明世宗颁下诏命:"卿等议是。守仁放言自肆,抵(诋)毁先儒,号召门徒,声附虚和,用诈任情,坏人心术,近年士子传习邪说,皆其倡导。至于宸濠之变,与伍文定移檄举兵,仗义讨贼,元恶就擒,功固可录,但兵无节制,奏捷夸张,近日掩袭寨夷,恩威倒置,所封伯爵,本当追夺,但系先朝信令,姑与终身,其殁后,恤典俱不准给,都察院仍榜谕天下,敢有踵袭邪说,果于非圣者,重治不饶。"① 世宗认为授爵新建伯是武宗朝的信令,没有遽行褫夺其爵位,但规定新建伯爵位止于终身。王阳明既已殁于嘉靖七年(1528)十一月二十九日,世宗的这道诏命实则剥夺了王阳明子孙承袭新建伯爵位的权利。嘉靖十年(1531),在王阳明的老家,"先是师殡在堂,有忌者行潜于朝,革锡典世爵",地方官员也借端诬陷,地方恶少都敢欺凌王家。②

王阳明被停爵,与阳明学术确实存在一定的关系,因为嘉靖帝对心学一脉杂糅

---

① 《明世宗实录》卷九八,嘉靖八年二月甲戌条,第2299、2300页。
② 《全集》卷三六《年谱附录一》,第1467页。

佛理、忽视帝王正统的学说有所不满。根本的原因在于当时军功封爵积弊日甚,明朝前中期已经出现文臣册封缺少章法、亲佞冒爵推恩加剧的情况,文臣封爵制度的不完善导致部分朝臣嫉妒阳明封爵而纷纷加以排陷。而更直接的原因是,王阳明作为当时唯一的文臣勋爵,其政治影响力始终为嘉靖帝所忌惮。王阳明生前,其门生故吏方献夫、黄绾、席书、霍韬等人以"议礼"得宠,成为仅次于张璁、桂萼的政坛新贵。这批阳明弟子出于对老师学术、事功的推崇,皆不遗余力地保举王阳明复出,甚至违背祖制,推举非翰林出身的王阳明入阁。如果王阳明入阁,王阳明将以元勋贵胄、士宦领袖、思想导师三者合一的身份屹立朝堂,无疑会形成一种与皇权相乖离的政治力量。① 所以,碍于前朝信令,爵不可夺,却可停袭,以此敲山震虎。

世宗下诏停爵后,要求朝廷重颁恤典的声音不断。如嘉靖十年十二月,御史石金借天降瑞雪之机进言,"新建伯王守仁首擒逆壕,进封伯爵,嗣抚两广,赖之耆定。后因疑谤泯其遗功,大礼大狱诸臣昔以狂昧,久婴窜置,因郁既久,物故已多,望陛下录守仁之劳,重颁恤典,宥诸臣之罪,宽假生还,则远迩胥悦,欢忻交通,而太和之气充满宇宙间矣",惹得世宗大怒,说石金"仇君怨上,意在报复,词语奸巧,欺悖为甚",将之速下锦衣卫狱。② 嘉靖十一年(1532)十月,巡按直隶御史冯恩借彗星进言说"王守仁犹为有用道学,湛若水乃无用道学",世宗认为冯恩是借星变之事逞其言论,必有主使之人,命锦衣卫将冯恩拿至京师讯问。③ 石金曾经和王阳明一起平定过岑猛之乱④,冯恩是王阳明的弟子,他俩替王阳明发声不足为奇,却又触碰了嘉靖皇帝的忌讳。

嘉靖十四年八月,世宗在无逸殿东室召见大学士费宏、李时。费宏说三边总制缺人,要斗胆推荐一人,世宗问推荐之人是谁,费宏说姚镆担任延绥巡抚时很是称职,李时紧接着说姚镆在两广任职时也很称职,接替姚镆的王阳明却做得不好。世

---

① 秦博:《论王守仁新建伯爵位册封、停袭、复嗣之始末》,第99—101页。
② 《明世宗实录》卷一三三,嘉靖十年十二月戊子条,第3149、3150页。
③ 《明世宗实录》卷一四三,嘉靖十一年十月丙申条,第3338—3343页。
④ 光绪《黄梅县志》卷二三《人物志·忠节》,光绪二年刻本,叶5a。

宗说王阳明徒有虚名,让费宏等推荐姚镆。① 这是世宗直接表达了对王阳明的不满。嘉靖十六年(1537),御史游居敬疏请禁毁王阳明、湛若水的著作以及其门人创建的书院,并告诫在学生徒不要远出游学,以致妨害学业。经史部讨论后,世宗下了一道圣旨,要求未奉明旨创建的书院、私自创建的书院由官府改建或毁掉,日后如有私自创建的,巡按御史参问。② 这又有限制阳明学说传播的意图。

但不准私自创建书院的诏命却没有令行禁止,建书院、祠堂以祀王阳明蔚然成风。如嘉靖十六年十月,王阳明的门人周汝员与时任绍兴知府汤绍恩在府北二里建新建伯祠,每年春、秋的第二个月由地方官主祭。该年十一月,山东按察司佥事沈谧在秀水县北四十里之文湖建书院,祀王阳明。他曾读王阳明《传习录》,想拜王阳明为师,因王阳明正率师征思、田未果,后拜薛侃为师。嘉靖十七年(1538),巡按浙江监察御史傅凤翔在余姚县治东之龙山建阳明祠。③ 嘉靖十八年(1539),王阳明的再传弟子、江西提学副使徐阶在南昌建仰止祠,祀王阳明,以求光大师门学问。王门弟子邹守益、刘邦采、罗洪先、李遂、魏良弼等人及很多士子都会于此地,魏良弼立石纪事。万历年间,知府范涞重修,右布政使王佐令府县官员再修。该年,吉安士民在庐陵县修报功祠,祀王阳明。④ 嘉靖十九年(1540),门人周桐、应典等人在浙江永康县西北乡寿岩建书院,祀王阳明,并在此讲学。嘉靖二十一年(1542),门人范引年在浙江青田建混元书院,祀王阳明。嘉靖二十三年(1544),门人徐珊在湖广辰州建虎溪精舍,祀王阳明。嘉靖二十七年(1548)九月,门人陈大伦在广东韶州建明经书院,祀王阳明。嘉靖二十九年(1550)正月,吏部主事史际在南直隶溧阳建嘉义书院,祀王阳明,又增刻王阳明所撰的《朱子晚年定论》。⑤ 如此种种,不再一一列举,阳明之祀已遍布大江南北,阳明之学已遍布大江南北,嘉靖皇帝可以下令停

① 《明世宗实录》卷一七八,嘉靖十四年八月乙巳条,第 3832、3833 页。

② 《明世宗实录》卷一九九,嘉靖十六年四月壬申条,第 4191 页。

③ 《全集》卷三六《年谱附录一》,第 1472、1473 页。

④ 《全集》卷三六《年谱附录一》,第 1474 页;乾隆《南昌府志》卷二〇《祠祀一》,乾隆五十四年刻本,叶 18b。

⑤ 《全集》卷三六《年谱附录一》,第 1474—1478 页。

袭新建伯爵位,但要在全国范围禁绝阳明之学可谓难于上青天。

至嘉靖三十年(1551)九月,王阳明的儿子王正亿被录为国子生,"初守仁历正三品俸余三年,以在军中,未及考满。至是,其妻张氏陈乞,特许之"①,可见,是在王阳明继室张氏的请求下,朝廷批准录王正亿为国子生。嘉靖三十九年(1560)十一月,又补荫王正亿为锦衣卫左所副千户,其子王承学为国子生。② 嘉靖四十三年(1564),少师徐阶撰《先生像记》,该年,巡按江西监察御史成守节重修南昌仰止祠,大学士李春芳作碑记。③ 可见,嘉靖皇帝在位后期对王阳明的态度已有改变,当然也可以理解为世宗已无力改变。嘉靖四十五年(1566)十二月十四日,明世宗驾崩④,二十六日,裕王朱载垕即位,改明年为隆庆元年⑤,这便是我们常说的明穆宗,王阳明的地位在穆宗时发生翻转。

穆宗即位后,改革世宗时期的许多弊政,王阳明复爵及后人袭爵之事也提上日程。隆庆元年(1567)三月,给事中辛自修、岑用宾等人议复王阳明伯爵,吏部尚书杨博奉旨移文江西巡抚任士凭,任士凭会同江西巡按御史苏朝宗、浙江巡抚赵孔昭、浙江巡按御史王得春等查核后也上疏说王阳明应该复爵。于是,穆宗诏吏部会同成国公朱希忠、户部尚书马森等商讨,认为王阳明平定宁王朱宸濠之乱,厥功甚伟,应该复爵,补给诰券,准子孙世袭。穆宗诏准,复原爵新建伯,子孙世袭。隆庆元年(1567)四月,又诏追赠王阳明为新建侯,谥文成,赐祭七坛。⑥ 披览所及,穆宗给王阳明的诰券文字仅见于毛奇龄《西河文集》,其谓:"两间正气,一代伟人,具拨乱反正之才,展救世安民之略,功高不赏,朕甚悯焉!因念勋贤,重申盟誓。"⑦而且

---

① 《明世宗实录》卷三七七,嘉靖三十年九月戊午条,第6703页。

② 《明世宗实录》卷四九〇,嘉靖三十年十一月戊寅条,第8153页。

③ 《全集》卷三六《年谱附录一》,第1493、1494页。

④ 《明世宗实录》卷五六六,嘉靖四十五年十二月庚子条,第9064页。

⑤ 《明世宗实录》卷五六六,嘉靖四十五年十二月辛丑条,第9064、9065页。

⑥ 《明穆宗实录》卷七,隆庆元年四月甲寅条,第218页。

⑦ [清]毛奇龄:《西河文集》王文成传本卷二,《清代诗文集汇编》第87册,上海古籍出版社2010年版,第692页。

其谥号"文成"很尊崇,一般而言,明代文臣谥号以"文正"最高,只李东阳、谢迁二人;次为"文贞",只杨士奇、徐阶二人;再次为"文成",只刘基和王阳明二人,不计南明追谥者。王阳明被谥"文成"意为"勤学好问,安民立政",恰如其分。

隆庆二年(1568)五月,"追录故新建伯王守仁平宸濠功,令世袭伯爵。先是,嘉靖初,守仁已授封,会忌者媒孽其事,异议纷然,遂见削夺。上即位,始命江西抚按官勘核功状,至是以闻,下吏部会廷臣议,皆谓守仁戡定祸乱之功较之开国佐命时虽不同,拟之靖远、威宁,其绩尤伟,当时为忌者所抑,大功未录,公议咸为不平,今宜补给诰券,令其子孙世世勿绝,以彰朝廷激劝之公",穆宗从之。① 该年十月二十七日,王阳明之子王正亿准袭伯爵②,给岁禄千石。③

不料,隆庆三年(1569)五月,又有一次议爵风波。南京监察御史傅宠等人疏言,"新建伯王守仁止以乘藉机会珍灭宁藩,而剖符赐券,至比于国初汗马之勋,人心未服,乞改荫锦衣卫",但吏部尚书杨博等给出批复意见:

> 国朝封爵之典论功有六,曰开国、靖难、御胡、平番、征蛮、捕反。此六功者,关社稷轻重,方与安危,非茅土之封不足以报。宸濠谋反,非一日矣,一旦杀抚臣而起事,宜走南都,弟令逆谋得成,则其祸可胜讳哉? 守仁首倡义兵,仅一月而擒之,社稷之功也。且往者化安王(引者注:当为安化王)之变,比之逆濠,难易迥绝,游击仇钺以功得封咸宁伯,乃人无闲言,同一藩服,同一捕反,何独于守仁而疑之乎?

明穆宗认为杨博等人的意见是很中肯的,遂命保留王阳明的爵位,准世袭如故。④ 傅宠,字君锡,四川巴县人,嘉靖四十四年(1565)进士。乾隆《巴县志》评价

---

① 《明穆宗实录》二○,隆庆二年五月戊午条,第551、552页。
② 《全集》卷三九《会议复爵疏(杨博)》,第1678页。
③ 《明穆宗实录》卷二五,隆庆二年十月壬寅条,第696页。
④ 《明穆宗实录》卷三二,隆庆三年五月癸丑条,第833、834页。

傅宠："历官云南按察使,廉平正直,遇疑狱不惮详鞫,多平反。罢归,里居四十余年,接物和易,教子严正,子孙世其家法,以忠厚著,祀乡贤。"①从中来看,傅宠是一位直臣。但在隆庆四年(1570)十月,吏部、都察院考核科道官,有"浮躁浅露者八人",傅宠是为其一。② 从有限的记载看,其中或不免为学派引发的党争。

时任吏部、都察院堂官对阳明心学的态度并不一致。如内阁大学士、吏部尚书高拱③对阳明心学是持批判态度的,牟钟鉴认为,高拱正是具备了王学的主体意识,才能够不依附他人门户,有独立的人格和见解,形成一种一往无前的气概。但高拱不是王学门徒,他对王学有所吸收而又能自立于王学之外。王学的"心"是个人的良知,不承认独立于心在外的客观真理。高拱强调"人心"是为了更好地追求客观真理。两者之间有重大差别。④ 掌都察院事的是太子太保、礼部尚书兼文渊阁大学士赵贞吉⑤,至隆庆四年十二月才解院务⑥,他"最善王守仁学"。⑦

时任吏部左侍郎靳学颜在吉安知府任上时曾与王阳明的弟子邹守益讨论学术,靳学颜深谙心学,在公务政事活动中自觉检点磨砺心性功夫,与阳明学者的致良知功夫践履并无二致。⑧ 前揭"浮躁浅露者八人"中又有岑用宾、耿定向。隆庆元年(1567)五月,岑用宾曾与王阳明的弟子耿定向等人应诏上疏请朝廷给予王阳明恤典⑨,《明史》中则说他"尝论(高)拱狠愎,以故拱憾之,出为绍兴知府。既中以察典,遂卒于贬所"。⑩ 由此,我们可以推测,赵贞吉与高拱之间自然少不了纠纷,傅宠的"浮躁浅露"或是赵贞吉及其党羽给出的,岑用宾、耿定向主张表彰阳明之功,他

---

① 乾隆《巴县志》卷九《人物志·勋业》,嘉庆二十五年刻本,叶 11a—11b。

② 《明穆宗实录》卷五〇,隆庆四年十月壬戌条,第 1265、1266 页。

③ 《明史》卷一一〇《宰辅年表二》,第 3364 页;卷一一二《七卿年表二》,第 3471、3472 页。

④ 陈鼓应、辛冠洁、葛荣晋主编:《明清实学思潮史》,齐鲁书社 1989 年版,上卷,第 270 页。

⑤ 《明穆宗实录》卷四二,隆庆四年二月己亥条,第 1033 页。

⑥ 《明史》卷一一二《七卿年表二》,第 3471、3472 页。

⑦ 《明史》卷一九三《赵贞吉传》,第 5122 页。

⑧ 张卫红:《为政与良知——阳明学者邹守益的为政理念及其对江西地方官员的影响》,《中山大学学报(社会科学版)》2019 年第 1 期。

⑨ 《全集》卷三六《年谱附录一》,第 1495、1496 页。

⑩ 《明史》卷二一五《周弘祖传附岑用宾传》,第 5677 页。

俩的"浮躁浅露"或是高拱及其党羽安上的罪名。

从祀孔庙：儒家思想体系中的最高荣誉

万历十二年（1584）十一月十八日，王阳明最终被万历皇帝批准从祀孔庙，称"先儒王子"时，阳明先生九泉之下作何感想，我们不得而知，阳明后学自然是扬眉吐气了。现存史料是难以展现王阳明获准从祀全过程的，我们只有耐下心来尽量拼接、思索诸多细节问题，才能更好地理解阳明从祀孔庙是一件牵动晚明学坛和政局的大事件。

请求以王阳明从祀孔庙之议的记载最早见于隆庆元年（1567）。该年六月二十四日之前，已有给事中赵轼、御史周弘祖请以薛瑄从祀孔庙，御史耿定向请以王阳明从祀，穆宗命礼部商议。六月二十四日，礼部拿出意见："薛瑄潜心理道，励志修为，言虽不专于著述，而片言只简，动示楷模，心虽不系于事功，而伟绩恢猷，皆可师法。尚书王守仁质本超凡，理由妙悟，学以致良知为本，独难（观）性命之原教，以勤讲习为功，善发圣贤之旨。此二臣者皆百年之豪杰，一代之儒宗，确乎能冀（翼）赞圣学之传。"①耿定向"学本王守仁"②，他提请王阳明从祀孔庙便不奇怪。

礼部认为薛瑄、王阳明二人都是豪杰大儒，都能传承孔子学说。对于薛瑄而言，大臣屡屡奏请从祀，世宗皇帝也称赞他，公论基本已定。但王阳明时代稍近，众论不一，还是下诏让翰林院、詹事府、左右春坊、国子监的儒臣各自疏陈己见，礼部商讨后再经圣断，穆宗准其议，这应该是时任礼部尚书高仪的意见。嘉靖四十五年（1566），高仪代高拱为礼部尚书，前后执掌礼部四年，"遇事秉礼循法"。③　由此，我

---

① 《明穆宗实录》卷九，隆庆元年六月丁未条，第261、262页。
② 《明史》卷二二一《耿定向传》，第5871页。
③ 《明史》卷一九三《高仪传》，第5127页。

们虽然没有明确证据说明高仪对待阳明心学的态度，"遇事秉礼循法"的他在从祀这一关乎政治和学术的大问题上谨慎行事，付之翰林院、詹事府等衙门儒臣公论，是极有可能的，也是较为公允的做法。当然，时任礼部官员中不乏与阳明弟子关系甚密者，如瞿景淳于隆庆元年(1567)四月由南京吏部右侍郎升为礼部左侍郎①，他是耿定向的座师②，聂豹又是瞿景淳的座师③，时任礼部右侍郎林爃为翰林时则受业于徐阶，徐阶很器重他，称赞他有"抚世宰物"之才。④ 他们或许也同意将从祀与否付诸诸公议。

依据现有资料来看，让翰林院、詹事府等衙门儒臣集议并没有结果，只发现有隆庆元年十月时，户科都给事中魏时亮"请录真儒以彰道化举，薛瑄、陈献章、王守仁均得圣学真传，并宜崇祀孔子庙"，这道奏疏又被交到礼部商讨。⑤ 魏时亮与王门弟子颇多交往，陆光祖、罗汝芳、耿定向等人曾在徐检家中论学⑥，徐检、罗汝芳、耿定向都是阳明后学。恽绍芳也是这一阶段阳明从祀孔庙的支持者，"守仁则笃于忠，茂建勋庸，而竟没身兵革，存心制行，兢兢经世，曷尝弃伦废事也"。⑦ 这一阶段，时任都察院左副都御史郑世威则反对从祀，"王守仁治世能臣也，谓其绍周、程，宗孔、孟，则平生庸德有不足矣"。⑧

李春芳也是积极推动者，他师从王艮⑨，是王阳明的再传弟子。作为隆庆二年

---

① 《明穆宗实录》卷七，隆庆元年四月庚寅条，第 196 页。

② ［明］耿定向著、傅秋涛点校：《耿定向文集》卷八《纪言上·清凉对答》，华东师范大学出版社 2015 年版，第 307、308 页。

③ ［明］宋望仪：《华阳馆文集》卷一一《行状类·明荣禄大夫太子太保兵部尚书赠少保谥贞襄双江聂公行状》，《存目》集部第 116 册，第 402 页。

④ ［明］王世贞：《弇州史料》后集卷三《林宗伯传》，《禁毁》史部第 48 册，第 249 页。

⑤ 《明穆宗实录》卷一三，隆庆元年十月丙申条，第 358、359 页。

⑥ ［明］罗大纮：《紫原文集》卷一〇《南太常卿徐贞卿先生学行述》，《禁毁》集部第 140 册，第 83、84 页。

⑦ ［明］恽绍芳：《林居集》不分卷《请以先臣陈献章王守仁从祀先师庙庭疏》，《未收》第 5 辑第 20 册，第 739 页。

⑧ 《名山藏》卷八一《臣林记二十六·隆庆臣二·郑世威》，第 2455 页。

⑨ ［明］李春芳：《李文定贻安堂集》卷九《碑记·崇儒祠碑记》，《存目》集部第 113 册，第 261 页，"明日又见复纵论，始屈，出更野服，拜公，执弟子礼。公始授以致良知之学"。

会试考试官之一,李春芳所做《论语》"子曰由诲女知之乎"一节程文以"圣人教贤者以真知,在不昧其心而已矣"破题①,黄宗羲评论说:"嘉靖中,姚江之书(阳明著述)虽盛行于世,而士子举业尚谨守程、朱,无敢以禅窜圣者。自兴化(李春芳,他是兴化人)、华亭(徐阶,他是华亭人)两执政(指内阁大学士)尊王氏学,于是隆庆戊辰(二年)《论语程义》首开宗门,此后浸淫,无所底止。科试文字大半剿窃王氏门人之言,阴诋程、朱。"②李春芳的做法实有宣传阳明心学,为王阳明从祀孔庙壮声势之意。但支持的支持,反对的反对,礼部讨论来讨论去,没有什么实质性结论。

隆庆六年(1572)五月二十六日,明穆宗驾崩,明神宗朱翊钧即位,次年改元为万历元年③,议祀问题仍在继续。十二月十九日,礼科都给事中宗弘暹请会议王阳明从祀孔庙问题,神宗从其请。④ 宗弘暹,字进甫,嘉兴人⑤,现有资料无法确定他与阳明学派的关系。然吊诡的是,该月二十二日,候选训导侯贵以微末教职反对王阳明从祀孔庙,一语激起千层浪,他说:"薛瑄与王守仁同为一代名臣,然学术不无醇疵,故词多诋伪学,而又以王安石《三经正义》比孔颖达《九经正义》,则议论不无差谬云。"⑥万历元年(1573),群臣更是交章议祀,争论非常激烈。二月,江西巡抚徐栻疏称"王守仁学窥圣域,勋在王室,请与薛文清公瑄一体从祀",下礼部议。⑦ 三月,兵科给事中赵思诚却言辞激烈,认为王阳明不宜从祀。他说:

> (王)守仁党众立异非圣,毁朱有权谋之智,功备奸贪之丑状,使不焚其书,

---

① 《隆庆元年会试录》,《明代进士登科录汇编》第 17 册,第 9139、9147、9216 页。程文即科举录中所选该科士子优秀答题可为范文者,对士子作文起着导向和示范作用,正统、景泰以前的程文是士子亲笔,考官润色,天顺、成化以后多是考官代作(郭培贵:《中国科举制度通史·明代卷》,第 277—279、402 页)。

② [清]顾炎武撰,黄汝成集释,栾保群、吕宗力点校:《日知录集释》卷一八《举业》,上海古籍出版社 2006 年版,第 1055 页。

③ 《明神宗实录》卷一,隆庆六年五月庚戌条,第 4 页。

④ 《明神宗实录》卷八,隆庆六年十二月辛未条,第 294 页。

⑤ 崇祯《嘉兴府志》卷十三《人物志一·乡达》,崇祯十年刻本,叶 41b—42a。

⑥ 《明神宗实录》卷八,隆庆六年十二月甲戌条,第 300 页。

⑦ 《明神宗实录》卷一〇,万历元年二月乙丑条,第 348 页。

禁其徒,又从而祀之,恐圣学生一奸窦,其为世道人心之害不小,因列守仁异言叛道者八款。又言其宣淫无度,侍女数十,其妻每对众发其秽行。守仁死后,其徒籍有余党说事关通,无所不至。擒定宁贼可谓有功,然欺取所收金宝半输其家,贪计莫测,实非纯臣。

再下部议。① 五月,浙江道监察御史谢廷杰请王阳明从祀孔庙:

> 言学圣人之学者,其所表树,不过学术、事功两端,如新建伯王守仁者,良知之说妙契,真诠格致之论,超悟本旨,其学术之醇,安可以不祀也? 宸濠之变,社稷奠安,两广之绩,荒裔宁谧,而尽瘁戎伍,竟殒于官,其事功之正,安可以不祀也? 昔先臣丘濬有言曰:"有国家者,以先儒从祀孔子庙庭,非但以崇德,盖以报功也。"议从祀者,此其律令。②

因为赵思诚、徐栻等人的意见不一样,该月,礼部又请万历皇帝下诏命翰林院等衙门官讨论王阳明是否可以从祀孔庙。③ 时任礼部尚书是陆树声,王畿到松江时,徐阶与陆树声等人前去听他讲学。④ 由此来看,陆树声和阳明学派的关系也是很密切的,他请扩大讨论范围也不突兀。七月,南京福建道御史石槚提出反对意见:

> 国家以祀典为重,当祀而不祀,则无以崇报功德;不当祀而祀之,又何以激劝人心。王守仁谓之才智之士则可,谓之道德之儒则未也。因言致良知,非守

---

① 《明神宗实录》卷一一,万历元年三月乙酉条,第366、367页。
② 《明神宗实录》卷一三,万历元年五月戊戌条,第425页。
③ 《明神宗实录》卷一三,万历元年五月庚子条,第432页。
④ [明]王畿:《龙溪王先生全集》附录《龙溪王先生传(徐阶)》,《明别集丛刊》第2辑第49册,第448页。

仁独得之蕴,乃先圣先贤之余论,守仁不过诡异其说,玄远其词,以惑众耳。朱子注疏经书,衍明圣道,守仁辄妄加诋辱,实名教罪人。方宸濠未叛,书札往来,密如胶漆,后伍文定等擒宸濠于黄石矶,守仁尚遥制军中,始则养虎贻患,终则因人成功,朦胧复爵,报以隆重,若又祀之,不免崇报太滥。

下礼部议。① 主张王阳明从祀孔庙的官员中有几位与阳明后学关系比较密切,或者是王阳明后学。耿定向"学本王守仁"。② 徐栻和阳明后学王时槐的关系比较密切。王时槐,字子植,江西安福人,师从刘文敏③,刘文敏是王阳明的学生。④ 徐栻在江西巡抚任上曾推荐王时槐。⑤ 谢廷杰,字宗圣,新建人,嘉靖三十八年进士,隆庆六年(1572)巡按浙江,"修阳明王公祠,置田以供岁祀。已而阅公文,见所谓录若集,各自为书,惧四方学者弗克尽读,遂汇而寿诸梓,名曰《全书》,属华亭徐阶序之"。⑥ 萧廪,字可发,江西万安人,"初从欧阳德、邹守益游"⑦,二人是王阳明的弟子。邹德泳是王阳明弟子邹守益之孙,他"承家学,守'致良知'之宗"。⑧

而且,议祀问题已不限于在在任大臣中讨论,更被引入万历元年浙江、福建的乡试试题中,这无疑扩大了讨论面。浙江乡试第三场考试第三道"策"是这么发问的:"尝就诸贤论之,道学、气节、勋业、文章鲜有能兼之者,而昔人谓王文成为具有之。然则举国故之典,而跻之从祀之列,如诸臣所请,信为当可欤?又尝就人情较之,勋业、词章固所共贵,节义出于不偶之遭,而道学则隐若无补之空言也。乃文成自言愿尽捐三者,而独从事道学,以毋愧完人。然则致力心性,而遗弃事物,如昔人

---

① 《明神宗实录》卷一五,万历元年七月戊子条,第 458、459 页。
② 《明史》卷二二一《耿定向传》,第 5871 页。
③ 《明史》卷二八三《王时槐传》,第 7284 页。
④ 《全集》卷三五《年谱三》,第 1424 页。
⑤ 《明神宗实录》卷九,万历元年正月庚寅条,第 321 页。
⑥ 同治《南昌府志》卷四一《人物·仕绩下》,同治十二年刻本,叶 31b。
⑦ 《明史》卷二二七《萧廪传》,第 5960 页。
⑧ 《明儒学案》卷一六《江右王门学案一》,第 334 页。

所疑,得无近似欤? 诸生景行有年,其为论,必有定矣。愿极言之,因以明己志焉。"署名该科第二名举人、浙江海宁人张潘赞同王阳明从祀孔庙:"即以文成而列之俎豆之末,于以示体用具备之学,于以为圣世立教之助,不亦伟欤? 且国朝治化隆熙,道术齐一。薛文清崛起于宋儒之后,以正学教河汾,而北方之学以盛,王文成又崛起于文清之后,以正学教江浙,而南方之学亦盛,是二贤者心行一致,先后同功者也。今以文成列于文清之次,正有符于国故有合之义,益可以彰盛世作人之功,不亦盛哉! 此公论之所共归,而清朝之当亟举者也,执事之问意者,其亦有见于此乎!"同考试官黄鳌、顾登龙及考试官万济川、吴大器给这份答卷的评价是很高的,如吴大器批曰"议论正大",顾登龙批曰"品藻中允有至论,几乎见道之言也"。① 既然前面说到,考官热衷于改作甚至代作"程文",署名"张潘"的这篇文章的作者极有可能是浙江巡按萧廪。

同年福建乡试"策"第四题也引入孔庙从祀问题:"国之大事,莫重于祀,而孔庙之祀,尤其所至重者,祀孔子为万世师,以其道德高厚而述前宪,后者不可尚已,从祀孔庙者咸宗其训……不知儒先中尚有当嗣入者乎? 其祀事所定,当以何者为据?"程文中有这样的回答:"广南(陈献章)之学以致虚为宗,深契乎主静之旨,会稽(王守仁)之学以致良知为宗,实合乎明明德之蕴。此皆不屑于该汉儒之博,而庶几乎造宋儒之精。夫固与河东(薛瑄)同一学术,宜均膺享祀之荣也。而说者每以其偏于静,近于禅病之殆,未尽究其学也,非缺欤。"该场监试官其中一位是邹善,他是阳明弟子邹守益第三子,在其中发挥一定作用也是可以理解的。② 福建乡试题虽然没有直接以王阳明从祀发问,却是在引导士子讨论从祀标准,程文的回答也没有直接论说阳明从祀之事,而是扩大从祀范围,但支持王阳明从祀自然是流露无疑。

乡试是在八月,十一月时便有邹善之子、工部办事进士邹德涵奏王阳明宜祀孔庙,同时又说:"众心同悦者,莫甚乡原,春秋最诋訾者,莫甚孔子,求无一诋訾之人,

---

① 《万历元年浙江乡试录》,《天一阁藏明代科举录选刊·乡试录》,第 6425、6446、6447 页。
② 《万历元年福建乡试录》,《天一阁藏明代科举录选刊·乡试录》,第 7144、7150、7176 页。

然后议祀,则当首乡原,次孔子矣。"又是下礼部商议。①"乡原"一词见于《论语·阳货》,"乡原,德之贼也"②,是指那些言行不一、伪善欺世之人,也就是伪君子。"诋訾"意为诽谤非议。邹德涵的奏疏前后看似矛盾,却巧妙地化用了"金无足赤,人无完人",孔子是万世师表,但春秋时期所受之诽谤非议却是最多的,要是想找出一个不受非议之人,首先得选伪君子,其次是孔子。由此,邹德涵的奏疏是在说没有完人,王阳明虽难免非议,但他于国有功,于儒家学说有发展、传承之功,为什么不能从祀孔庙呢?朱鸿林认为邹德涵的奏疏和赵思诚、石槚的奏疏异曲同工地反映了质疑阳明人品对于从祀事情所起到的破坏力③,尚有一定的模糊之处。赵思诚、石槚二人是以王阳明人品差为理由反对将王阳明从祀孔庙,邹德涵却没有直接说王阳明人品差,而是通过"金无足赤,人无完人"的道理驳斥反对从祀的言论,支持从祀。万历二年(1574)六月,巡按浙江监察御史萧廪又上疏请求从祀:

> 原任南京兵部尚书王守仁奉旨下儒臣议从祀久矣,乃或谓其学近于禅,或谓专提良知,不及良能,或谓遵德性而遗闻见异于朱子。夫所恶于禅者,以遗弃事物,沦于空寂也。使守仁出此,诚不可治国家,乃学术发为事功,既章章矣。其立教大旨,曰致良知于事事物物之间,是大学之教,明物察伦之学也。其与朱子稍异,诚有然者,然学在不出吾宗,至于启钥开关,何必胶柱鼓瑟。又有谓始尝修仙佞佛者,及门多匪人者,总属苛求,合宜定议。

萧廪的奏疏实际是批驳了那些过于苛责的言论,但得到的批复是"命礼部商讨回奏"④。十二月,朝廷颁下一道诏命:

---

① 《明神宗实录》卷一九,万历元年十一月甲申条,第 534、535 页。
② 程树德撰,程俊英、蒋见元点校:《论语集释》卷三五《阳货下》,第 1219 页。
③ 朱鸿林:《阳明从祀典礼的争议和挫折》,载氏著《孔庙从祀与乡约》,三联书店 2015 年版,第 158、159 页。
④ 《明神宗实录》卷二六,万历二年六月辛未条,第 659 页。

以新建伯王守仁从祀孔子庙庭。守仁之学以良知为宗，经文纬武，动有成绩，其疏犯中珰，绥化夷方，倡义勤王，芟群凶夷，大难不动声色，功业昭昭在人耳目。至其身膺患难磨励，沉思之久，忽若有悟，究极天人微妙，心性渊源，与先圣相传宗旨无有差别，历来从祀诸贤，无有出其右者。①

这一记载是有争议的。朱鸿林《王阳明从祀孔庙的史料问题》一文指出，2006年许齐雄在其博士论文《超越黄河之东：薛瑄与河东学派研究》中质疑了这条史料。首先，这条史料是孤证，其次还存在逻辑上的问题：内阁首辅张居正既然不会让王阳明从祀，何以在其任内竟能决定从祀之议？又何以张居正卒后，没有人对其不落实王阳明从祀决议的怒人之事有所批评？但许氏也说没有能力推测《明神宗实录》存在此条记载的原因所在，但除非能够发现另有提及万历二年（1574）王阳明从祀孔庙的可靠文献，否则，应保留这条记载，而只认定万历十二年（1584）是朝廷允许王阳明从祀孔庙的唯一年份。朱鸿林认可许齐雄博士的质疑，也同意万历十二年是准王阳明从祀孔庙的唯一年份。但朱氏又补充说，《明神宗实录》该条史料纯属系年错误，他再也没有发现时人和后人对王阳明在万历二年获准从祀的记载或评论。②

最终，在万历十二年（1584）十一月十八日，明神宗诏准王阳明、陈献章、胡居仁三人从祀孔庙："皇祖世宗尝称王守仁有用道学，并陈献章、胡居仁既众论推许，咸准从祀孔庙。朝廷重道崇儒，原尚本实，操修经济都是学问，亦不必别立门户，聚讲空谈，反累盛典，礼部其遵旨行。"③王阳明也因此被称为"先儒王子"。④

当然，王阳明被明诏从祀孔庙并不意味着不再有争论。万历中期以后，大明王

① 《明神宗实录》卷三二，万历二年十二月甲寅条，第 758 页。
② 朱鸿林：《王阳明从祀孔庙的史料问题》，载氏著《孔庙从祀与乡约》，第 179 页。
③ 《明神宗实录》卷一五五，万历十二年十一月庚寅条，第 2865—2868 页。
④ 《明儒学案》卷一〇《姚江学案·文成王阳明先生守仁》，第 181 页。

朝危机重重,一些进步思想家意识到学术沦于虚空、脱离实际导致误国,针对明后期思想学术界王学末流谈空说玄、禅化误国的学风,开始倡导"实学",发扬儒家经世致用传统,提倡"有用之学",力主改革弊政。① 如刘宗周在《修正学以淑人心以培国家元气疏》中说"王守仁之学,良知也,无善无恶,其弊也必为佛、老,顽钝而无耻。顾宪成之学,朱子也,善善恶恶,其弊也必为申、韩,惨刻而不情",指出阳明心学的弊端是杂糅了佛、道,易致道德沦丧;同时指出顾宪成的学说一宗朱熹,为挽救明末危机却糅入先秦法家申不害、韩非的学说,导致严厉苛刻之局面。由此,刘宗周建议万历皇帝"表章正学",明诏朝臣不得肆意相互攻击,不然的话,"殷监不远,空国之祸,将有臣所不忍言矣"。②

入清后,阳明心学亦受批判,不少学者将明朝灭亡归咎于"王学"末流,如王夫之说道:"王氏之学,一传而为王畿,再传而为李贽。无忌惮之教立,而廉耻丧,盗贼兴……故君父可以不恤,名义可以不顾,陆子静出而宋亡,其流祸一也。"③陆子静是南宋的陆九渊,他是心学发展史上的重要人物,陆九渊出而南宋灭国,虽未明言,王学末流亡明,自不待言。康熙年间的尊朱派学者陆陇其更是毫不客气地说道:"王氏之学遍天下,几以为圣人复起,而古先圣贤下学上达之遗法灭裂无疑,学术坏而风俗随之,其弊也……故愚以为,明之天下不亡于盗寇,不亡于朋党,而亡于学术,学术之坏,所以酿成寇盗朋党之祸也。"④当然,这样的评价并非历史的真实。其实,阳明心学在思想史上仍然发挥着重要作用,在尊崇朱熹理学的康熙时代,民间的朱学大体为"王学化"的儒学。⑤

康熙以后,科举考试中时时出现关于阳明学及学术正统、心学弊端的试题,恰

---

① 白寿彝总主编、王毓铨主编:《中国通史(第二版)》第九卷《中古时代·明时期》上册,上海人民出版社 2013 年版,第 389 页。

② 吴光主编,丁晓强点校,钟彩钧、陈永革审校:《刘宗周全集》第四册《文编一·奏疏一·修正学以淑人心以培国家元气疏》,浙江古籍出版社 2012 年版,第 17、18 页。

③ [清]王夫之:《张子正蒙注》卷九下《乾称篇下》,中华书局 1975 年版,第 332 页。

④ [清]陆陇其:《三鱼堂文集》卷二《杂著·学术辨上》,《清代诗文集汇编》第 117 册,第 336 页。

⑤ 陆宝千:《清代思想史》,华东师范大学出版社 2009 年版,第 125—144 页。

可说明即使尊崇朱学,但王学仍占据重要地位。如乾隆五十八年(1793)殿试策论其一谓:"金溪(陆九渊)之学,流为姚江(王阳明),紫阳(朱熹)之徒,流为河津(薛瑄)。世多以河津为正脉,然论者或谓王守仁所树立,断非薛瑄所能,可详言之钦。王畿以后讲心学者,又空虚而无实用,其故又安在钦。"①状元潘世恩回答说:"姚江之学实宗子静,故其劾刘瑾,戡剧盗,倡义讨平宁藩,气节勋烈,推重一时,视子静更有出蓝之誉。然则守仁之学确然有以自得,亦确然有以自立。彼河津之贵践履,拳拳于复性,于学虽为正脉,要其树立,岂可与守仁同日语哉! 至若王畿、王艮之徒,沿其师说,堕空虚而无实用,使人病为浙学,此亦如子夏之后,流为庄周,而非姚江之过也。"②他肯定薛瑄性理之学的权威性,然后再对王阳明、阳明学说及其社会功用给出较为客观的评价:阳明学说也是开宗立派的,阳明心学在王阳明平定南赣盗、平定宁王朱宸濠叛乱等事功中发挥了重要作用,阳明心学为人所病,是王畿、王艮之过,并非阳明之过。

嘉靖至崇祯间的阳明族人

我们还需要讲一下王阳明族人的一些情况。嘉靖四年(1525)正月,王阳明的原配夫人诸氏卒,没有给王阳明留下子嗣。③ 实际上,王阳明四十多岁的时候尚无子嗣,过继堂弟王守信的儿子王正宪为后。④ 嘉靖五年(1526)十二月十二日⑤,继

---

① 《清高宗实录》卷一四二七,乾隆五十八年四月癸未条,《清实录》第 27 册,第 86—87 页。
② 杨寄林主编:《中华状元卷》三《大清状元卷》上,山西教育出版社 2002 年版,第 277 页。
③ 《全集》卷三五《年谱三》、卷三八《阳明先生行状(黄绾)》,第 1427、1580 页。
④ 《全集》卷三九《同年轮年抚孤题单》,第 1649 页。
⑤ 方志远先生对王正亿出生时间有考辨,《王阳明全集》卷三五《年谱三》谓王正亿生于嘉靖五年十一月庚申,但十一月没有庚申日,而是十二月庚申日,即十二月十二日(方志远:《千古一人王阳明》,第 266页)。

室张氏为五十五岁的王阳明生下一子,名之"正聪",嘉靖十一年(1532)由岳父黄绾改名"正亿"。①

王正亿,嘉靖三十年(1551)九月录为国子生②,嘉靖三十九年(1560)十一月补荫为锦衣卫左所副千户,其子王承学为国子生③,王阳明复爵后,隆庆二年(1568)十月二十七日,准王正亿袭伯爵。④ 隆庆、万历年间,王正亿参与过很多重要事情,如隆庆四年(1570)五月初七日,明孝宗忌辰,被遣前去孝宗泰陵祭祀;⑤隆庆六年(1572)六月二十五日,武宗孝静夏皇后忌辰,遣去武宗康陵祭祀。⑥ 明代规制,帝陵"各设神宫监并卫及祠祭署,凡清明、中元、冬至,太牢致祭,遣官行礼,文武衙门堂上官各一员、属官各一员分诣陪祭,忌辰及圣旦、正旦、孟冬,亦遣官行礼,止香烛酒果,无帛,各衙门官不陪祭"⑦。王正亿多次参与祭陵,说明他在皇帝心中的地位不低。隆庆四年(1570)八月,命王正亿金书右军都督府事。⑧ 万历五年(1577),王正亿卒,致祭四坛,"以曾经金书管事也",子王承勋承袭新建伯一职。⑨

王承勋在万历年间是掌有一定实权的。万历八年(1580)五月,命金书前军都督府事;⑩万历十五年(1587)八月,以前军都督府金书兼管理红盔将军⑪,红盔将军与大汉将军、明甲将军等负责朝会仪仗、夜值内禁及扈从皇帝出行,其军事主官必须绝对忠诚可靠,因此,大汉将军由驸马都尉领之,红盔将军、明甲将军则由勋臣一

① 《全集》卷三五《年谱三》,第 1438 页。

② 《明世宗实录》卷三七七,嘉靖三十年九月戊戌条,第 6703 页。

③ 《明世宗实录》卷四九〇,嘉靖三十九年十一月戊寅条,第 8153 页。

④ 《全集》卷三九《会议复爵疏(杨博)》,第 1678 页。

⑤ 《明穆宗实录》卷四五,隆庆四年五月甲戌条,第 1130 页。

⑥ 《明穆宗实录》卷六五,隆庆六年六月壬午条,第 1571 页。

⑦ 万历《大明会典》卷九〇《礼部十八·陵坟等祀·陵寝》,《续修》第 790 册,第 586 页。

⑧ 《明穆宗实录》卷四八,隆庆四年八月乙巳条,第 1200 页。

⑨ 《明史》卷一九五《王守仁传》,第 5169 页;《明神宗实录》卷六〇,万历五年三月辛丑条,第 1371 页。

⑩ 《明神宗实录》卷一〇〇,万历八年五月辛卯条,第 1991 页。

⑪ 《明神宗实录》卷一八九,万历十五年八月辛巳条,第 3555 页。

人领之①，可见神宗对王承勋之信任；十一月，出为南京协同守备，兼掌南京后军都督府事；②万历十九年（1591）十二月，任南京右军都督府掌印；③万历二十八年（1600）八月，充总兵官，提督漕运；④万历三十七年（1609），王承勋督漕已有十八年之久，加少保兼太子太保，岁加禄米三十石。⑤

　　天启五年（1625）正月，给假在籍的王承勋病故，正室无子，庶长子王先进未袭爵先卒，因有较长时期的袭爵纠纷。《明熹宗实录》谓锦衣卫左所副千户王先通说伯父王承勋无亲生嫡庶儿男，自己是正派应袭亲侄。王先达则说自己是王承勋次子，王先通是王正亿来历不明之裔孙，是来争夺爵位的。熹宗命查明再奏。⑥ 李清《折狱新语》和《三垣笔记》记载更详，王正亿有嫡子王承勋、庶子王承恩。王承勋正室无子，妾沙氏生三子：长先进、次先达、季先道，先道早卒，无嗣，先达二子业弘、业盛。如此，王先进最有资格袭爵，但王先进未袭先卒。在此之前，先进子业昌夭折，想要过继亲侄业弘为嗣，以待袭爵。但先达妻章氏非常强悍，与兄嫂不合，很生气地说："为什么要过继我的儿子为嗣呢，大伯哥没有儿子，爵位可以传给我的丈夫，我丈夫还会传给我的儿子，爵位还能跑了不成？"王先进听说之后也非常生气，遂过继王华之后、族侄王业洵为嗣，王承勋的房屋田产及祭田数百顷也归王业洵所有。但王业洵的哥哥王业浩与之谋曰："你不是文成公的后人，按规定是不应该袭爵的，能袭爵的还是王先达。他一旦袭爵，肯定是要索回房屋田产的。"于是王业浩、王业洵等诬陷王先达是养子，推出王承恩之子王先通承袭爵位。王先通与王先达二人屡屡争袭于朝，数年不决。

　　王先达去世后，及至崇祯四年（1631），王先通又与王先达之子王业弘争袭爵位。王先通上疏说王业弘是族中远枝，已奉旨查核明白，王业弘已经逃匿，导致无

①　张金奎：《明锦衣卫侍卫将军制度简论》，《史学月刊》2018 年第 5 期。
②　《明神宗实录》卷一九二，万历十五年十一月丙申条，第 3615 页。
③　《明神宗实录》卷二四三，万历十九年十二月己亥条，第 4528 页。
④　《明神宗实录》卷二五一，万历二十八年八月癸丑条，第 4685 页。
⑤　《明神宗实录》卷四六三，万历三十七年十月癸酉条，第 8743 页。
⑥　《明熹宗实录》卷五七，天启五年正月乙丑条，第 2637 页。

法结案。又援引《大明邦政条例》"武职绝嗣,许从军一祖子孙承袭,其旁枝疏属不许混冒"证明自己这一支为应袭之人,崇祯皇帝命抚按官查明,时任宁波富推官李清参与其中。李清毫不客气地质问王先通:"何以前后两子皆真,而中子独赝? 又何以无后之两子皆真,而有后之中子独赝? 且何以沙氏既有子兼两孙,乃预知两子之一孙或绝或殇,而中抱一乞养?"这确是无可反驳之问,王先进、王先达、王先道兄弟三人,为什么绝嗣的王先进、王先道是王承勋亲生儿男,有后代的王先达反而是假的呢? 王先通自然无法回答,却抛出一句答非所问,却又绵里藏针的话:"承勋曾具疏,万历时指先达为赝,今留中耳。"说的是王承勋曾上疏说王先达不是自己的儿子,但这道奏疏被留在宫禁之中,并没有交给有司办理。李清再问:"奏疏留中,有根据吗?"王先通说:"宫禁森严,一字不漏,但逐份查找自然能找到。"李清说:"如果能够找到这份奏疏,那王业弘的父亲王先达不是王承勋之子,爵位可以由你承袭;如果没有这道奏疏,那你是撒谎了,爵位归王业弘承袭。"王先通与王业弘都表示信服。

此事直到李清官刑科给事中时仍未解决,李清拟具疏上奏,将事情查个水落石出,不知情的王业弘派叶姓之人找到李清,请李清为自己说话,许诺自己一旦袭爵,会拿出两年的俸禄作为报酬。李清义正词严地说:"如果让我这样做的话,不仅愧对文成公,也是欺瞒皇上,我马上把奏疏烧掉。"就这样拖了一个月才上奏,崇祯皇帝令立即查核。当时并未找到王承勋的那份奏疏,但很多朝臣收受王先通的贿赂,爵位最终被王先通争袭到手。愤愤不平的王业弘闯入禁宫,架刀于颈,说"以留中一疏有无定两家真赝,有原问官刑科李清可问",其实是想继续追查下去。王业弘自杀未遂,被下狱拟罪,也没有继续追查爵位该谁承袭一事。其中,时任两广总督的王业浩或许发挥了一定作用,因为朝廷官员怕忤逆王业浩,参与审理争袭案的番禺人、绍兴府判官郑瑜便曾说:"业弘实不赝,但奈予乡公祖(明清时期士绅对知府以上地方官的尊称)何?"

崇祯十三年(1640),王先通承袭了新建伯爵位,掌前军都督府事。爵位得来虽不正,但王先通还是一个铮铮傲骨、忠君爱国之人。崇祯十七年(1644)三月,李自成起义军迫近京城,命守齐化门,起义军攻之不克。不幸的是,太监曹化淳开彰仪门,起义军由此门纷纷拥入城。王先通知道已无力回天,手刃数人,被执后大骂不绝,起义军割了他的舌头,仍含血喷贼,最终被破膛挖心而死。南明福王时祀旌忠祠,子王业泰袭爵。① 按光绪《余姚县志》,王业泰字士和,福王时袭职。至清世祖顺治二年(1645),清军下南京,捉住王业泰,想授之爵位,但王业泰说自己世受明朝国恩,不敢改节,但求一死,九泉之下报君父之恩,遂被杀害。②

史籍中又有王业泰降清的记载,顺治三年(1646)七月初六日,清浙闽总督张存仁在奏疏中提到,"(上缺)贝勒曲矜仁慈,遍示晓谕,设法招徕。凡有悔过投诚者,□□宽免。今据伪越国公方国安统率马兵五百、步兵七千,并伪内阁方逢年、张国维、伪新建伯王业泰……"③与光绪《余姚县志》的记载全然相反,孰是孰非,尚待新史料的出现。

---

① [明]李清:《折狱新语》卷二《承袭》,《续修》第972册,第559页;李清:《三垣笔记》上《崇祯》,中华书局1982年版,第5、6页;《崇祯长编》卷五三,崇祯四年闰十一月丁卯条,第31—42页;《明史》卷一九五《王守仁传》,第5169页。

② 光绪《余姚县志》卷二三《列传十四》,叶4b—5a。

③ [清]张存仁:《浙闽总督张存仁等残启本》,《明清史料》己编第一本,中华书局1987年版,第59页。

　　阳明学说自创立以来就不只是中国文化的无尽宝藏，已流传到日本、朝鲜等国并产生了深远影响。以日本为例，章太炎一针见血地指出"日本维新，亦有王学为其先导"。阳明心学深刻地影响了明治维新，已是国际学界共识。在中国本土，道光、咸丰以来，王阳明及其学说自有不同的评价，推崇者自不在少数，如中兴名臣左宗棠。左宗棠深受"心学"影响，他在《答王璞山》书信中对王阳明大加赞誉："其事功，其志业，卓然一代伟人，其行事之散见于儒先记载者，亦断非寻常儒者所能及。"

川氏世襲征夷大將軍數百年開府江戶節制諸侯
右儒與學不遺餘力明治初創行西法邃得精神識
者歸功於德川氏之養士矣　原字辨名幾艱箸伊藤
物部兩鴻儒伊藤仁齋箸有語孟字義正謬洛閩在
東原前物部徂徠箸有辨名辨道正謬尤力然徂徠
於仁齋但欽其德行而不折其學由是削爲兩宗良
知宗自中江唱良知宗唱於中江藤樹和於熊澤蕃
山自是日盛論語注誰照井如德川一代多論語家
伊物後聞以豐島子卿之注爲最末得見庚子春從

三

东传西渐：王阳明及阳明心学的世界影响

阳明学说自创立以来就不只是中国文化的无尽宝藏，已流传到日本、朝鲜、越南、美国等国，对传入国和地区的文化、历史进程产生程度不一的影响。阳明心学对日本和朝鲜的影响尤为深刻，推进了两国的近代历史进程。章太炎便一针见血地指出"日本维新，亦有王学为其先导"[①]，阳明心学深刻影响了日本明治维新，已经是国际学界的共识。鉴于学界对阳明学在日本、朝鲜等国的传播及学术思想的具体演变研究成果已丰，本书以介绍传播、演变的脉络为主，一般不再展开讨论。朝鲜半岛的历史比较特殊，1948年时形成朝鲜民主主义人民共和国（朝鲜）和大韩民国（韩国）两个主权国家，我们讨论阳明心学传播、发展状况下限是1910年的朝鲜独立运动，并不涉及今天的韩国主权国家，故在行文时统以朝鲜（又称朝鲜王朝、李氏朝鲜）称之。

一、日本的阳明心学

王阳明在世时，阳明心学就已经传播到了日本，了庵桂悟、中江藤树、熊泽蕃山是较早接受阳明心学的日本学者。光绪二十七年（1901）夏，近代启蒙思想家、浙江温州人宋恕（即宋衡）应杭州求是书院延请前去授学，离开杭州去福建时曾留下《留别杭州求是书院诸生诗》八首，其中之一是这么说的："伟哉东海征夷府，鼓舞衣冠读孔书。原字辨名几艰箸，伊藤、物部两鸿儒。良知宗自中江唱，《论语》注谁照井如？和、采端须甘、白受，休随瞽者说蓬壶。"此诗概说了儒学在日本的传播与发展情况：日本明治维新之前，德川氏家族世袭征夷大将军，开府江户，开启日本历史上

---

① 章太炎著、曲经纬校点：《齐物论释》附录《答铁铮》，崇文书局2016年版，第139页。

的江户时代,便非常尊奉儒学。伊藤仁斋著有《语孟字义》,物部徂徕著有《辨名》《辨道》,都是日本儒学传播史上的重要人物。中江藤树、熊泽蕃山则是传播阳明心学的重要人物,在二人的努力之下,阳明心学"自是日盛"。德川时代,《论语》的传播也日渐昌盛。① 阳明学派成为江户时代日本儒学的主要派别之一。

宋恕认为中江藤树、熊泽蕃山是传播阳明心学的重要人物,不少学者以中江藤树为日本阳明学的开山祖或元祖②,其实不然。日本学者石崎东国曾云:"余姚王学为中江藤树先生初传我日本,此今日三尺童子皆知之事。然我藤树先生在阳明没后八十年始生,且在其三十七岁时方得见《阳明全书》,是岂王学东传日本在阳明之后历百十七年之星霜耶? 殊不知先百三十二年前,阳明先生四十二岁时,乃与一日本老僧发生交际,是后世学者不能不知了庵桂悟和尚其人也。"我国学者朱谦之也说过:"来中国最早传去王学的,即八十七岁之遣明使僧了庵桂悟。"对了庵桂悟在日本阳明学中的地位做出了精准判断。③ 正德八年(1513)六月,了庵桂悟使团从宁波启程返回日本,此前五月,王阳明有《送日东正使了庵和尚归国序》相赠,送行之人再如广平知府卢希玉、提举浙江市舶司黄相、四明山人张迪。④ 由此可知,了庵桂悟与中国文人士大夫交往甚多,与王阳明交情亦不浅,其接触学习阳明心学自是合理之事。日本学者冈田武彦称了庵桂悟"只与王阳明会了一面,大概并没有受到多么深的影响,也没有对阳明新说产生更多的兴趣。同年,阳明赠序于即将归国的了庵。但此时阳明才四十二岁,而了庵却已八十九岁,这就不难想象了庵对阳明的关心程度了"⑤,看似矛盾的表述,实际体现了王阳明与了庵桂悟之间颇深的交情。

---

① 胡珠生编:《宋恕集》卷九《诗词》,中华书局1993年版,第857页。

② [日]永田广志著,陈应年、姜晚成等译:《日本哲学思想史》,商务印书馆1978年版,第79页;[日]吉田和男著,张静、明磊译:《塑造日本人心性的阳明学》,东方出版社2015年版,第86页。

③ [日]石崎东国:《阳明学派的人物》,转引自杨晓维、秦蓁《了庵桂悟使明与阳明学之初传日本——基于〈送日东正使了庵和尚归国序〉真迹实物与文本的研究》,《史林》2019年第5期。

④ [日]伊藤松辑,王宝平、郭万平等编:《邻交征书》,上海辞书出版社2007年版,第94、152、246页;前揭杨晓维、秦蓁文。

⑤ [日]冈田武彦等著,钱明编译:《日本人与阳明学》,台海出版社2017年版,第15页。

中江藤树被誉为日本阳明学开山祖或元祖,于阳明学说传播贡献很大。中江藤树(1608—1648),生于近江国高岛郡小川村,名原,字惟命,别号颐轩、嘿轩。中江藤树生于藤树之下,致仕后在藤树下讲学,门人遂称之藤树先生,又尊称为"近江圣人"。① 中江藤树一生对日本儒学贡献颇大,他在广泛解读中国儒家经典基础上,结合日本江户时代社会文化的本土特点,对王阳明心学进行了吸收改造,重新构筑起以孝为主体的具有日本特色的阳明学体系。

结合已有研究,我们将中江藤树的思想历程分为两个时期。第一时期:三十二岁前的中江藤树崇信朱子学,谨守朱子学系的圣人"格套"(规范),不仅用以勉励自己治学,在日常生活之中也是谨遵古礼。比如《礼记》中提到"三十而有家室",中江藤树也就三十岁才成婚。然而,中江藤树固守格法却无收获,逐渐对之产生怀疑。吴光辉认为促使中江藤树思想发生转变的契机,是进京索求《易经》,乃至随后研读的"五经"。因为中江藤树按照"四书"所说行持修道,间或产生了滞碍之感。研读"五经"尤其是《易经》后,中江藤树觉悟到自己背离了"人情"与"物理",从而对以往的为学过程产生怀疑。② 再据王艳曦的研究,中江藤树三十二岁那年冬天购得王畿《王龙溪语录》,读之感慨说"多受其触发而悦之",开始真正认识到"固守格法"是不对的,开始由朱子学向阳明心学转向。但真正标志着中江藤树由崇信朱子学而转向信奉阳明学的契机,则是他三十七岁时获得并研读《阳明全集》。读完《阳明全集》后,中江藤树欣然赋诗一首:"致知格物学虽新,十有八年意未真;天佑夏阳令至泰,今朝心地似回春。"这说明,阳明心学不仅让中江藤树开悟释疑,解了其心灵之渴,也契合了他在圣人之学的路上经年踽踽独行所寻求的成圣之境。因此,他不仅自己潜心研究和吸纳阳明心学著述和思想,从朱子学彻底转向阳明学,还亲自书写了"致良知"三个大字贴在书院楣间,要求其门人都研读《阳明全书》,遂开创了日本本土化的阳明学即日本特色的阳明学。

---

① 陈景彦、王玉强:《江户时代日本对中国儒学的吸收与改造》,社会科学文献出版社2014年版,第129页;吴光辉:《传统与超越:日本知识分子的精神轨迹》,中央编译出版社2002年版,第5、6页。

② 吴光辉:《传统与超越:日本知识分子的精神轨迹》,第6—10页。

所谓"日本特色"是指中江藤树所吸纳和倡导的阳明学,虽然认同王阳明哲学体系中的"心即理"命题,领悟到王阳明心学思想的精髓和终极关怀,做圣人的根本在于让心合乎天理,认为"心"是万物之本,但其主旨精神却在于"致良知"和"畏天命尊德性"的明德思想。王阳明讲良知既是成圣的依据,也是所谓的明德,而明德则是德性的出发点,由此视为德性发展的内在之源。中江藤树赞同这种良知论,并认为良知具体表现为先天的道德本原,同时又发展了王阳明的良知论。他认为明德是人的本心,是上天赋予的,这可以称为"性"而内在于人心之中,进而将"仁义礼智信"五常作为人之性的内涵,是万古不变之理,当作明德来把握,"人之性"即是明德,而明德即"天命",而并非理。由此,其"良知论"与"明德之学"互为表里,密不可分,都以天命为前提,并以"畏天命尊德性"为主旨。他虽然将"明德"视为"万物一体之本末"和工夫之本体,但认为"明明德"的实现须靠"良知之发用,并由发用而具化之"。因此,在道德实践中,中江藤树强调"立身行道之本在于明德,而明明德之本则在于以两者为镜而慎独"。较之王阳明的"良知论",进一步强化了"良知"和"明德"的先天性和实践性。

在"致良知"与"知行合一"的关系方面,王阳明所论的"知行合一"涉及知的推行问题,致知不仅以先天本体的自觉意识为内容,而且同时涉及化知为行的过程,其知行的统一包括逻辑上的合一与过程中的合一。中江藤树的"良知论"倾向于信良知,"至"这样的良知,就是在"现在心里面",相信"常住不易之天君(良知)为泰然",从而能无限地复归于良知。由此,在践行过程中体认良知是领悟于内,在践行中推行良知则是作用于外,这蕴含着实现社会人伦理性化的要求。为遵从良知,弘扬光明正大的品德,以"孝德""爱敬"让百姓仁爱敦睦、明理向善,中江藤树于1639年在日本首创私塾书院,并制定院规和"教条"。中江藤树为实现民风德化教育终其一生,由他倡导的明德思想深深影响了日本的民俗生活。①

---

① 王艳曦:《中江藤树"致良知"论的意涵和主旨精神》,载[日]海村惟一、戴建伟、王立群主编:《阳明学与东亚文化——纪念北京大学刘金才教授从教四十周年》,贵州人民出版社2017年版,第28—41页。

　　熊泽蕃山(1619—1691)是中江藤树的弟子。熊泽蕃山原姓野尻,名伯继,字了介,号蕃山、息游轩,生于京都稻荷。"熊泽"是承袭了外祖父武士家族的传统氏姓,"蕃山"这一称呼来自于他一度隐居之所——备前知行所口寺村,同时也是因为他曾经由此自称"蕃山了介"而得以闻名于世。二十二岁的熊泽蕃山开始阅读朱熹的《四书集注》,深受感触。为求得良师,他离开故乡桐原到京都求学。虽求学未成,却在途中得闻中江滕树大名,惊其为"诚之儒者也"。于是,熊泽蕃山第一次到小川村拜谒中江藤树,希望成为弟子,被中江藤树以"不知其志之真伪"为由拒绝。不久,再次拜谒中江藤树,精诚所至,如愿成为其弟子。中江藤树为熊泽蕃山讲授《孝经》《大学》《中庸》之学,中江藤树自己阅读《王龙溪语录》也深受启发。拜师的次年(1642年),熊泽蕃山著《孝经启蒙》,确立了"全孝"心学的思想体系。熊泽蕃山接受了中江藤树以"爱敬"为本的"孝"的思想,同时也接受了阳明学思想。

　　其后,熊泽蕃山躬行实践,彰显中江藤树"心学"。这里有一个前提,江户时代初期,日本存在一种普遍的思想观念,那就是以朱子学为儒学正统,视阳明学为异端邪说。熊泽蕃山极力推广中江藤树的"心学",而诽谤谗言不断,却标志着中江藤树思想或者日本阳明学的正式登场。熊泽蕃山排斥记诵词章的"虚"学,强调通过透彻自身心体的教学实践,来体认圣人的仁政理念,这是熊泽蕃山经世济民实学思想形成的根基,也是他参与政治,率先实践、逐次推进冈山藩政改革的开端。熊泽蕃山彰显中江藤树思想最大的实践是为冈山藩校花园会起草了《花园会约》,在其中提出"文武两道",认为天下事业不离文武,明慈爱即为文德,明勇强即为武德。同时,还提到良知之在人心,"吾辈蒙武士之名""不昧于武士之德,不勤于武士之业则是耻于自身之良知",强调《花园会约》就是以致良知为宗旨,力求将阳明学的"良知"思想与自身作为"武士"的根本事实结合起来。熊泽蕃山强调武士的自我觉悟,本身即是对藩主权力的一种挑战。

　　不幸的是,尽管熊泽蕃山政绩显著,但他倡导阳明心学终究不为朱子学的官学体制所容。1657年,熊泽蕃山递交辞呈,退隐寺口村。次年,冈山藩招聘朱子学者,藩学从阳明学转向朱子学。1661年,熊泽蕃山移居京都,收授大量阳明学徒。然而不久,熊泽蕃山被禁止居住京都,也被勒令不得与公卿交往。随后,熊泽蕃山开始流谪生活,晚年时因言获罪,遭致幽禁。这一阶段,虽然屡遭挫折,却能最终贯通自己的思想,"时处位"思想是其思想体系的核心内容与精髓之所在,这一思想是在继承其老师中江藤树"时处位"思想基础上的发展。①

与林罗山等朱子学者将德川幕府所制定的一系列礼法制度视为"上下定分之理"的客观表现不同,中江藤树把"心"置于至高无上的地位,认为受外在礼仪法度的约束是错误的,因为那些礼法是圣人根据"时""处""位"而制定的。所谓"时""处""位"是指"天地人三境",即时间、处所、地位等境况。中江藤树认为,人不必拘泥于作为圣人行为之迹的礼法,而应学习其适应天道神理而灵活变通的心法,根据自身的时、处、位采取适当的行为。中江藤树借用圣人的"心"的权威,把古代以及现存的礼仪法度相对化,否定了它们的绝对权威,甚至将之视为无足轻重的细枝末节。熊泽蕃山继承了中江藤树的"时处位"论,认为礼法无非是时、处、位等具体状况的反映,并不具有永久的普遍性。尽管中江藤树和熊泽蕃山二人都没有明确反对幕藩体制的主观意愿,但他们重视"心"的主体性,对外在规范采取相对自由的态度,并不认为现存制度具有绝对的权威,这自然就内含着反体制批判精神。②

中江藤树之后,出现了三轮执斋、大盐中斋等心学大师。三轮执斋被誉为日本阳明学的中兴之祖,他所编纂的《标注传习录》包含详细的注释文,但凡阅读过此书的诸子学者大都不能再对阳明学采取无视态度。③ 大盐中斋,名后素,字士起,通称平八郎,号中斋,是江户时代末期的阳明学者。④ 大盐中斋接受阳明学的主体动机是他在大阪担任下级检察官时发现忠与孝的人伦之道形式化,顺应世俗之见或满足功利打算的倾向不仅他人有,自己也有,对这种倾向产生了批判和危机意识。就在这时,他接触了阳明学的良知学说,认识到依据人类本来的、内在的道德性之流

---

① 吴光辉:《传统与超越:日本知识分子的精神轨迹》,第31—39页。
② 李卓、许详兮、郭丽等著:《日本近世史》,昆仑出版社2016年版,第334页。
③ [日]冈田武彦等著,钱明编译:《日本人与阳明学》,第268页。
④ 陈景彦、王玉强:《江户时代日本对中国儒学的吸收与改造》,第149页。

露的良知来行动才是将日用人伦真诚化之路。大盐中斋的阳明学具有更彻底的主体性。中国的阳明学将如何发挥良知作为重点,大盐中斋一方面肯定人的心之本体是良知,另一方面又认为它被私欲、人欲等功利之心所掩盖,因此需依靠"诚意慎独"等功夫即实践修养来认清自己的良知。他依此"诚意慎独"将良知之体现阐释为"心归于太虚"。在大盐中斋看来,太虚是至善即最高的善或绝对的善,超越了世俗的相对的善恶,世俗之善恶往往带有传统成见而充满尘俗的影响,由此产生的善的意向介意于世俗的评论或期待着社会的好评,是不纯的。因此,大盐中斋的太虚超越世俗的善恶而确立其无限的绝对性,可以看出他的自我意识的高扬。而且,大盐中斋的理论不被束缚于既有形式的善恶观,而是面对现实政治、社会的污浊,树立起在它之前应有的真诚的日用伦理,就这一点看,大盐中斋的理论极富变革性、实践性。对中国阳明学的"亲民"立场及"万物一体之仁"的命题也有独特的理解,即标举民众的饥寒痛苦就是自己的饥寒痛苦,这是与民众感情的一体感。①

大盐中斋还把其太虚思想转变成革命思想。日本天保年间,幕藩体制的社会矛盾进一步加深,加上连年歉收,发生了"天保大饥馑",各地发生了农民、市民的反抗运动,但幕府和各藩都未能对此采取任何适当的对策。天保七年(1836)时饥荒尤为严重,大阪地区也饿死很多人,但豪商们囤积居奇,幕府不仅不赈济百姓,反而要把大阪地方的大米运到江户,社会动荡进一步加剧。目睹这一状况的大盐中斋于天保八年(1837)动员民众,袭击富豪,把大米和金钱分给贫民,史称"大盐平八郎之乱"。这次叛乱仅一天就被镇压下去,但在大阪这样重要的城市,幕府官吏(指大盐中斋)公然和民众一起用武力发动叛乱,给幕府和各藩带来很大的冲击,其影响遍及全国。大盐中斋之所以会揭竿而起,与他的阳明学思想是分不开的。"知行合一"是阳明学的重要内容,日本的阳明学者更多地继承了王阳明重视"行"的合理思想,主要把"行"理解为行动与实践,把自我修养与社会改造结合起来,他在发动起义时写了一份檄文,宣称"我等一同,心中非于窃取天下国家之私欲",认为自己和

---

① [日]沟口雄三著,赵士林译:《中国的思想》,中国社会科学出版社1995年版,第95、96页。

商汤、周武王、汉高祖、明太祖所做的同情人民、诛杀暴君等行为一样,宣扬"奉天命、行天罚"。这一革命思想引起大多数日本人的共鸣,最终引领幕府末期的革命志士走向明治维新。大盐中斋之后,幕府维新运动时期的一批思想家和领导人吉田松阴、高山晋作、西乡隆盛等也因受到阳明学思想的影响而鼓舞了战斗精神。[①]

　　阳明心学还是明治维新的思想先导和精神武器。魏常海发表于 1986 年的论文《王学对日本明治维新的先导作用》如是说:"王阳明哲学是日本明治维新的思想先导,在我国近代也有类似明治维新的情况。王学之所以能在特定历史条件下起某种积极作用,是因为它本身包含着某些自尊无畏、思想解放、鼓舞志气、注重实行实功等合理的因素。由此,我们不能不超出本体论的范围,反思对王学的评价问题。"魏常海总结了四点王学理论的合理性和进步性:第一,王学提倡至尊无畏,在特定的历史环境下可以导出进步的实际效果。第二,王学有解放思想的作用,"心即理""心外无理"等命题的意义在于否定官学绝对化了的理,经典中被奉为一成不变的理,统治者依仗权势所维护的腐朽专制之理,已成为社会发展阻力的旧理、死理。第三,王阳明强调心的作用,一个很重要的目的就是教人立志。王阳明曾作《立志说》送给其弟王守文,其中说:"学莫先于立志,志之不立,犹不种其根,而徒事培壅灌溉,劳苦无成矣。"他又对人说:"吾人为学紧要大头脑,只是立志。"第四,王学还提倡有用之学,它所提倡的自尊无畏、思想解放,本身就包含着打破旧传统,吸收新知识、新思想的倾向,这对当时日本知识界接受西方科学文化无疑是一个促进。因此,幕末有志于革新社会的知识分子,利用王学的解放、开拓精神和力行、实用哲学,为西学的普及发展开辟道路,传统哲学中的阳明学与西方近代科学文化的东渐建立起联盟,二者结合,促进了日本开港倒幕、建立明治维新政权的实现。[②] 魏常海的观点公正而有远见,并对朝鲜的阳明学与社会变革、晚清民国时期的中国社

---

　　① ［日］依田憙家著,卜立强、李天工、雷慧英译,卜立强校:《简明日本通史》,上海远东出版社 2003 年版,第 175 页;李卓、许译兮、郭丽等著:《日本近世史》,第 335 页;［日］吉田和男著,张静、明磊译:《塑造日本人心性的阳明学》,东方出版社 2015 年版,第 146、147 页。

　　② 魏常海:《王学对日本明治维新的先导作用》,《北京大学学报(哲学社会科学版)》1986 年第 1 期。

会危机与阳明心学价值的再发现等问题的讨论很有指导意义。

二、朝鲜的阳明学

阳明学说传入朝鲜的时间,韩国学术界主要有三种观点。一种观点认为是在朝鲜中宗十六年(明正德十六年,1521 年)左右,吴钟逸便持此说,其主要依据是朴祥《讷斋集》和金世弼《十清轩集》的记载。《讷斋集》附录年谱中载有"阳明文字东来,东儒莫知其为何等语,先生见其《传习录》,斥谓禅学""辨王阳明守仁《传习录》于辛巳","辛巳年"即朝鲜中宗十六年。《十清轩集》中说:"阳明老子治心学,也入三家晚有闻,道脉千年传孔孟,一毫差爽亦嫌去。"可知《传习录》初刊本(刻于 1518年)在 1521 年左右传入朝鲜。第二种观点认为是在朝鲜明宗十三年(明嘉靖三十七年,1558 年),如金宗烈根据柳成龙《西厓文集》的记载提出此说。《西厓文集》记载:"右《阳明文集》,余年十七趋庭义州,适谢恩使沈通源自燕京回,台劾不检,罢弃重于鸭绿江边而去,行囊中有此集,时阳明之文未及东来,余见之而喜,遂白诸先君,令州吏善写者誊出,既而芷箧笥中。"第三种观点认为是李退溪在世时。其理由是退溪生前著有《传习录论辨》一文,对阳明心学做了批判。①

中国学者的观点,如李甦平同意阳明学在朝鲜中宗十六年左右传入朝鲜,并将阳明学在朝鲜传播、发展分为六个阶段:

一、早期传播时期。最早的信徒当推南彦经、李瑶。南彦经"一气长存"说和"理气合一即为良知"的观点表明他对理气问题的关心及对气的重视,这一思想演变为朝鲜阳明学的主气说。李瑶就学于南彦经,据《宣祖实录》记载,他曾向宣祖宣讲过阳明学。

二、奠基时期。张维是奠基者,代表作是《谿谷漫笔》。其主要思想包括主张气一元论,认为气具有绝对性、普遍性、永恒性,是作为宇宙本体的一种实体,这种作为宇宙本体的实体气,就是良知之气,即心气的宇宙化;主张自治、自立和自主,以

---

① 姜祥林编著:《儒学在国外的传播与影响》,齐鲁书社 2004 年版,第 17、18 页。

阳明学尊重自由、个性为根本;主张"慎独"说,批评程朱理学的穷理和居敬,认为即物穷理和居敬与我们的心性修养不相符合,而"慎独"更切合实际,这一思想是对阳明"知行合一"说的具体解释。

三、阳明学被实学摄取期。朝鲜实学以强调"实事求是""经世致用""利用厚生"为目标,由此,实学派认为阳明学在打破道学(即朝鲜朱子学)为正统主义实现一元优化统治而走向学术多元化有积极的贡献,阳明学"知行合一"思想成为鼓励实学派努力实践的理论依据。

四、确立期。自16世纪中叶阳明学东传朝鲜之后,历经百年之久,至17世纪中叶由郑齐斗开创为一个学派,在朝鲜学术思想史上占有一席之地。

五、江华期。这是郑齐斗之后其嫡孙郑原一、郑文升、郑箕锡等及其孙婿李匡明、李匡师的子孙李肯翊、李忠翊、李勉伯、李建昌、李建升、李建芳等人以阳明学为基础,在史学、书法、诗歌、实学等广泛领域取得一系列研究成果,对霞谷(郑齐斗)学有所继承和发展。如李建昌、李建升、李建芳撰有《原论》和《续原论》,认为假和假心不是良知,强调真、真实、实心的重要性,以此提倡阳明学"良知"说。

六、近代光复期。"光复运动"是指20世纪初朝鲜近代史上对日本帝国主义的民族抵抗时期,这一时期具有代表性的学者是朴殷植、郑寅普。如朴殷植著有《儒教求新论》和《王阳明先生实记》,其思想特点在于通过"儒教求新"的道路,创立以阳明学为基础的"大同思想",其理论依据是王阳明的"万物一体之仁论"以及佛教的大乘主义,主张"尊我国主义"即大同思想首先应成为尊崇本民族思想,继而提倡朝鲜民族的民族主体性和爱国性,又主张爱国的"知行合一",指出只在口头念及热爱祖国,但不能承担爱国的义务便是空谈,独立运动是全民族的公共事业,进行独立运动必须全民族统一行动,要承担爱国的义务,要实践,从而使朝鲜阳明学成为民族抵抗时代的主流哲学思想。[1]

---

[1]　李甦平:《韩国儒学史》,人民出版社2009年版,第468—478页;韩国哲学会编,韩振乾、王丹等译:《韩国哲学史》下,社会科学文献出版社1996年版,第72—77页。

这一部分还需要重点介绍郑齐斗的思想,他被誉为朝鲜唯一的阳明学者,其主要理论是"生理论"和"良知体用论"。以"生理论"言之,郑齐斗认为"生理"包括两种意思,一种是作为形而上学的存在原理,另一种是具有具体活动的生命力。关于理所具有的形而上学的存在原理,郑齐斗肯定其"生理"与朱子学中的"理"或者"性"具有相似的意涵,但朱子学中的"理"只是作为普遍的原理而存在,本身没有统摄、主管万物的能力。郑齐斗否定了朱子学的"理",认为"理"并不是作为单纯的原理而存在的,应该是对应具体的事态,认识判断客观对象,具有活动能力的生动的存在。因此,他用理气论来分析以心的主体性和能动性为基础的阳明心学,确立了心所具有的本质特性(理)和兼有生动的特性(生)的生理论体系。再说"良知体用论",王阳明认为良知是心中内存的天理,同时把"心之本体"理解为具有自觉发动的知觉力的本体,树立了强调心得主体性和能动性的良知论。郑齐斗与此有同感,认为良知是人的道德本质,也是具有持续不断进行道德活动的能动的生命力的存在。在王阳明看来,正确的行为不是像朱子学那样,通过对客观事物的认识并以此为前提而实现的,而是通过良知本体的发动而实现的。如此一来,良知在发动的过程中,存在着人欲介入的可能性,如果主观感情或者私欲遮盖了良知本体,就不能做出正确的行为。郑齐斗用"体、用"原理将良知区分为本体的"性"和作用的"情",从而有了检验良知本体纯粹性的余地,意在克服阳明学中纵情任欲的缺陷。①

当然,正如中国儒家诸派多有纷争一样,阳明学在朝鲜的发展也非一帆风顺。阳明学初传朝鲜时正值朱子学蓬勃发展的时期,由于朱子学的强大影响,尤其是朱子学代表人物的政治地位使得阳明学难以立足,李退溪便是批判阳明学的代表。李退溪,名滉,字季浩、景浩,号退溪、退陶。李退溪斥陆九渊、陈献章、王阳明的学问为异学,他批判的要点如陈献章、王阳明的学问是以陆九渊之学为出发点的,表面上装作崇儒,实则信佛;笃信唯心论,不以物之理为然,认为所有事物都是心障,

---

① [韩]宋锡准:《韩国阳明学的形成和霞谷郑齐斗》,郑仁在、黄俊杰编:《韩国江华阳明学研究论集》,华东师范大学出版社 2008 年版,第 12—16 页。

只有排除心障,本心、良知的作用才能得到自由发挥。总而言之,六经为心之支柱,凡事可从心得,不一定非读书不可;阳明知行合一说与究理之心相悖,王阳明不辨感觉与义之差异。南溪朴对阳明学也持批判态度,直指阳明学"心即理""致良知"与"知行合一"三大要:"心即理"是阳明的基本观点,这是"心即佛"的翻版;致良知是阳明学的根本,《大学》里所说的"致知"是是是非非、善善恶恶的"知",阳明所说的良知是佛教所说的灵魂"知",并非孟子所说的仁义的良知。因此,将心说为理,将觉知说为良知与佛教的观点是一样的;知行合一也是阳明学本质的东西,此说只是指心术邪僻而言的,是以邪心为出发点的,凡事求快捷、便当,反对烦琐,喜欢方便,因而废弃穷理之学,以求得所谓的直截简易,从而使自己的新主张树立起来。①

三、西方国家的阳明学

相较于日本、朝鲜等亚洲国家,欧美国家阳明学说的传播路径不甚清晰,美国中佐治亚大学伊莱瑞(George L. Israel)《1916 年前西方文献中的王阳明》一文对阳明学说在欧美国家的传播问题讨论颇详。1916 年,亨克(Frederick G. Henke)发表了明末余姚人施邦曜《阳明先生要集·理学编》的英文译本,成为西方学者王阳明研究的重要转折点。② 浙江省社会科学院哲学研究所王宇研究员撰文《亨克与王阳明的西传》,让我们更详尽地了解亨克和阳明学说在西方的传播情况。1876 年,亨克生于美国爱荷华州,1900 年以传教士的身份来到中国,1907 年回到美国,在芝加哥大学攻读博士,1910 年受邀担任南京大学哲学教授,1911 年应上海英国皇家学会华北分会的邀请,致力于王阳明研究。1912 年秋,亨克在英国皇家学会华北分会宣读了他的初步研究成果——《王阳明生平和哲学研究》,此文发表于 1913 年出版

① 韩国哲学会编,韩振乾、王丹等译:《韩国哲学史》下,第 4—8 页;方国根、罗本琦:《简论儒学在朝鲜和日本的传播、发展及影响》,《东方论坛》2005 年第 3 期。

② [美]伊莱瑞(George L. Israel)撰,王英译:《1916 年前西方文献中的王阳明》,中国明史学会、中共赣州市委宣传部编:《第十八届明史国际学术研讨会暨首届阳明文化国际论坛论文集》,江西高校出版社 2019 年版,第 17—25 页。

的该会会刊上。1914 年,亨克又在《一元论》杂志发表了论文《王阳明:一个中国的观念论者》,1916 年,亨克正式出版了他多年研究王阳明的成果《王阳明的哲学》。他所见王阳明著作的中文底本是前揭施邦曜辑评的王阳明作品选集《阳明先生集要·理学编》。①

前面讲的是阳明著作及学说被译介到西方世界的情况,西方人士接触阳明学说则可以追溯到明末来华的耶稣会传教士,利玛窦是其中的重要人物。万历十一年(1583),利玛窦赖于两广总督郭应聘、肇庆知府王泮和郑一麟的帮助,获准居住肇庆,他们三人都是阳明学者。万历十七年至二十三年(1589—1595),利玛窦居广东韶州,其间交往的阳明学者主要有瞿汝夔、石星等人,瞿汝夔的父亲是瞿景淳,聂豹是瞿景淳的座师,石星则与邹元标交好,邹元标为石星撰写传记,称其推崇阳明学。因此,在利玛窦与瞿汝夔、石星交往的两年中,不仅仅是利玛窦向瞿汝夔传授西方知识,瞿、石二人必然会向利玛窦传播阳明学。万历二十三年,利玛窦在南昌结识了章潢、冯应京、朱廷策、王肯堂等人。章潢担任过白鹿洞书院山长,是江右王学的代表人物,冯应京为章潢的徒弟。章湟曾多次邀请利玛窦到书院与士子研讨学问②,《利玛窦中国传教史》中写道:"利氏除了与皇族(宁藩建安王朱多𤊻、乐安王朱多㷤)接触外,也与当地文人绅士交游,他常参加文人举办的学术研究会议。"③利玛窦自己写道:"在这座城(南昌)中有一座书院(白鹿洞书院),学者们常聚集于此讲学,研讨人生的道理。我们的朋友瞿太素(瞿景淳之子瞿汝夔)在书院中谈起了我们和我们的教义,即使是我们的教友也无法说得这样充分。……最令我称心的还是那些书院的学生,他们对我非常友善,也经常和我辩论。我与他们有过几次极为重要的辩论,他们从不能让我相信他们的观点。我与他们的院长章本清(章

---

① 王宇:《亨克与王阳明的西传》,《浙江日报》2017 年 1 月 9 日 00011 版《深读·思想者》。

② 前引伊莱瑞(George L. Israel)《1916 年前西方文献中的王阳明》,第 22、23 页及刘聪《明代天主教对阳明学的融摄——以利玛窦的〈交友论〉为中心》,《求索》2011 年第 6 期。

③ 刘俊余、王玉川合译:《利玛窦中国传教史》第十二章《南昌的皇族》,光启出版社、辅仁大学出版社 1986 年版,第 256 页。

湟)是很好的朋友,我们经常见面,他对我们的教义满口赞誉之词,他还派自己的弟子向我求教。"①由此,利玛窦和王门后学间的交往非常多,虽然利玛窦说"他们从不能让我相信他们的观点",但利玛窦了解阳明心学,也是合情合理的。有意思的是,利玛窦曾水路途经赣州,虽然没有上岸,"如果上岸的话,围观我的人将人山人海,于是我决定留在船中,不出外参观这个城市"。②

17世纪末到18世纪初,法国耶稣会传教士是中西文化交流的重要媒介,一些传教士知道王阳明的著作,而且很佩服他的哲学观点,如杜赫德(Jean-Baptiste du Halde)。他虽没有到过中国,但是他把从法国传教士那里得来的各类中国书籍汇集起来,第一卷专论地理和旅游,也包括朱子和司马光《通鉴纲目》等著作中的摘录,第二卷包括六篇关于中国的文章和十八部中国著作中的摘录,其中之一便是《王阳明文集》,分别是《梁仲用墨斋说》《书黄梦星》《传习录中·乐是心之本体》《书中天阁勉诸生》《传习录下·人生大病只是傲字》《教条示龙场诸生》《寄诸弟》《答佟太守求雨》。杜赫德将其收录到《中华帝国全志》中,其中的王阳明著作法文翻译原稿目前保存在法国国家图书馆手稿区。③ 当然,阳明学说在西方国家的传播不限于英、法、美等国,再如俄罗斯,阳明学自从20世纪30年代传入苏联后,在当时的时代背景下饱受争议,传播和研究步履维艰,至70年代末随着中苏关系的解冻,阳明学研究在俄罗斯也迎来了"春天"。④

明道救世:晚清民国时期的社会危机与阳明心学价值的再发现

我们在第九讲中讲到,万历中期以后大明王朝危机重重,一些进步思想家意识

① [意]利玛窦著,文铮译,[意]梅欧金校:《利玛窦书信集》,商务印书馆2018年版,第148、176页。
② [意]利玛窦著,文铮译,[意]梅欧金校:《利玛窦书信集》,第116页。
③ [美]伊莱瑞(George L. Israel)撰王英译:《1916年前西方文献中的王阳明》,第17—25页。
④ 杨春蕾:《王阳明思想学说在俄罗斯的传播与影响》,《湖北社会科学》2018年第7期。

到学术沦于虚空、脱离实际导致误国,实际是针对明后期思想学术界王学末流谈空说玄、禅化误国的学风,开始倡导"实学",发扬儒家经世致用传统,提倡"有用之学",力主改革弊政。入清后阳明心学受到批判,不少学者将明朝灭亡归咎于王学末流。总体而言,清朝虽尊崇朱学,学术门户之争自不可免,亦难调和,但王学仍占据重要地位。

道光、咸丰、同治年间,政治社会局势发生巨大变革。鸦片战争爆发以后,中国面对千古未有之变局,重振理学的呼声日益高涨,这有其合理之处,学者们希望通过程朱理学来纠正乾嘉考据学派严重脱离现实的弊端,从而"医治"当时社会的弊病,挽救危机。但道咸同时期的理学家都是重实功、务实效的,程朱陆王之辨的同时,朱陆调和论的潮流渐涌于其间。如李棠阶认为"至于程朱陆王议论纷纷,不过于言语文字间争闲气耳! 与己之真命脉有何干涉处。今日只要着实理,会自认本来,勿庸尚口说也",即真学问不仅要有见识,更要用功,这样才能使学问落于实处。① 实际上,程朱理学、陆王心学都有儒学的内核——经世致用,在危局面前,暂时放弃门户之争,从理学、心学甚至佛家、道家中寻找救国救民的路径,实为难能可贵之举。可以说,晚清千古未有之变局是阳明心学价值再发现的重要推力,我们不妨举几例说明。

一、左宗棠与阳明心学

左宗棠,湖南湘阴人,字季高,道光十二年(1832)举人,但三次会试不中,遂绝意科举,专心研究舆地、兵法,喜欢豪言壮语,在公卿之间颇有名气。左宗棠曾以诸葛亮自许,不少人说他狂妄。咸丰二年(1852),太平天国军队进军至长沙,左宗棠先后在巡抚张亮基、骆秉章幕府中当幕僚,被举荐为同知,升直隶州知州。此后一路升迁,咸丰十一年(1861)十二月时已是浙江巡抚。同治二年(1863)三月,授闽浙

① 车冬梅:《清代道咸同时期理学学术与思想研究》,西北工业大学出版社2013年版,前言,第147—155页。

总督,仍兼署浙江巡抚;同治五年(1866)八月,调陕甘总督;同治十三年(1874)八月,授东阁大学士;光绪七年(1881)七月,任军机大臣,兼在总理各国事务衙门行走,九月,调任两江总督;光绪九年(1883)五月,再任军机大臣。卒于光绪十一年(1885)七月,年七十三岁,谥文襄,赠太傅,祀入京师昭忠祠、贤良祠,湖南原籍及立功省份建专祠祭祀。

左宗棠一生政绩不凡,在抵抗侵略,维护国家统一,创办近代工业、企业方面贡献实大,收复新疆,维护祖国统一是非常重要的政绩。奏设福建船政局和福州船政学堂则是中国近代化进程中不能忽视的一环。同治五年(1866),左宗棠奏设船政局获允。虽然船政局的造船水平与当时西方国家相比有很大差距,如第一艘轮船"万年清"号排水量仅1500吨,此时英国所造"朱庇特"号排水量已达10000吨,但船政局促使中国近代造船业从无到有,而且培养了轮船自制和驾驶人才,这是应当肯定的。①

左宗棠是赞许过王阳明的,他在《答王璞山》书信中说:"阳明学术之差,读《学蔀通辨》及《清献遗书》者,略能言其概。然仆虽狂愚无知,窃谓如阳明先生,姑毋论其事功,其志业,卓然一代伟人,其行事之散见于儒先记载者,亦断非寻常儒者所能及。为道统学术计,则阳儒阴释之辩不可不严。若论立身大节,则阳明固亦无可议矣。"②左宗棠政绩卓著,于国家、民族有大功勋,这同他尊崇王阳明及其心学有无关系呢? 吴雁南概括了两点:

第一,以心性之学"发明本心""去心中贼"相标尚,强调以天下国家为志,"师夷之长技以制夷"。他认为,如果一个人能够始终保持"本心之明",在任何危难时刻都能做到神态自若,无所畏惧。反复强调"本心之明",对一个人的立身处事至关重要,"事功之所由成,必有立乎其先也,而后以志",要先发明"本心",培养其至大

---

①　王钟翰点校:《清史列传》卷五一《左宗棠传》,中华书局1987年版,第4050—4070页;孙占元:《左宗棠评传》,南京大学出版社1995年版,第120—161、78—103页。

②　[清]左宗棠撰,刘泱泱等点校:《左宗棠全集》书信一《答王璞山》,岳麓书社2014年版,第140、141页。

至刚的浩然之气,在此基础上立大志。而要做到"本心明",按心学家的解释就是善于养心,摒除欲念,廓清心体。左宗棠对此深信不疑,仿照王阳明的腔调写道:"天下之盗贼易去,人心之盗贼难除。"在他看来只要立乎大志,去除私欲物欲,置个人生死利害荣辱于不顾,只问是否有利于天下国家,合乎仁义,"发明本心",即可做到修身齐家治国平天下。在他一生的活动中充满了矛盾、斗争,但涉及个人生死利害荣辱时,之所以能够以国家民族为重,取得成功,应当说同他"发明本心""去心中贼"及无私无畏有很大关系。

第二,以心学强调发挥人的主体精神,认为只要能够"克己",就必能克敌,对自己的事业充满信心。左宗棠认为:"天道与人道原无一息之隔,能忧勤则人心转,而天即随之,不易之理也。"实际是指出了"天道"随"人道"的变化而变化,个人的主观意志决定了客观世界的规律。进一步说,对于道的诚心诚意是十分重要的,只要做到"诚",就能做到神明在吾心中,无所不能。正心、修身、克己、身体力行,发挥人的主体精神,就能克敌制胜。在他兴办近代工业企业和同外国侵略者的斗争中,不管遇到多大困难,总是充满信心,无所畏惧。即使到了暮年,左宗棠仍然抱着"图尽瘁驱驰,以保晚节",为天下事奋斗不已。①

二、梁启超与王阳明

清末民初的维新派和革命派更是把阳明学说视为行动的偶像和精神动力。维新派的代表人物梁启超对王阳明其人及其学说高度认可,例如他在《阳明先生传及阳明先生弟子录序》(写于 1923 年)中称赞"阳明先生百世之师,去今未远"。② 又评价说"他(王阳明)在近代学术界中,极其伟大;军事上政治上,亦有很大的勋业。以他的事功而论,若换给别个人,只这一点,已经可以在历史上占很重要地位了;阳明这么大的事功,完全为他的学术所掩,变成附属品,其伟大可想而知";③"明朝以

---

① 吴雁南:《阳明学与近世中国》,贵州教育出版社 1996 年版,第 199—207 页。
② 梁启超:《梁启超全集》第十四卷《中国历史研究法》,北京出版社 1999 年版,第 4165 页。
③ 梁启超:《中国儒学史》,山东文艺出版社 2016 年版,第 62 页。

八股取士,一般士子,除了永乐皇帝钦定的《性理大全》外,几乎一书不读。学术界本身,本来就像贫血症的人,衰弱得可怜。王阳明是一位豪杰之士,他的学术像打药针一般,令人兴奋,所以能做五百年道学结束,吐很大光芒"。① 梁启超的这三处评价,意思已很明确:王阳明是学术与事功均有很高成就的人。

梁启超著作等身,但讲阳明学的文章却很少见。虽然如此,他利用阳明学构建维新理论,鼓动人们投身振兴中华的洪流中去的论述却是屡见不鲜。光绪二十三年(1897)前后,梁启超仿其老师康有为的《长兴学记》撰有《万木草堂小学学记》《湖南时务学堂学约》,比较来看,梁启超比乃师对阳明学的态度似乎更为明快,比如,他把"养心"视作人才成长的中心环节,"养心"主旨在于"率吾不忍之心,以忧天下,救众生。悍然独往,浩然独来。破苦乐、生死、毁誉,富贵不能淫,贫贱不能移,威武不能屈"。1897 年以后,梁启超用孟子和王阳明的心性之学构建维新理论的文章日益增多,尤其是戊戌变法失败逃亡日本后征引发挥阳明学的论述明显增多,因为他认识到了阳明学说在日本明治维新中所起的积极作用。具体来看:

第一,用阳明学的"扩大公无私之仁",以天下为己任精神,树立为天下国家献身之志。他从改造中国的大局出发,响亮地提出"以天下为己任",要求人人具有利国利群的观点,为国家民族做出牺牲,并激烈地指斥数千年来中国社会的"束身寡过主义"与旁观者。他将旁观者分作混沌派、为我派、呜呼派、笑骂派、暴弃派、待时派六种。混沌派饥而食,饱而游,困而睡,觉而起,户以内即其小天地,可谓无脑筋之动物。为我派只计其一己之利害,对于群体之利害与国家之危亡则全然采取旁观态度。呜呼派以咨嗟叹息痛哭流涕为独一无二之事业,无可奈何四字是其口诀,束手待毙一语是其真传,如见火起不行扑救,反而叹息火势多么多么大。笑骂派不办事,对办事者则是讽刺打击。暴弃派认为自己是无可作为之人,不知道尽自己的责任。待时派则是随波逐流,浑水摸鱼。混沌派是不知责任之人,其他五派则是知而不行之辈。继而,以王阳明知行合一之说斥责他们并指出其中之大危害:

① 梁启超:《中国近三百年学术史》,天津古籍出版社 2003 年版,第 3 页。

　　以阳明学知行合一之说论之，彼知而不行者，终是未知而已。苟知之极
明，则行之必极勇。猛虎在于后，虽跛者或能跃数丈之涧；燎火及于邻，虽弱者
或能运千钧之力。何也？彼确知猛虎、大火之一至，而吾之性命必无幸也。夫
国亡种灭之惨酷，又岂止猛虎、大火而已。吾以为举国之旁观者直未知之耳，
或知其一二而未知其究竟耳。若真知之，若究竟知之，吾意虽钳其手、缄其口，
犹不能使之默然而息，块然而坐也。安有悠悠日月，歌舞太平，如此江山，坐付
他族，袖手而作壁上之观，面缚以待死期之至，如今日者耶？嗟乎！

　　梁启超像阳明学派一样特别强调立志，把以天下国家为己任称作大志；又把立
大志与个人修养结合起来，论证"良知为本体""慎独为致知之功"，特别强调慎独养
心，以求人人能去"心中贼"即不要再作壁上观，不要再庸碌无为，不要再讽刺挖苦
实心做事之人，要以家国天下之事为己任，做出无私的奉献。

　　第二，用阳明学无所畏惧，圣人、超人的精神，鼓舞国人解放思想，不做"心中的
奴隶"，挺身而出，投身于改造中国的运动。怎样才能去"心中的奴隶"？首先是不
做古人的奴隶。梁启超先生发挥阳明学说做"完人""超人"，不能以孔子之是非为
是非的思想，因为中国之所以积弱，是因为国人"于古人之言论行事"，不敢有辩驳
之语，不敢有质疑之念。进而发挥阳明学说中"学得自贵"的观点，呼吁"夫心固我
有也，听一言，受一义，而曰我思之，我思之，若者我信之，若者我疑之。……要之
《四书》《六经》之义理，其非一一可以适于今日之用"，实际是引导国人要有批判精
神，不能泥古，要依据国之现状，事之现情，独立思考，思考对策。其次是不做世俗
的奴隶。他发扬阳明学独立不惧的精神，痛斥那种俯仰随人、随波逐流的积习，敦
促人们做顶天立地的大丈夫，不借他人扶助、庇护，而屹然自立于世界。再次是不
做境遇的奴隶。要求人们发挥自信自尊，"卓然独立""舍我其谁"的精神，认为人生
天地之中，要围绕自己周遭的环境相斗不息。最后是不做情欲的奴隶。哀莫大于
心死，所谓"情欲的奴隶"就是丧其心之人，他要求采取一切手段使人们摆脱情欲网

罗,使心地达于无上高洁而不为顽躯浊壳所役使。

第三,用阳明学铸就刚毅和坚韧不拔的气质。阳明学讲求的是"人须在事业上磨炼做功夫,乃有益",梁启超强调自强不息,坚毅刚强,实与其息息相通。他引经据典,论证培养人的刚毅气质的重要性,《孟子》有云"有为者譬若掘井,掘井九仞而不及泉,犹为弃井也",有为之人掘井,绝不会因为掘地九仞而没有水便放弃,这说明只有毅力坚强,善其始而善其终,才能有所成就。

第四,称赞阳明学派稍复孔学"本真",疾呼复兴"周秦古学"。梁启超、康有为以及阳明学派学者都以复孔学之本真相标尚,从孔门孟、荀两大派上去寻找变革社会的理论依据,要求人们遵循孔孟之真道,因时变革,发扬勇往直前的精神,积极投身维新变法运动。

总之,梁启超融会古今中外,引申发挥,既不像乃师康有为用心学构建变革观那样带有古色古香的情调,也不像资产阶级革命派中一些人士的政论文章,宣传革命理论而无旧学根底。因此,梁启超的论述既为进步人士所欢迎,又显示出充分的国学水平,颇为时人崇尚。加之其文笔犀利,气势磅礴,在维新人士中影响颇大,对近代中国启蒙运动有着相当大的影响。[①] 梁启超晚年仍然在大力弘扬阳明学说,最集中的体现是他 1926 年 12 月在北京学术讲演会、清华学校的讲演稿《王阳明知行合一之教》,洋洋洒洒数万言,针砭时弊,一针见血,指出当时的学校教育是"智识贩卖所","办得坏的不用说,就算顶好的吧,只是一间发行智识的'先施公司'。教师是掌柜的,学生是主顾客人,顶好的学生天天以'吃书'为职业",培养的学生只会高谈阔论,与社会格格不入,成为"高等无业游民"。要摆脱这种风险,"唯一的救济法门,就是依着王阳明知行合一之教去做"[②]。

三、孙中山与阳明心学

孙中山是资产阶级革命派的代表,他在 1905 年《在东京中国留学生欢迎大会

---

① 吴雁南:《阳明学与近世中国》,第 214—226 页。
② 梁启超:《饮冰室合集》文集卷四十三《王阳明知行合一之教》,中华书局 1988 年版,第 22、23 页。

上的演说》中肯定了王阳明知行合一学说在日本明治维新中的作用："日本与中国不同者有二件。第一件是日本的旧文明皆由中国输入。五十年前，维新诸豪杰沉醉于中国哲学大家王阳明知行合一的学说，故皆具有独立尚武的精神，以从此拯救四千五百万人于水火中之大功。我中国人则反抱其素养的实力，以赴媚异种，故中国的文明遂至落于日本之后。"①但在1917年的《建国方略》中又予以否定：

> 是日本之维新，皆成于行之而不知其道者，与阳明"知行合一"之说实风马牛之不相及也。倘"知行合一"之说果有功于日本之维新，则亦必能救中国之积弱，何以中国学者同是尊重阳明，而效果异趣也。②

实际上，孙中山受阳明学说的影响很多，又有所发明。魏常海的观点仍然是发人深省的，"辛亥革命的思想家与戊戌时期的思想家有所不同，他们虽然看到戊戌时期的阳明学'为学者传诵一时'，但大概是为了与'保皇派'划清界限，和'保皇派'对着干的缘故吧，他们口头上经常抨击王学，然而，他们又不得不承认王学积极影响了明治维新这个事实，并且自己也实际上吸取王学理论"。③ 这引导我们从孙中山的论述中探寻其思想中心学的因子，黄明同以《建国方略》首篇《心理建设》为例阐述心理建设的重要性，认为其内容折射出传统心学的影响。"心为本"论是心理建设的理论基点，孙中山提出"是以建国之基，当发端于心理"，呼吁"国民！国民！当急起直追，万众一心，先奠国基于方寸之地，为去旧更新之始，以成良心上之建设也"，又提出"夫心也者，万事之本源也"，"心之用大矣哉"，认为世界一切事与物皆本源于"心"，犹如陆九渊所说"万物森然于方寸之间，满心而发，充塞宇宙，无非此理"，"宇宙便是吾心，吾心即是宇宙"。孙中山同心学家一样，十分强调人的精

---

① 该演说文本有多种，此处参张昭军《孙中山"在东京中国留学生欢迎大会上的演说"的史实与文本》，《福建论坛》2011年第8期。

② 孙中山：《孙中山选集》，人民出版社1956年版，第143、144页。

③ 魏常海：《王学对日本明治维新的先导作用》，《北京大学学报（哲学社会科学版）》1986年第1期。

神与意识的重要作用,认定"吾心信其可行,则移山填海之难,终有成功之日;吾心信其不可行,则反掌折枝之易,亦无收效之期",有如陈献章所说,"君子一心足以开万世"。基于此,孙中山认为在民国初年新国家的存亡取决于能否破"心理之大敌",而"出国人之思想于迷津"。可以说,孙中山明显接受王阳明"剿心中贼"的说法。孙中山对心学的知行观又有创新,"知难行易"说便是。知行观是中国传统儒家的认知论,也是明代心学的重要命题,《尚书·说命中》中"非知之艰,行之惟艰"这一古老的格言体现着古代朴素的知行观,并成为中国人的思维定式。但从宋儒开始,不论是朱熹的"知行常相须",湛若水的"体认兼知行",还是王阳明的"知行合一"的命题,都是主张知与行相合一。

孙中山在谋划心理建设时特别关注人的认知方法,把变革传统知行观作为心理建设的关键。他审视民国初年党内外出现的思潮时,发现"知之非艰,行之惟艰"的传统思维定式,"夺吾人之志","迷亿兆人心",成为"心理之大敌",令人"痛心疾首"。于是提出"我所信仰的是'知难行易'","实则行之非艰,知之惟艰乃为真理",主张以"知难行易"说替代"知易行难"说,试图从理论的深处改变中国人的思维方式。应该说,孙中山"知难行易"说的创立顺应了时代的发展,反映了在科学昌盛时代,科学、知识、主义对人的实践具有重要的指导意义,"知"具有更高的品格,因而告诫人们,在新的科学时代,人的心理与行为方式,必须随着历史的发展、科学的进步而进行变革。①

总之,阳明心学对中国、对世界的影响无疑是深远的。不少共产党人早年时也曾研读过王阳明及王学的知识。早年的毛泽东就曾研读过王阳明著作,并对王阳明及对阳明学说形成了自己的一些看法。《讲堂录》是毛泽东 1913 年 10 月至 12 月在长沙湖南省立第四师范学校预科班求学期间的笔记,在 11 月 23 日"修身"课笔记中写道,"有办事之人,有传教之人。前如诸葛武侯范希文,后如孔孟朱陆王阳

---

① 黄明同:《孙中山与阳明心学》,《光明日报》2016 年 10 月 31 日第 16 版《国学》。

明等是也"。①

其益及于今,其流将以长:阳明心学在中国的当下与未来

中华人民共和国成立以来的阳明心学研究和阳明学说的接受也是历经波折。2010 年,文碧方发表的论文《建国六十年来大陆的陆王心学研究》(《现代哲学》2010 年第 2 期)较全面地考察了 1949 年至 2009 年六十年间中国大陆的陆王心学研究。

中华人民共和国成立初期,中国大陆学术界开始普遍运用马克思主义的立场、观点与方法研究陆王心学,侯外庐主编的《中国思想通史》、杨荣国的《中国古代思想史》等都有专门章节运用马克思主义理论范式论说陆王心学。但当时的中国哲学史研究不免受教条化干扰,强调唯物主义与唯心主义、辩证法与形而上学两条路线、两个阵营的斗争,陆王心学被戴上唯心主义哲学的帽子加以批判。如中国社会科学院研究员孔繁发表于 1962 年的论文说:"王阳明则说人死了,天地万物也就消灭了。他的这些观点有些类似'存在就是被感知',是典型的唯我主义。……他还提出,行包含了知,即是认为人在行的时候离不开知的活动,行就是知的表现,行和知分不开。这种知即行、行即知,就是'知行合一'。他反对把知行看成对立统一的关系,因为这样和他的心外无物、心外无理的理论相违背。这种'知行合一'说,实际上是否认实践是认识的基础,否认认识来源于实践,取消了认识论中的实践标准。"②

20 世纪 60 年代初,陆王心学研究上亦偶现过较为平和的分析和讨论。如 1962

---

① 中共中央文献研究室、中共湖南省委《毛泽东早期文稿》编辑组编:《毛泽东早期文稿》,湖南人民出版社 2008 年版,第 533 页。

② 孔繁:《王阳明的主观唯心主义哲学思想》,《教学与研究》1962 年第 4 期。

年江西赣州地区历史学会主办了大陆改革开放前唯一一次有关陆王心学的"王阳明学术讨论会",就王阳明政治军事思想与实践作了较为学术化的讨论。较为平和的分析和讨论文章如朱谦之《阳明学在日本的传播——中外思想交流史话》(《文汇报》1962年4月16日)、钟兆麟《谈王守仁思想》(《光明日报》1962年7月9日)、罗炳之《王阳明教育思想评介》(《江海学刊》1962年第2期)。如罗炳之指出,"王守仁的教育思想是被用来巩固封建统治的一种武器。他曾提出一套完整的教育体系,包括教育目的、教育内容和教育方法,都以他的唯心主义哲学观点为基础……虽然如此,在王守仁的教育体系中,并不是没有可以吸取的东西,例如他主张,教学者立志、笃行、自求、自得,教学上坚持循序渐进、'因材施教'和'教学相长'等原则,特别是对儿童教育的重视和提出儿童教育的新方法,都是值得我们重视的"。在评价王阳明的"自然教育论"时指出,王阳明关于儿童教育的自然教育观点与当时的封建传统教育实践相比有明显的进步意义,同时还指出它比1762年出版的法国卢梭的名著《爱弥儿》一书中所表达的自然教育思想的时间要早两百多年,更属难能可贵。在评价王守仁的"教学相长"思想时指出,自《学记》提出"教学相长"思想以来,历代学者如韩愈对此皆有发展,但王阳明的"教学相长"思想提出师生间可以相互"责善",鼓励学生对先生提意见,做到"教学相长"。① 不得不说,罗炳之的研究在当时的学术背景下是很难能可贵的,也是较客观公正的。

改革开放以来,1981年在杭州召开的新中国成立以来首次宋明理学国际学术研讨会标志着宋明理学的研究进入复苏期,大陆陆王心学的研究也相应地进入了一个正本清源、迅速恢复的新阶段。有关陆王心学的文献资料得到了整理和出版,如1985年中华书局出版了黄宗羲的《明儒学案》,系列研究成果也应运而生,如沈善洪、王凤贤的《王阳明哲学研究》(浙江人民出版社,1980),方尔加的《王阳明心学研究》(湖南教育出版社,1989)。这些代表性专著虽仍采用一些唯物、唯心的标

---

① 罗炳之:《王阳明教育思想评介》,《江海学刊》1962年第2期(笔者未找到发表在期刊上的原文,但该文改名为《评王守仁的教育思想》,收入《罗炳之教育论著选》,江苏教育出版社1987年版,第447—465页);罗德真、罗一真编:《秉烛沧桑——教育学家罗炳之》,南京大学出版社2002年版,第33页。

签与说法,但对陆九渊、王阳明心学的思想已能在文献材料的基础上,或将其置于传统的理学话语背景下加以讨论,或将其作为一个完整的思想体系来分析其各部分的思想,或对其产生、发展、传播与衰微的演变过程进行考察与探讨,表明当时的陆王心学研究正在摆脱教条主义的束缚,逐渐走向了客观的学理分析与学脉梳理之途。如方尔加指出阳明心学为何会有这样多、这样大的历史意义,阳明心学为何压不倒、禁不住而迅速衍成显学等问题仍没得到令人满意的回答,有些甚至还没有被当作问题提出来,很重要的一点是"一些人满足哲学路线的既定性,即唯物或唯心、辩证法或形而上学,而对阳明心学怎样构成中华民族思维发展史的一个环节重视不够"①,将阳明心学置于中华民族思维发展史中考察,对今后的研究仍有很好的指导意义。

王阳明及阳明后学文集的整理工作也不断深入。隆庆六年(1572),御史谢廷杰巡按浙江,汇集已经编订好的各类阳明文献,整合成为《王文成公全书》,刊行于世,以后刊印的各种全书、全集三十八卷本大都依据该刻本翻刻或排印。《王阳明全集》的整理点校工作从 1986 年开始,历经六年,1991 年由上海古籍出版社出版,修订本由上海古籍出版社于 2011 年出版,被公认为最权威、适用范围最广的版本。束景南有《王阳明佚文辑考编年》,搜集隆庆本外的诗文与语录,先后出版第一版(上海古籍出版社 2012 年版)和增订版(上海古籍出版社 2015 年版)。又在该书基础上参照《王阳明全集》体例编纂《王阳明全集补编》,由查明昊作后期整理(上海古籍出版社 2016 年版)。2007 年,凤凰出版社出版了《阳明后学文献丛书》,如《王畿集》《罗汝芳集》《罗洪先集》《邹守益集》等;自 2013 年开始上海古籍出版社也陆续出版阳明后学文集,包括《薛侃集》(2014 年)、《刘元卿集》(2014 年)、《黄绾集》(2014 年)、《胡直集》(2015 年)、《王时槐集》(2015 年)、《张元忭集》(2015 年)、《北方王门集》(2017 年)及《陶望龄全集》(2019 年)等。

---

① 方尔加:《王阳明心学研究》,湖南教育出版社 1989 年版,第 13 页。

后　记

　　呈现在大家面前的这本小书，是笔者研究王阳明的一点心得，也是笔者第一部独立完成的专著。2018 年 6 月，我从中央民族大学博士毕业，7 月入职赣南师范大学历史文化与旅游学院，后又成为江西省哲学社会科学重点研究基地——王阳明研究中心的一员，为王阳明研究略尽绵薄也是应有之意。2020 年 5 月 12 日，恩师彭勇教授发来邮件告知河南文艺出版社申报的《王阳明十讲》已经获批，列为"大明历史讲堂"丛书的一种，让我着手写作。

　　既然接下这个担子，仗着有些史料功底，便利用工作之余的闲暇动笔写作，内心却又非常惶恐，因为自己了解的王阳明相关知识实在太少了。工作之前，为撰写硕士学位论文《改土归流与清代广西土司社会》，阅读过清修《明史》卷一九五《王守仁传》和《王阳明全集》中《奏报田州思恩平复疏》等内容。攻读博士学位后，关注的重点转向明代卫所制度和九边地区，如果说读硕士时积累那部分王阳明的知识算是一点点基础的话，读博三年也抛弃殆尽了，唯一的收获，可能是拥有了一套《王阳明全集》。参加工作后为参加 2019 年 10 月 18 日—21 日在赣州市崇义县举办的第二届阳明文化国际论坛，曾凑出一篇小文《诗史互证：王守仁"庐陵诗六首"写作时间与地点考辨——兼及庐陵任上其他诗文》，后发表于中国明史学会主办的《明史研究》第十七辑。但对我来说，王阳明及阳明后学的思想等思想史、哲学领域的知识,更是玄之又玄、深奥莫测。

王阳明在龙场的艰苦岁月里以我心体圣心,于我而言,在一段很艰难的日子里写完这本小书,多少的痴痴狂狂,这是对学问的执着,还是孤独无依时的寄托,只有甘苦自味了。吾母吾妻,两位伟大的女性替我撑起天下;吾父忍毅,子类父,终不及父;初稿成时,小女未及二龄,她是我生命的延续;他们都是我奋斗的动力。都说要未雨绸缪,但很多时候怎有绸缪的机会,终是遇了事情,尽最大的努力去应对罢了。但无论如何,终不能放弃梦想与奋斗,一旦放弃,便会一败涂地。也不要羡慕别人的繁华,别人繁华的背后是你体味不了的孤独。

感谢彭勇师在百忙之中赐序以示鼓励。感谢马达老师的厚爱。感谢先后三位责任编辑李建新、李亚楠女史、梁素娟女史以负责的态度和丰富的经验订正了拙著的诸多不足。我的研究生廖鑫、黎慧、刘汉笼、邹泽显、江志荣、肖宇鹏在繁重的课业之余帮助校对了部分史料和文稿,感谢他们,希望对他们而言是一次学术训练。还有很多师友亲朋、领导、同事,于我多有帮助,自会铭记,不敢稍忘。

崔继来

2021 年 2 月 26 日初稿于虔城寓所

2021 年 3 月 20 日改于赣南师范大学

2023 年 12 月 14 日改于赣南师范大学